高等职业教育新形态系列教材　　　　　　　　　活页式

跨境电商运营实务

主　编　陈　谊　王会明
副主编　黄秋端　王玉珏　顾文琦
参　编　李元洁　周　祥　陈佩文

北京理工大学出版社
BEIJING INSTITUTE OF TECHNOLOGY PRESS

版权专有　侵权必究

图书在版编目（CIP）数据

跨境电商运营实务 / 陈谊，王会明主编. -- 北京：北京理工大学出版社，2025.1.
ISBN 978-7-5763-4616-9

Ⅰ. F713.365.1

中国国家版本馆 CIP 数据核字第 20242KY301 号

责任编辑：陈莉华		**文案编辑**：李海燕	
责任校对：周瑞红		**责任印制**：施胜娟	

出版发行 / 北京理工大学出版社有限责任公司
社　　址 / 北京市丰台区四合庄路 6 号
邮　　编 / 100070
电　　话 /（010）68914026（教材售后服务热线）
　　　　　（010）63726648（课件资源服务热线）
网　　址 / http://www.bitpress.com.cn

版 印 次 / 2025 年 1 月第 1 版第 1 次印刷
印　　刷 / 河北盛世彩捷印刷有限公司
开　　本 / 787 mm×1092 mm　1/16
印　　张 / 16
字　　数 / 373 千字
定　　价 / 53.80 元

图书出现印装质量问题，请拨打售后服务热线，负责调换

前　言

　　二十大报告指出，我们要坚持以推动高质量发展为主题，提升国际循环质量和水平，推进高水平对外开放，推动货物贸易优化升级，创新服务贸易发展机制，发展数字贸易，加快建设贸易强国，推动共建"一带一路"高质量发展。一直以来，作为外贸新业态的跨境电子商务，发展势头强劲，拓展了外贸发展空间，促进了国内国际双循环，推进了贸易高质量发展，成为我国与"一带一路"国家贸易往来的新引擎。

　　为了推动跨境电子商务高质量发展，需要培养在店铺运营中，能勇于创新、高效运用最新人工智能技术，提高效率、降低成本，符合新质生产力要求的高素质人才。在此背景下，编写组结合外贸行业的最新实践，根据企业跨境店铺运营的流程、关键任务和能力要求，结合"岗课赛证"，对接职业标准，编写了本活页教材，方便教学人员根据行业发展随时更新教学内容，也方便学习者进行知识更新与拓展。

　　教材共分6个项目，每个项目都融入了相关的思政点和专创融合点，每个项目下的任务都有任务导入、学习目标、学习任务、完成过程、学习评价、相关知识点等，便于学生明确学习的重点与方向。本教材经过精心策划与编写，形成了以下特色：

一、内容融入课程思政元素，落实立德树人根本任务

　　教材把跨境电商相关法律法规、政策措施、"一带一路"倡议，跨境电商企业成功故事等内容有机融入学习任务中，培养学生遵纪守法的职业素养，让学生认识跨境电商外贸对推动我国和"一带一路"国家经贸发展的作用，增强他们的民族自信，坚定他们为我国企业成功"走出去"而努力学习的决心。同时，在每个任务的学习评价中加入了爱岗敬业、自主探究、团队合作和精益求精等职业精神的考核，鼓励学生在学习过程中提升职业素养，塑造正确的职业观。

二、融入跨境电商领域AI工具的教学，助力新质生产力人才培养

　　运用AI技术进行图片、文字和视频等编辑，已经成为跨境电商企业发展新质生产力、寻找增长新动能的重要利器。教材编写组与时俱进，融入AIGC工具辅助跨境店铺运营的内容，提升学生运营优化的能力和人工智能素养，培养大胆创新的精神。

三、配套丰富的在线教学资源，提高学生学习兴趣

　　本教材配有精品在线开放课程网站，拥有丰富的微课、动画、课件等学习资源。学生可以通过扫描教材二维码，进行自主学习和拓展，提高学习兴趣。教师可以通过在线课程网站资源开展课堂教学，增加师生互动。

四、采用引导文教学法和行动导向教学法，鼓励学生思考、探究

　　教材改变传统教材知识传授的模式，采用了引导文教学法，在每个任务都设有若干个引导问题，并在相关知识点中给予提示，鼓励学生通过课前预习以及合作探究，在教师的引导下回答每个问题，从而掌握跨境电商运营的知识与技巧，最后带着知识的积累，完成实训任务，在独立思考、探究、计划、实施与评价中不断巩固所学，培养爱岗敬业、团队合作、精益求精的职业素养。

五、校、行、企人员共同编写，引入企业真实案例

编写团队由高校教师与跨境电商行业、企业人员共同组成。高校主编曾参与创办广州琪海贸易有限公司，负责虾皮平台店铺的运营，积累了店铺运营和创新创业的实战经验。部分高校编写人员有超过 10 年跨境电商平台如亚马逊、国际站等的运营经验。行业主编王会明为广东省跨境商品贸易协会执行会长、广东省中山市古镇镇政府产业发展顾问，熟悉跨境数字贸易发展状况和跨境电商企业最新实践。企业参编人员为杭州某跨境电商企业的运营经理，精通亚马逊、独立站等多个平台的运作。编写团队加入大量的企业真实案例，如客户分析、竞争者分析、产品定位与选择、产品定价、广告选品、关键词选择、营销数据分析案例等，提供了面向不同市场的运营方法和技巧，有效帮助学生掌握最新的企业实践。

六、专创融合，提高学生创新创业能力

在跨境电商运营内容的基础上，通过拓展模块融入跨境电商企业创立的基本知识，包括跨境电商企业的创立、税收及出口退税、运营人员激励等内容，培养学生的创新创业思维。同时，学习评价中采用"一案到底"的实训任务，让学生通过思考、决策和实施，完成从市场调研到店铺创立，从产品发布到营销推广，从商机获取到售后服务等的一系列的任务，培养创新创业的实战能力。

七、课证融通，课赛融合

教材内容覆盖了跨境电商 B2B 数据运营职业技能等级证书（中级）理论和实操考试的知识点，以及相关跨境电商比赛知识点，有效提高学生的岗位实操能力，为学生考取相关证书打下坚实的基础。

本教材由广东工程职业技术学院国际商务副教授陈谊和广东省跨境商品贸易协会执行会长王会明担任主编，广东工程职业技术学院教师黄秋端、王玉珏和广州现代信息工程职业技术学院教师顾文琦担任副主编，广东工程职业技术学院教师李元洁、周祥和杭州人生由我科技有限公司运营经理陈佩文参与编写。王会明从行业最新实践的角度，给予教材编写许多宝贵的意见，参与确定教材内容框架，分享最新的店铺运营方法和技巧。项目一由陈谊和李元洁编写，项目二和项目三由陈谊和王玉珏编写，项目四由黄秋端和陈佩文编写，项目五由陈谊和周祥编写，项目六由顾文琦编写，全书由陈谊进行统稿。

本教材编写过程中得到杭州人生由我科技有限公司和广州琪海贸易有限公司的大力支持。杭州人生由我科技有限公司均为亚马逊、独立站、TikTok 等跨境电商平台的实力卖家，主营家居类产品，产品在亚马逊平台销量突出。广州琪海贸易有限公司主要在虾皮平台运营，主营美妆、配饰、母婴等产品。编写团队对上述公司谨表感谢。

由于跨境电子商务发展迅速，企业跨境电子商务做法日新月异，这给教材的编写带来了比较大的挑战，也就难免在教材编写过程中存在纰漏与不足之处，敬请批评指正。

编　者

目　　录

课程描述 ·· 001

项目一　跨境电商认知 ··· 003

　　任务一　认识跨境电商 ··· 004
　　任务二　跨境电商国家政策与战略 ··· 013
　　任务三　跨境电商运营岗位 ··· 020
　　拓展案例与点评 ··· 025

项目二　跨境电商市场分析与选择 ··· 027

　　任务一　跨境电商市场宏观环境调研 ······································ 028
　　任务二　跨境电商出口市场宏观环境分析 ································ 035
　　任务三　跨境电商市场客户分析 ·· 046
　　任务四　跨境电商市场竞争者分析 ··· 053
　　任务五　跨境电商平台选择 ··· 060
　　拓展案例与点评 ··· 071

项目三　跨境电商店铺建设 ··· 073

　　任务一　跨境电商店铺定位与产品选择 ···································· 074
　　任务二　跨境电商店铺信息编辑 ·· 085
　　任务三　跨境电商店铺的开通 ··· 094
　　任务四　跨境电商产品页编辑 ··· 102
　　任务五　跨境电商产品定价 ··· 121
　　任务六　选择跨境物流 ··· 132
　　任务七　跨境电商产品发布 ··· 142
　　拓展案例与点评 ··· 149

项目四　跨境电商产品推广与数据优化 ·· 151

　　任务一　跨境电商产品推广 ··· 152
　　任务二　跨境电商产品营销数据分析与优化 ····························· 166
　　任务三　跨境电商海外社交媒体营销 ······································ 177

任务四　跨境电商海外直播营销 ……………………………………… 190
　　拓展案例与点评 ……………………………………………………… 205

项目五　跨境电商店铺商机获取 ………………………………………… 207
　　任务一　采购直达 …………………………………………………… 208
　　任务二　客户询盘和咨询分析、回复及跟进 ……………………… 216
　　拓展案例与点评 ……………………………………………………… 227

项目六　跨境电商订单管理与售后服务 ………………………………… 231
　　任务一　跨境电商订单处理 ………………………………………… 232
　　任务二　跨境电商售后服务和评价管理 …………………………… 239
　　拓展案例与点评 ……………………………………………………… 247

参考文献 ……………………………………………………………………… 248

课程描述

1. 课程性质

跨境电商运营实务课程是在我国大力推进跨境电子商务发展的时代背景下，依据跨境电子商务运营岗位工作任务的知识与技能要求，结合行业标准，开设的一门培养具备较强跨境电商店铺运营能力人才的岗、课、赛、证四位一体的核心课程。

本课程坚持以立德树人为根本任务，以学生创业就业为导向，融入了跨境电商创新创业相关知识，培养创新创业思维，更好地服务跨境电商创新创业人员。

2. 典型工作任务

本课程根据跨境电商运营岗位的典型工作任务，结合学生特点，设计了 6 个项目，内容包括跨境电商认知、跨境电商市场分析与选择、跨境店铺建设、跨境电商产品推广、商机获取、订单处理与售后服务等，覆盖跨境电商数据运营 B2B 等级技能证书的考点。每个任务包含任务导入、学习目标、学习任务、完成过程、学习评价和相关知识点，要求学习者在熟悉行业背景的基础上，对跨境电商市场进行调研与分析，确定主要目标市场和目标人群，根据目标市场和人群确定入驻平台，进行店铺定位、产品选择、产品定价、营销推广，努力获取商机，并根据运营数据分析，不断优化产品推广方案，处理订单以及售后问题，提升店铺运营水平。

3. 课程思政

本课程把价值塑造、知识传授和能力培养三者融为一体，在传授知识、培养能力的同时，也注重学生职业素养、正确人生观和价值观的培养。根据教育部《高等学校课程思政建设指导纲要》，结合课程目标，本课程在教学中有机融入跨境电商相关政策法规、"一带一路"国家倡议和跨境电商企业成功案例，在实训考核中增加对学生实训过程专业精神和职业精神的考核，引导学生熟悉国情、遵纪守法、坚定民族文化自信，培养他们爱岗敬业、自主探究、勇于创新、精益求精和团队合作的职业素养。

4. 专创融合

为了更好地服务广大跨境电商创新创业人员，课程融入了创新创业相关内容，如企业创立基本知识、跨境电商企业人员分工和激励等基本知识。在实训任务中，要求学习者勇于创新，从创业型企业的角度出发进行市场选择、产品选择、产品定价、产品推广等，培养创新创业思维。

5. 课程学习目标

通过本课程的学习，学生应该能在教师的指引下，查阅相关资料，制订跨境电商市场调研与分析、客户定位、产品选择、产品定价、产品页编辑、跨境物流选择、产品推广、营销数据分析与优化、订单处理等任务方案。在教师和同学的评价与反馈后，对方案进行修改，提出优化建议。

同时，学生要通过学习与实训，培养跨境电商创新创业思维，树立爱岗敬业、遵纪守法、精益求精、刻苦钻研的职业精神。

6. 学习组织形式与方法

学习形式分为集中教学与分组实训。集中教学由教师在实训室进行，在引导文教学法的指引下，学生学习和归纳跨境店铺运营岗位的知识与技巧。

分组实训主要包括"一案到底"的实训任务和平台仿真操作任务。分组活动由小组长负责组织管理，明确职责与分工，组织小组讨论，制订方案等。小组任务成果由教师评价或师生共同评价，最后小组完善方案。

分组实训主要采用任务驱动的教学法，在学生掌握相关知识后，要求学生完成从跨境电商企业创立到市场调研与分析、选品、定价、推广等方案设计，以及跨境电商平台后台操作任务，提高学生跨境电商的运营技巧和实操能力。

7. 课时设计

课时（学分）：54课时（3学分）

项目	课时
项目一　跨境电商认知	6
项目二　跨境电商市场分析与选择	10
项目三　跨境电商店铺建设	16
项目四　跨境电商产品推广与数据优化	10
项目五　跨境电商店铺商机获取	6
项目六　跨境电商订单管理与售后服务	6

8. 学业评价

本课程的评价分为形成性评价、增值性评价和终结性评价。

形成性评价占课程总成绩的20%，包括考勤、在线学习、在线测试、在线互动、课堂活动等。形成性评价主要考核学生对知识的掌握程度，以及他们在学习中表现出来的学习态度。

增值性评价占课程总成绩的40%，以实训任务的考核为主。增值性评价主要考核学生对技能的掌握程度，以及实训过程中表现的专业精神和职业精神。

终结性评价占课程总成绩的40%，以期末书面考试为主，着重考核学生对跨境电商平台规则的认识，以及对店铺运营的综合能力。

以上三个评价构成了学生的综合性评价。

项目一
跨境电商认知

电子商务在我国发展迅速、规模庞大,许多人都有过在网上购物的经历,对国内网上购物的流程和特点都有所认识。然而,跨境电商是涉及不同关、境之间的商务活动,其流程、特点,涉及的政策法规、发展状况、国家相关策略等,与国内电子商务差异较大。

要掌握跨境电商店铺的运营方法与技巧,并能在竞争激烈的环境中,高效地完成跨境店铺运营的任务,首先要对跨境电商领域有足够的认知,熟悉跨境电商的运营流程和特点,熟知跨境电商相关政策法规,清楚认识跨境店铺的岗位任务和职责。

素养点1:通过我国跨境电商相关政策法规和综合实验区的学习,熟悉行业政策法规,体会国家对跨境电商行业的支持力度,增加对国情的理解,培养遵纪守法的意识。

素养点2:通过我国与"一带一路"国家相关的跨境电商双边合作、丝路电商等内容的学习,认识跨境电子商务外贸新业态对我国外贸发展的重要性。

素养点3:通过对我国外贸企业利用跨境电子商务拓展市场、提升品牌知名度等的认识,树立为投身跨境电商行业而努力学习的决心。

素养点4:通过实训任务的评价,融入主动学习、团队合作等精神的考核内容,提升爱岗敬业、刻苦钻研的职业素养。

素养点5:拓展案例中融入企业创新创业成果案例,培养勇于开拓、奋发图强的企业家精神。

专创融合

1. 通过拓展模块融入企业创立基本流程和基本知识,培养创业的初步技能。
2. 实训任务要求以跨境电商创业的角度进行团队建设,培养创新创业的思维。

任务一　认识跨境电商

一、任务导入

在我国外贸转型升级，加强与"一带一路"沿线国家的经贸往来之际，跨境电商成为外贸发展的新业态、新动能。从 2013 年起，我国跨境电商交易规模持续高速增长，许多传统的外贸企业纷纷加入跨境电商的行列，入驻相关跨境电商销售平台，开设跨境销售网店。也有一些企业，直接以跨境电商销售作为主要的业务形态。

企业人员要进行跨境电商店铺的运营，首先要熟悉跨境电商的流程、特点和行业发展情况。

二、学习目标

知识目标：能熟练概括跨境电商的概念、流程和特点；认识跨境电商外贸新业态给我国外贸企业带来的优势；认识跨境电商行业发展的概况。

能力目标：能分析跨境电商与传统贸易以及国内电商区别，并理解跨境电商运营的挑战。

素质目标：在学习与实践中培养爱岗敬业的职业素养和民族自信。

三、学习任务

通过资料查阅、思考和讨论，概括跨境电商的概念、流程、特点等。

通过讨论和分析，归纳跨境电商与传统贸易、国内电商的区别。

通过资料查阅、思考、讨论和分析，找出我国跨境电商出口的主要目的地和主要品类。

四、完成过程

资料阅读一

随着互联网经济和电子信息技术的快速发展，跨境电商作为一种新型的外贸形式，在国际贸易中的地位和作用日益显现。从 2013 年开始，我国的跨境电商以每年不低于 30% 的增长速度飞快发展，对我国外贸转型升级发挥了重要的促进作用。跨境电商是指出口企业通过跨境电商平台进行产品展示与推广，与境外客户达成交易，并在网上或者线下进行跨境结算，通过跨境物流及海外仓储等配送货物，完成交易的一种国际商务活动。

引导问题 1：请查阅资料，参考国内电子商务的流程，分析在跨境电商中，货物从商家到消费者的手中，要经过什么步骤，并归纳跨境电商出口的流程。

引导问题 2：传统贸易中，企业产品要卖到国外，一般要经过什么环节？跨境电商出口与传统贸易出口的流程有什么区别？跨境电商出口模式给外贸企业的经营与市场拓展带来什么样的优势？

引导问题3：根据你的对跨境电商的认识，说说跨境电商与国内有什么区别。

引导问题4：请根据前面的思考与总结，归纳跨境电商的特点。

资料阅读二

在我国跨境电商领域，跨境电商规模主要是以出口为主，跨境电商主要集中在东南沿海，跨境电商的主要目的国以我国传统贸易伙伴为主，跨境电商出口的主要品类也是我国的优势产品，以轻小件为主。

引导问题5：请查阅相关信息，归纳我国跨境电商出口的主要品类、主要的目的地，并概括跨境电商行业的发展特点。

学习资源

微课：认识跨境电商

课件：认识跨境电商

动画：什么是跨境电商？

五、学习评价

实训任务　创立跨境电商企业，选择主营品类

1. 任务布置

班级：	实训小组：
任务背景	我国有许多外贸从业人员，在拥有一定经验和资金后，希望通过入驻跨境电商平台，从事跨境店铺运营进行创业。跨境电商创业也因为资金要求相对较低，门槛不高成为许多创业人员的选择

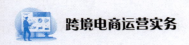

续表

任务要求	（1）作为一位跨境电商创业人员，请为企业确定名称和组织形式； （2）选择主营品类和注册资本； （3）结合所学知识，查阅相关资料，确定主营品类在国内的主要产地和国外的主要目的国，以便后续进行采购与销售工作
任务目标	（1）清楚认识跨境电商企业创立的基本任务，培养跨境电商创业的基本能力； （2）在完成过程中培养主动探究、团队合作的精神

2. 任务实施

实施步骤	具体内容	人员分工

指引：
（1）企业的命名不能和同一领域的其他企业重名。
（2）企业的主营品类必须是我国跨境电商主要的出口品类，而且不能违反国内外法律的规定

说明：以小组为单位，每个小组选出一个组长，组长组织大家思考和讨论，在教师的辅助下，确定任务实施的步骤和具体做法，分工合作，填写此表。在此表的指引下，最终完成任务，结果以实训报告的形式呈现

3. 任务评价

被评价人员		
评价方式	教师评价、小组互评	
评价说明	评价内容分为学习表现和成果表现。 学习表现分数占总分的 40%，教师评价和学生互评各占该项分数的 50%。 教师观察每一组成员的学习表现，做好记录，作为该项的评分依据。 学生互评取平均分。 成果表现分数占总分的 60%，由教师负责评价	
评分说明	每项评分满分为 20 分。 10 分及以下表示改善空间很大； 12~13 分表示基本合格； 14~15 分表示不错，但还有一定的改善空间； 16~17 分表示良好； 18~20 分表示优秀	
总分（学习表现×40%+成果表现×60%）：		
1. 学习表现		
表现		分数
表现出团队合作、主动学习、精益求精的精神		

续表

小组互评				平均分：
教师评分				
该项分数＝小组互评×50%＋教师评分×50%				

2. 成果表现

表现	分数
企业命名能体现企业的跨境业务，注册资本符合创业型企业的实际	
主营产品属于我国跨境电商出口主要品类	
报告内容有相关数据或实例，图文并茂	
报告内容逻辑分明、条理清晰、语言简洁	
教师评分	
教师评语：	

六、相关知识点

（一）传统外贸的流程与特点

在传统外贸中，我国的制造商要通过我国的出口商，国外的进口商、批发商、零售商才能把货物送到客户的手中，如图1-1所示。制造商或贸易商通常通过国内外展会，如广交会，向国外进口商或者大型零售商展示商品，寻找合作伙伴。每年参加展会的租金、差旅费都是一笔不少的开销。而产品经过国外进口商、批发商和零售商才能到达国外消费者手中，整个供应链中，大部分利润是国外商人挣去了，我国的制造商和贸易商利润并不高，也无法直接面向终端消费者，了解国外消费者的喜好和购买习惯。

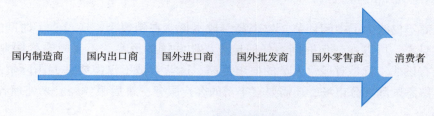

图1-1 传统外贸流程

（二）跨境电商与传统外贸的主要区别

跨境电商与传统外贸最大的不同就是减少了许多中间环节，制造商或者贸易商通过跨境电商平台，就可以直接向海外客户销售产品，提高效率，减少渠道成本，如图1-2所示。

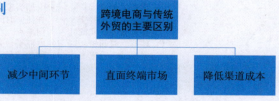

图1-2 跨境电商与传统外贸的区别

（三）跨境电商新业态的优势

跨境电商作为外贸新业态、新动能，与传统外贸相比，在推广过程中减少了中间环节，不仅可以节省开拓国际市场的推广成本，把优质的产品以优惠的价格卖给海外客户，提高竞争力，还可以摆脱过去处于产业链最低端的劣势，通过与海外终端用户的接触，了解更多客户的需求与喜好，提高研发水平和推广能力，打造品牌。

所以说，跨境电商模式在外贸企业拓展市场、市场调研与分析、打造品牌方面，有着传统外贸不可比拟的优势。

（四）跨境电商与国内电商的主要区别

首先，跨境电商需要掌握国际贸易、国际商务等知识。其次，不同国家、地区的客户购买习惯、喜好、价格敏感度不一样，需要更多时间的调研。最后，部分国家网上购物渗透率不高，消费者对网上购物存在顾虑，大多采取货到付款的方式。个别消费者存在不拿货的情况，而货物出境后再运回来制约较多，比如一些平台规定一定交易额的货物才能退回，等等，因此，不拿货的情况造成卖家损失严重。如果货物出现质量问题，需要更换，因为涉及进、出海关，也比较困难。总体来说跨境电商售后服务更具挑战性，如图1-3所示。

图1-3 跨境电商与国内电商的主要区别

（五）跨境电商的特点

跨境电商不仅减少了中间环节，效率高、成本低，在销售上，还没有了时间、空间的限制。全球买家，可以在任何时间、任何地点采购我国的商品，不受时空的限制。然而，跨境电商也有挑战，就是对运营人员的要求更高。运营人员不仅需要掌握国际贸易和国际商务知识，熟悉国际细分市场，还需要有丰富的客户服务、售后服务经验来处理各种问题，如图1-4所示。

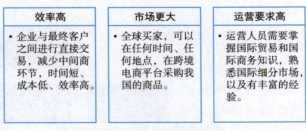

图1-4 跨境电商的特点

（六）跨境电商行业发展概括

根据海关总署的数据，2020—2023 年，中国跨境电商出口交易规模从 1.12 万亿增长到 1.83 万亿，年增长率保持在两位数以上，呈现高质量发展的态势，如图 1-5 所示。

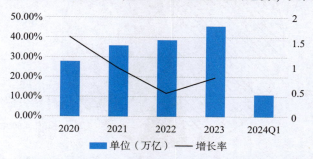

图 1-5　2020—2024 年中国跨境电商出口交易规模

在跨境电商出口中，B2B 行业规模在所有电子商务出口中占比约 7 成，如图 1-6 所示，但随着新兴国家和地区市场拓展带来的交易增量，许多 B2B 小额卖家和新创业者把目光投向了 B2C 市场，B2C 行业规模逐年递增。

图 1-6　跨境电商 B2B 和 B2C 行业规模

来源：艾瑞咨询研究院的统计数据。

在出口品类方面，B2B 的主要出口品类和 B2C 的主要出口品类有所差异。B2B 以工业设备、轻工纺织为主，B2C 以消费品为主，如服饰鞋履、3C 产品、家居用品等，如表 1-1 所示。

表 1-1　2022 年中国跨境电商主要出口品类分布

跨境电商类型	主要出口品类 1	占比	主要出口品类 2	占比	主要出口品类 3	占比	主要出口品类 4	占比	其他	占比
B2C	服饰鞋履	23.3%	3C 电子	21.8%	家居	17.4%	户外用品	11.4%	美妆等	26.2%
B2B	工业设备	27.0%	轻工纺织	17.5%	家居	13.0%	电子产品	11.0%	户外用品等	31.5%

来源：艾瑞咨询研究院的统计数据。

在出口目的地中，传统的出口目的地欧美国家依然占据主要的位置，如图 1-7 所示。新兴国家如俄罗斯因为政治及当地轻工业不发达等原因，也一直是跨境电商主要的出口目的地。此外，随着 RCEP（区域全面经济伙伴关系协定）的落实，东南亚各国的电子商务零售额高达 20% 以上，如图 1-8 所示，我国出口到东南亚地区的跨境电商产品销量增速较大。

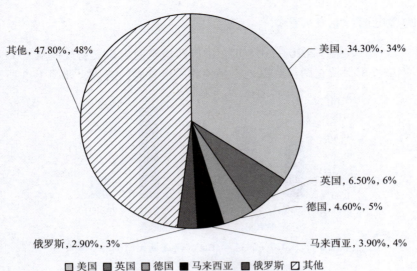

图1-7 2022年中国跨境电商主要出口目的地

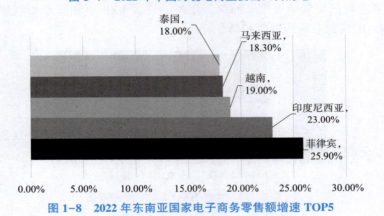

图1-8 2022年东南亚国家电子商务零售额增速TOP5

七、拓展知识

（一）跨境电商创新创业

在学习跨境电商运营实务的时候，你有没有想过将来有一天可以进行跨境电商创业呢？其实跨境电商外贸企业的创办相对于其他的一些行业来说门槛并不算高，因为企业主要是网上销售，创业者也不需要很大的办公场地和门面，甚至可以在家办公，因此租金花费不大。另外，企业创业初期，一般不会屯太多的货物，也不需要太多的人员，因此各项费用都可以尽量节省。

1. 跨境电商创业的时机

什么时候适合跨境电商创业呢？是不是一毕业就可以创业呢？

建议跨境电商的创业者先有一定行业的经营经验，熟悉行业的供应链，了解哪些供应商的产品质量比较好、有国外的认证，哪些供应商比较诚信，还需要熟悉产品的特点、产品的发展趋势以及市场特点。此外，最好还要有合适的合伙人和一定的资金。

所以同学们可以在毕业之后，有一定运营年限之后再去创业。

2. 跨境电商企业的创业准备

在跨境电商企业成立前，创业者需要了解企业创立的准备工作，如确定企业的组织形式、企业的命名、企业的注册资本和企业的经营范围，如图1-9所示。

（1）跨境电商创业企业的组织形式。

跨境电商创业企业的组织形式可以是合伙企业、独资企业或者公司制企业，如表1-2所示。因为很多跨境电商平台的入驻要求公司制企业，因此跨境电商企业可以选择公司的形式。

公司是以营利为目的的社团法人，包括有限责任公司和股份有限公司。什么是有限责任呢？所谓的有限责任就是有限清偿责任，是指投资人仅以自己投入企业的资本，对企业的债务承担责任，资不抵债的时候，其他多余部分的自然免除。

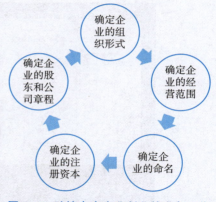

图1-9 跨境电商企业创业的准备工作

表1-2 企业的法律组织形式

企业法律组织形式	特点
合伙企业	合伙人共同承担风险
独资企业	一个人投资经营，个体户属于此形式
公司	投资人仅以自己投入企业的资本对企业的债务承担责任，资不抵债的时候，其他多余部分的自然免除

（2）跨境电商企业的经营范围。

跨境电商企业适合选择哪种经营范围呢？目前来说，大多数的外贸企业选择贸易类。如果是有自有工厂的企业，也可以选择生产型的类型。当选择贸易类的经营范围的时候，所包含的产品范围尽量要广。有时候某一个行业的产品非常畅销，但过了一段时间可能就滞销了。因此跨境电商企业会存在不断地增加品类的情况。如果新增加的品类没有在企业经营范围内，那么就必须要修改企业的营业执照增加经营范围。

（3）跨境电商创业企业的命名。

如果选择了公司作为企业的组织形式，那么可以结合经营范围，确定公司的名称。

首先企业在选择名称的时候要注意在同一个领域相同的名字是不能再用的。比如"老干妈"是销售辣椒调味料的，那么如果现在注册一家企业，跟"老干妈"卖的产品类似，也都是销售辣椒方面的调味料，那么就不能再用"老干妈"这个名字，因为在同一领域里，已经跟现有的企业重名了。

拟定的企业名称可以通过广东省企业名称库开放查询系统（见图1-10）来进行查询。

首先我们先选择一个查询范围，比如查询范围选择整个广东省，然后在企业字号输入"向日葵"，行业特点输入"贸易"，可以看到在广东已经有了用"向日葵"来作为企业名称的公司，如图1-11所示，同时也是商贸有限公司，因此我们就不能再用向日葵这个名称了。

（4）跨境电商创业企业的注册资本。

注册资本也叫法定资本，是企业章程规定的全体股东或者发起人认缴的出资额或者认购的股本总额，在公司登记机关依法登记。比如公司有两个股东，注册资本是50万，那么可以是一人出资30万，另外一人出资20万。

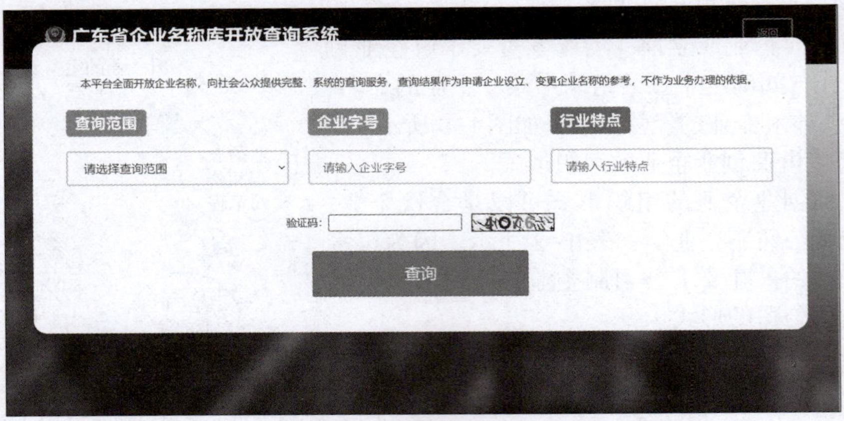

图 1-10　广东省企业名称库开放查询系统

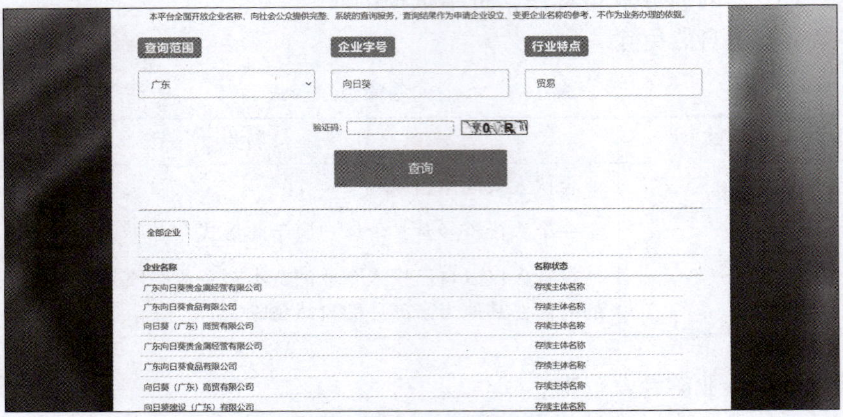

图 1-11　广东省企业名称库开放查询结果

企业的注册资本是有限责任公司负债时需要偿还的最大的金额，企业的资本并不是越大越好，而是应该根据自己的实际情况去选择。

当公司成立的时候，是不是要把所有的注册资本，所有的钱都马上存到企业账户？根据新修订的于 2024 年 7 月 1 日实施的《中华人民共和国公司法》，企业的全体股东认缴的出资额由股东按照公司章程的规定从公司成立之日起五年内缴足。比如公司是 2024 年 1 月 1 日成立的，那么必须在五年之内也就是 2029 年之前把注册资本全部认缴。

跨境电商创业型的企业注册资本由企业所有的股东共同确定。可以参考其他外贸企业的一些实践，选择合适的注册资本，比如 50 万、100 万，这样都是比较合适的，在五年之内也比较容易认缴完成。同时如果是遇到有债务偿还的金额，也是股东容易承担的。

学习资源

课件：跨境电商企业的经营范围　　课件：跨境电商企业的命名　　课件：跨境电商企业的注册资本

项目一　跨境电商认知

任务二　跨境电商国家政策与战略

一、任务导入

跨境电商作为一种外贸的新业态，在我国外贸企业的转型升级，我国外贸的稳定增长，以及我国加强与"一带一路"国家的经贸往来中起到了很大的一个作用。国家也针对跨境电商发展制定了一系列促进措施，通过鼓励、扶持和引导，规范、监督跨境电商行业的发展，为整个行业的发展提供了更好的"土壤"。

跨境电商运营人员要熟悉跨境电商相关法律法规和国家政策，在岗位中用好各种优惠政策，推动企业运营效率的整体提高，树立为我国外贸行业和"一带一路"建设而不断学习、追求创新的决心。

二、学习目标

知识目标：熟练认识跨境电商通关、报检、税收等方面的政策法规；深刻理解跨境电商在"一带一路"建设中的作用。

能力目标：能具体概括相关政策措施对跨境电商行业发展的促进作用。

素质目标：在学习与实践中，培养为推广跨境电商行业发展而主动学习、刻苦钻研的职业精神。

三、学习任务

通过查阅资料、讨论和分析，学习报关、报检、税收、海外仓建设、品牌出海、出口产品退运等方面相关的法律法规，熟悉我国的跨境电商综合试验区，说明这些法律法规和综合试验区对跨境电商行业的促进作用。

结合所学知识，分析跨境电商在"一带一路"伟大战略中发挥的作用。

四、完成过程

资料阅读一

2013 年是跨境电商开始蓬勃发展的一年。当时的部分外经贸政策法规，不能很好地促进其发展，因此从 2013 年开始到现在，国家不断地出台各项有利于跨境电商发展的政策法规。

引导问题 1：请结合上述资料，查阅相关信息，查找跨境电商海关申报、产品报检、出口退税、出口产品退运等方面的措施。

资料阅读二

除了出台相关的政策法规以外，国家还在多个城市设立了跨境电商综合试验区。跨境电商综合试验区,是由国务院批准设立的、在部分城市划出专门区域并在区域内对跨越中国内地的电子商务贸易活动采用特定的管理模式、给予特殊的政策优惠,以实现更为便利化的试验区域。综合试验区主要是在跨境电子商务交易支付、物流通关、退税结汇等环节进行先行先试,总结了经验之后把这些经验推广到其他地区。

引导问题2:请查找资料,说说我国有哪些城市成立了跨境电商综合试验区,并分析这些综合试验区对跨境电商企业发展的促进作用。

资料阅读三

"一带一路"的合作重点是政策沟通、设施联通、贸易畅通、资金融通、民心相通。其中,跨境电商的发展,有效推动我国与"一带一路"国家贸易更加畅通。2016年以来,在"一带一路"合作框架下,商务部已与越南、新西兰、巴西、意大利等多个国家建立双边电子商务合作机制,丝路电商成为经贸合作新渠道和新亮点,也为沿线国家跨境电商的发展带来了新机遇。

丝路电商是按照共建"一带一路"倡议,充分发挥中国电子商务技术应用、模式创新和市场规模等优势,积极推进电子商务国际合作的重要举措。丝路电商合作拓展了经贸合作新空间,探索构建数字经济国际规则体系,推动构建新发展格局,为古丝绸之路注入了新的时代内涵。

引导问题3:请结合上述资料,查阅相关信息,查找"丝路电商"发展的相关资讯,并分析双边电子商务合作对我国跨境电商企业发展的促进作用。

学习资源

课件:跨境电商相关法律与国家政策

五、学习评价

实训任务　跨境电商相关政策调研

1. 任务布置

班级:	实训人员:
任务背景	作为一名跨境电商从业人员,熟悉相关法律法规和各种便利措施,有利于提高店铺运营的效率,节省成本

项目一 跨境电商认知

续表

任务要求	请查阅相关资料，查找 2020 年后我国或者所在省份颁布的一个跨境电商相关政策或法律法规，并分析该法规对跨境电商企业经营的作用
任务目标	（1）能具体说明相关的跨境电商国家政策法规并分析其作用； （2）在调研合作中培养团队合作、自主探究的职业精神

2. 任务实施

实施步骤	具体内容	人员分工

指引：
（1）深入分析该政策法规的某一条内容。
（2）分析该条内容对跨境电商企业发展的促进作用

说明：以小组为单位，每个小组选出一个组长，组长组织大家思考和讨论，在教师的辅助下，确定任务实施的步骤和具体做法，分工合作，填写此表。在此表的指引下，完成任务，结果以实训报告的形式呈现

3. 任务评价

被评价人员	
评价方式	教师评价、小组互评
评价说明	评价内容分为学习表现和成果表现。 学习表现分数占总分的 40%，教师和学生互评各占该项分数的 50%。 教师通过观察每一组成员的学习表现，并做好记录，作为该项的评分依据。 学生互评取平均分。 成果表现分数占总分的 60%，由教师负责
评分说明	每项评分满分为 20 分。 10 分及以下表示改善空间很大； 12~13 分表示基本合格； 14~15 分表示不错，但还有一定的改善空间； 16~17 分表示良好； 18~20 分表示优秀

总分（学习表现×40%+成果表现×60%）：

1. 学习表现

表现				分数
学习积极性与参与度				
表现出团队合作、主动学习的精神				
小组互评				平均分：

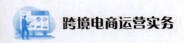

教师评分	
该项分数＝小组互评×50%＋教师评分×50%	
2. 成果表现	

表现	分数
能具体指出某个跨境电商相关法律法规	
能清楚分析该法规的作用和意义	
语言简洁、逻辑分明、条理清晰	
教师评分	
教师评语：	

六、相关知识点

（一）中国出口跨境电商相关政策

2013年是跨境电商快速发展的元年，从2013年开始到2023年，国家不断出台各项有利于跨境电商领域发展的措施，如表1-3所示。

表1-3　2013—2023年中国跨境电商部分政策法规

时间	跨境电商相关政策法规
2013年8月	《关于实施支持跨境电子商务零售出口有关政策的意见》
2014年5月	《关于支持外贸稳定增长的若干意见》
2015年5月	《关于加快培育外贸竞争新优势的若干意见》
2018年9月	《关于跨境电子商务综合试验区零售出口货物税收政策的通知》
2020年11月	《关于推进对外贸易创新发展的实施意见》
2023年1月	《关于跨境电子商务出口退运商品税收政策的公告》

2013年8月商务部发布了《关于实施支持跨境电子商务零售出口有关政策的意见》，提出海关对经营主体的出口商品进行集中监管，并采取清单核放、汇总申报的方式办理通关手续，降低报关费用；对电子商务出口企业及其产品进行检验检疫备案或准入管理，利用第三方检验鉴定机构进行产品质量安全的合格评定；实行全申报制度，以检疫监管为主，一般工业制成品不再实行法检。

2014年5月国务院办公厅发布《关于支持外贸稳定增长的若干意见》，出台跨境电商贸易便利措施，提出鼓励企业在海外设立批发展示中心、商品市场、专卖店、海外仓等各类国际营销网络。

2015年5月，国务院发布《关于加快培育外贸竞争新优势的若干意见》，提出要大力推动跨境电子商务发展，培育一批跨境电子商务平台和企业，大力支持企业运用跨境电子商务开拓国际市场；鼓励跨境电子商务企业通过规范的"海外仓"等模式，融入境外零售体系。

2018年9月，财政部等部门发布了《关于跨境电子商务综合试验区零售出口货物税收政策的通知》，提出跨境电子商务综合试验区内的跨境电子商务零售出口货物，如未取得有效进货凭证的货物，但符合相关条件的，给与出口退税。

2020年11月，国务院办公厅发布《关于推进对外贸易创新发展的实施意见》，提出积极推进跨境电商综合试验区建设，不断探索好经验好做法；支持建设一批海外仓；推广跨境电商应用，促进企业对企业（B2B）业务发展；研究筹建跨境电商行业联盟；推进市场采购贸易方式试点建设，总结经验并完善配套服务；促进外贸综合服务企业发展，研究完善配套监管政策。

2023年1月，针对越来越多的退货商品，财政部、海关总署发布了《关于跨境电子商务出口退运商品税收政策的公告》，规定以下四类商品：（1）尚未销售的商品，存放在保税仓库；（2）已经售出的商品，存放的是保税仓库的暂存区，等待清关和国内运输；（3）出口到海外仓的货物；（4）B2B直接出口货物，因滞销、退货原因，自出口之日起6个月内原状退运进境的商品（不含食品），免征进口关税和进口环节增值税、消费税。

从这些政策法规可以看到，国家这十多年来为了整体行业的健康发展，从海关申报、商品质检、出口退税、出口退运、海外仓建设等方面给予了跨境电商企业多项便利措施，对于行业的发展起到了巨大的推动作用。

2023年，相关部门持续完善通关、税收、外汇等政策，创新监管模式，推动企业降本增效；支持跨境电商综合试验区、行业组织和企业等积极参与"丝路电商"、共建"一带一路"经贸合作，助力跨境电商出口行稳致远。

（二）跨境电商综合试验区

除了出台多项促进跨境电商行业发展的政策措施，我国还设立了跨境电子商务综合性质的先行先试的城市区域——跨境电商综合试验区，如表1-4所示。旨在跨境电子商务交易、支付、物流、通关、退税、结汇等环节的技术标准、业务流程、监管模式和信息化建设等方面先行先试，总结经验，打造跨境电子商务完整的产业链和生态链，为推动中国跨境电子商务健康发展提供可复制、可推广的经验。

表1-4 中国跨境电子商务综合试验区

时间	国务院批准的跨境电商综合试验区
2015年3月7日	中国（杭州）跨境电子商务综合试验区
2016年1月6日	天津、上海、重庆、合肥、郑州、广州、成都、大连、宁波、青岛、深圳、苏州
2018年7月24日	北京、珠海、东莞、义乌等22个城市
2019年12月15日	石家庄、温州、济南、汕头、佛山等24个城市和地区
2020年4月27日	雄安新区、梅州、惠州、中山、江门、湛江、茂名、肇庆等46个城市和地区
2022年1月22日	扬州、镇江、金华、韶关、汕尾、河源、阳江、清远、潮州、揭阳、云浮等27个城市和地区
2022年11月14日	株洲、柳州、贺州、廊坊、沧州等33个城市和地区

(三)跨境电商与"一带一路"倡议

"一带一路"的合作重点是政策沟通、设施联通、贸易畅通、资金融通、民心相通,其中跨境电商让"一带一路"贸易更畅通。

2016年以来,在"一带一路"合作框架下,商务部已与越南、新西兰、巴西、意大利等多个国家建立双边电子商务合作机制,丝路电商成为经贸合作新渠道和新亮点,也为沿线国家跨境电商的发展带来了新机遇。

2023年10月18日在北京举行的第三届"一带一路"国际合作高峰论坛上,习近平总书记宣布中国支持高质量共建"一带一路"的八项行动,如图1-12所示。其中,为了构建"一带一路"立体互联互通网络,中方将加快推进中欧班列高质量发展,参与跨里海国际运输走廊建设,办好中欧班列国际合作论坛,会同各方搭建以铁路、公路直达运输为支撑的亚欧大陆物流新通道,并积极推进"丝路海运"港航贸一体化发展,加快陆海新通道、空中丝绸之路建设。

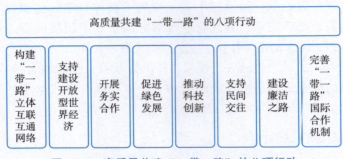

图1-12 高质量共建"一带一路"的八项行动

为了支持建设开放型世界经济,中方将创建"丝路电商"合作先行区,同更多国家商签自由贸易协定、投资保护协定;全面取消制造业领域外资准入限制措施;主动对照国际高标准经贸规则,深入推进跨境服务贸易和投资高水平开放,扩大数字产品等市场准入,深化国有企业、数字经济、知识产权、政府采购等领域改革。

七、拓展知识

(一)跨境电商政策查询工具

关于国家对于跨境电商最新的政策引导、产业补贴和扶持,一般可以在以下官方网站获取政策全文。

1. 中华人民共和国商务部全国电子商务公共服务网

中华人民共和国商务部全国电子商务公共服务网(https://dzswgf.mofcom.gov.cn)是一个提供电子商务咨询,政策解读,电商培训,行业协会联系信息,丝路电商电子商务国际合作相关新闻、动态以及不同国家与我国电子商务相关合作备忘录等信息的权威网站,如图1-13所示。通过该网站,跨境电商企业可以充分了解我国跨境电商的发展现状、我国和不同国家建立双边电子商务合作机制等,为开拓市场、制定营销策略做好充分的准备。

项目一　跨境电商认知

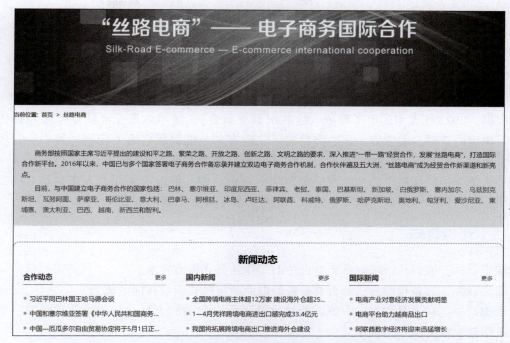

图 1-13　中华人民共和国商务部全国电子商务公共服务网——丝路电商

2. 中国一带一路网

"丝路电商"是按照共建"一带一路"倡议,充分发挥中国电子商务技术应用、模式创新和市场规模等优势,积极推进电子商务国际合作的重要举措。各级政府关于"丝路电商"也不断有推出新的举措以及支持、助力企业出海,为古丝绸之路注入新的内涵。例如在全球数字贸易博览会中就有专门设立的"丝路电商"展馆,展示了跨境支付、物流、直播、推广等龙头企业在共建"一带一路"国家的落地业务,为"丝路电商"国际合作提供新型电商全域服务、新消费品牌营销服务等综合服务。

想要了解各地区关于"丝路电商"和"一带一路"的最新消息、展会内容和政策支持可以查询中国一带一路网作为"一带一路"的官方网站将为从业人员提供权威、可靠的信息,帮助"丝路电商"开展新征程。

任务三　跨境电商运营岗位

一、任务导入

根据《2021年度中国电子商务人才状况调查报告》，跨境电商企业岗位主要包括店铺运营、供应链管理、美工等。这些岗位的工作内容和技能要求各有不相同。其中，跨境电商运营包括平台日常运作和营销推广。在一些初创型企业或者小微企业，这两项任务往往由一个人负责，而在规模较大的成熟型跨境电商企业中，可以由不同的人来负责。那么跨境电商运用岗位具体需要完成什么任务？有什么知识和能力要求呢？

二、学习目标

知识目标：能概括跨境电商运营岗位的工作任务和能力要求。
能力目标：具备检验自己是否具备跨境电商所需的知识与技能的能力。
素质目标：在学习和实践中熟悉跨境电商运营岗位的能力要求，培养主动学习、勇于创新、精益求精的职业精神。

三、学习任务

通过查阅资料、讨论和分析，确定主要跨境电商运营岗位的流程和工作职责。
结合所学知识，描述跨境电商运营人员应该掌握的知识和技能，以及具备的职业素养。

四、完成过程

资料阅读

跨境电商企业的日常工作主要包括市场调研、产品发布、产品采购或生产、产品推广、客户服务、客户管理、订单处理等。

在大型的跨境电商企业，日常运营专员主要负责产品发布、订单处理、客户服务、客户管理等。营销推广专员则是侧重于市场调研与营销策略的制定，如先对市场进行调研，在此基础上进行产品定位，根据定位选择产品和定价，并进行产品和品牌推广，还要对数据进行分析和优化。

在一些中小型的跨境电商企业，日常运营专员和营销推广专员可以由一个人负责。这个人统称跨境店铺运营专员。如一些企业安排某一个运营人员负责某个平台一个店铺的日常运营与营销推广，以便节省人力资源成本。

美工则是任何电商企业不可或缺的岗位，所有的图片、视频和页面都要经过美化才能发布。在大促前夕，部分产品的图片还要经过修改，突出促销卖点，争取更大的销量。

引导问题1：请结合上述资料，查阅相关信息，详细描述中小型跨境电商企业店铺运营岗位（包括推广工作）的工作流程。

引导问题2：请结合上述资料，查阅相关信息，归纳中小企业的店铺运营人员的具体工作任务。

引导问题3：根据跨境电商运营工作流程和岗位任务，请具体归纳中小企业跨境电商运营岗位需要具备什么知识、能力与职业素养。

学习资源	
 微课：认识跨境电商岗位	 课件：认识跨境电商岗位

五、学习评价

实训任务　跨境电商企业人员设置

1. 任务布置

班级：	实训小组：
任务背景	在实训任务 1.1 里，你已经创立了跨境电商企业。企业建立后，你还需要确立公司主要的岗位，以及每个岗位人员的数量、职责和要求
任务要求	请结合所学知识，从跨境电商创业型企业的角度出发，确定企业主要的岗位，并草拟每个岗位的工作任务，以及学历、经验、能力和素质要求
任务目标	(1) 熟悉跨境电商运营岗位流程、职责和能力要求。 (2) 在任务中培养团队合作、主动学习的职业素养

2. 任务实施

实施步骤	具体内容	人员分工
指引： 从创业型企业的角度出发，在资金有限的情况下，确定最少的经营人员数量，并确定分工和岗位要求		
说明：以小组为单位，每个小组选出一个组长，组长组织大家思考和讨论，在教师的辅助下，确定任务实施的步骤和具体做法，分工合作，填写此表。在此表的指引下，完成任务，结果以实训报告的形式呈现		

3. 任务评价

被评价人员	
评价方式	教师评价、小组互评
评价说明	评价内容分为学习表现和成果表现。 学习表现分数占总分的 40%，其中教师和学生互评各占该项分数的 50%。 教师观察每一组成员的学习表现，做好记录，作为该项的评分依据。 学生互评取平均分。 成果表现分数占总分的 60%，由教师负责
评分说明	每项评分满分为 20 分。 10 分及以下表示改善空间很大； 12~13 分表示基本合格； 14~15 分表示不错，但还有一定的改善空间； 16~17 分表示良好； 18~20 分表示优秀

总分（学习表现×40%+成果表现×60%）：

1. 学习表现

表现					分数
学习积极性与参与度					
表现出主动探究、积极合作的精神					
小组互评					平均分：
教师评分					
该项分数＝小组互评×50%+教师评分×50%					

2. 成果表现

表现	分数
能具体规划跨境电商初创企业的不同岗位	
能具体说明不同岗位的职责和人员要求	
语言简洁、逻辑分明、条理清晰	
教师评分	
教师评语：	

六、相关知识点

（一）跨境电商运营岗位的工作流程

跨境电商运营岗位的工作流程主要分为 4 个阶段，如图 1-14 所示，在第一个阶段，店铺先进行市场调研与选品：比如店铺主要针对俄罗斯市场，那么俄罗斯市场概况、客户的消费特点、哪个平台更适合在俄罗斯、哪些品类的商品在俄罗斯是畅销品、竞争者的产品和定价如何，等等，都是需要了解的。

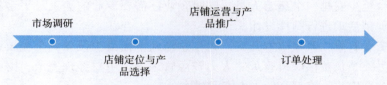

图 1-14　跨境电商运用岗位的工作流程

接着，店铺还要熟悉自己的产品：比如哪些是主推产品、哪些是热销产品、热销品的卖点在哪里、起订量是多少、主要向哪些地区推广、市场主流价格是多少等，都要了解清楚，这样才能更好地进行产品定位。

选择市场和产品定位后，还要进行产品的发布和推广，包括产品上架和优化，比如店铺主推的产品，自己觉得很有特点，但客户打开产品页面后，浏览了 3 秒就走了，这说明什么呢？就是说明产品的图片或者价格不够吸引人，因为客户进来，最先看到的不是文字，而是图片和价格，因此根据销售数据进行产品页面优化，也是日常任务之一。除此之外，我们还要主动进行客户开发，比如发布广告、回复询盘、在国外社交网站主动寻找客户、主动报盘、把已有的客户变成回头客，等等，都是工作。

最后一个阶段，就是当店铺接到订单后，运营人员要进行订单处理，这包括备货、报关、货运、收汇等，只有这些都完成了，我们的交易才算最终完成。

（二）营销运营岗位的职位要求

总体来说，跨境电子商务外贸运营和推广岗位需要复合型的人才。从业人员需要具备一定的外语交流能力，熟悉海外客户的文化和消费观念，了解目标国家的知识产权和外贸法规，掌握各大跨境电商平台运营规则，同时，还要具备跨文化交际、网络营销、数据分析、订单处理、国际物流、视觉营销的相关知识与技能，并具备独立解决问题、主动学习的能力和团队合作的精神。只有具备以上各种能力与综合素质，才能成为一名优秀的跨境电商从业人员。

七、拓展知识

跨境电商创业型企业的团队建设

1. 团队搭建

跨境电商创业型企业，可以根据企业资金的情况决定团队的规模。在资金充足的情况下，可以在总经理下面设立人力资源部门、财务部门、供应链管理部门、运营部门等，每个部门设置一个部门主管，由主管安排日常工作任务，如图 1-15 所示。

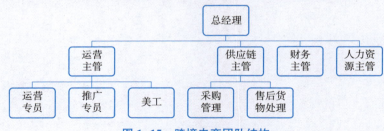

图 1-15　跨境电商团队结构

运营部门作为企业的主要部门，可以根据企业的规模再详细设置若干个岗位，如负责店铺日常运作的运营专员以及负责国际市场营销的推广专员。如果企业经营不同平台店铺，则可以每个平台至少安排一个运营人员。同时企业还需要专业的美工对平台和产品图片进行美化，配合促销活动进行图片设计。

如果企业资金有限，希望节省开支，则在总经理下面最少设立两个主要部门，一个负责平台运营，另一个负责供应链管理。人力资源管理可以由总经理完成，财务管理则可以外包给专业的公司完成，降低企业人力资源成本。

此外，订单多的时候，或者销售旺季，还需要兼职的产品包装人员和客服人员来减轻企业全职人员的负担，提高店铺运营的效率。

2. 团队激励

跨境电商团队的激励是一项重要的工作，有效的激励措施可以增加团队成员的工作动力，提升工作满意度，从而提高店铺运营和客户服务的整体质量，帮助店铺带来更多的流量和销售。

如何激励团队成员呢？以客服人员为例，对于企业来说，客服人员的角色非常关键。因为客服人员耐心专业的解答，往往能帮助店铺积累口碑、增加粉丝、传递品牌故事、吸引回头客、提高店铺知名度和销量。因此许多跨境电商企业非常重视对客服人员的激励工作，采取绩效工资的方式进行奖励，当客服人员实现一定的业绩目标时给与奖励。除了物质激励外，企业往往还给予各种人文关怀，如提高工作环境舒适度、尽量减少工作压力、发放节假日慰问、增加客服对企业的归属感和认同感，以提高其工作积极性。

项目一　跨境电商认知

拓展案例与点评

95后女企业家热血创业故事①

她是山东一家工艺品有限公司的负责人。通过跨境电商创业，她让当地一个木制品小作坊成为一家实力工厂。她入选当地百强创业企业家，获得过优秀企业家称号。

她不仅是一位95后小花，也是一位95后妈妈。邀请她访谈的时候，她总能说出一些不太符合她95后小花的成熟话语。例如："创业就是这样，没有一腔热血做不好的。"

根据该女企业家的回忆，2022年，一位客户通过一段时间观看企业的木制品的产品讲解直播，从了解到信任，最后采取分批次下单，但只让企业发第一批货，她当时心想这可能为了验证我们的产品质量和供应链实力，收到第一批货后再提醒我们发第二批吧，可是第一批货验收之后，很长时间没有消息。她觉得客户收到货之后的后方生意链路上可能产生了问题，她联系客户却没有收到回复。于是，她立即重新查看客户的订单情况，以及前期对话中他提及的关于消费群体的洞察，并设计出另外一套和之前不一样的产品建议和产品销售计划，希望能帮助他渡过难关。当她整理完这一套全新的方案和建议发给客户后，客户对她的专业度表示认可的同时，小跑试验了一下后，客户立即采纳了第二套方案继续合作，她和这位买家的关系也更紧密了。这也让她感觉到，服务客户需要从心出发去洞察和复盘他们的需求，这一方面可能女性比较敏感的心思会更有优势。

作为女性创业者，创业这几年，该企业家也有一些感悟，特别是与身边的同龄人一起探讨工作观点的时候，认识到自己在创业路上是一个一半理性、一半感性的人。

"理性体现在选择了'外贸'，公司发展的每一步看似都走得很慢，没有突然一夜暴富，但内心很踏实，我虽然年龄小，履历可能也不算耀眼，但知道我肩膀上的分量，我是一个要为公司每一个员工负责的角色，所以一直带领团队的伙伴们通过数字化出海的高效性来保证企业出海的稳定性，通过'洞察'来深扎行业产品出海的确定性，是我觉得必须坚持的'创业理性'。感性，主要是对于客户和员工，我要像理解客户需求一样去换位思考理解到他们的需求，让大家觉得很温暖且有一起'打仗'的动力。"

创业3年，该女企业家一直为了目标全力以赴、力求做到最好。

"我得到了很大的成长，我们通过直播与客户建立了良好关系，有一个买家在一次三月新贸节直言'看你们直播比上班有意思多了'。目前感觉海外买家的需求回升，发展势头也明显上扬，用这3年沉淀下来的创意直播的展示能力、视频表达的实力展现能力、实时在线的快速应对能力、线上沟通的服务能力，去承接住，我们都觉得很有信心，也很有盼头。毕竟距离感下的信任问题都能高效解决，到线下更抗打，这几年的沉淀终于到了大展拳脚的关键时刻。"

"我们背靠山东木制品产业带，有很完整的产业链，但也必将面对同质化竞争和无休止的价格战。我认为这毫无意义，行业红利应避开同行的'低价锋芒'。明确这一思路后，我们在这期间迅速调整企业定位，选择了利润空间更多、客单价更高的高端木质包装产品。这也意味着产品质量必须跟上。"

"我当机立断在当地设立了占地2万余平方米的工厂，这初期资金压力很大，在当时很

---

① 根据阿里巴巴国际站卖家故事（https://supplier.alibaba.com/story/story/PX0025J3V.htm）编辑。

少有企业会选择这笔投入，但我对这个决定从没后悔过。没有工厂的话，生产力有限，下游供应商在数量、质量上的交付和履约性都不够好，为了符合产品定位、满足客户需求、把控质量，必须要有稳定的生产能力作为后盾，这也是我们产品竞争力的最大体现。"

"我们可以通过外贸这条路，与全球的标准'对打'，与全球的高手并肩同行。"

案例点评：这是一个95后企业家借助"跨境电商+产业带"的优势，高瞻远瞩，创业成功的故事。故事中，创业者认真研究市场，顶着资金压力，坚定地走高品质路线，拒绝同质化和价格战竞争，发自内心地为客户提供优质服务，通过创意直播加深与客户的纽带。该企业家的成功，充分展现了中华儿女勇于开拓、奋发图强、精益求精的伟大精神。

项目二

跨境电商市场分析与选择

当跨境电商运营人员或创业者对跨境电商背景和岗位有足够的认知后,下一步可以开展跨境电商目标市场的分析与选择。在实际工作中,无论是初创企业还是已经参与跨境电商运营的企业,市场分析与选择都是一项日常且重要的工作。

初创企业刚刚开始跨境电商运营,经验还不够丰富,需要进行详尽的市场宏观环境分析、客户分析、竞争者分析、跨境电商平台分析,并结合企业自身的产品特点、企业资金情况,选择合适的市场与平台。

有跨境电商运营经验的企业,也会面临开拓新市场、了解市场新变化的需求,因此也需要通过调研来分析市场发展的趋势、竞争者的动态等,以保证在竞争中不断进步。

素养导学

素养点1:通过对跨境电商主要目标市场的讨论与分析,熟悉海外市场发展电子商务的优势与挑战,并通过对比,深刻认识我国电子商务发展领先于全球的情况,坚定对我国的制度自信和文化自信。

素养点2:通过实训评价中融入主动学习、团队合作和精益求精等表现的考核,培养学生岗位所需的专业精神和职业精神。

素养点3:拓展案例展现了年轻企业家独自创业、品牌出海的故事和自强不息、勇于开拓创新的精神。

专创融合

实训任务中要求从跨境电商创业企业的角度进行市场分析与选择,培养跨境电商创业型企业的运营思维。

任务一　跨境电商市场宏观环境调研

一、任务导入

市场调研分为宏观环境的调研和微观市场的调研。跨境电商企业进行宏观市场调研，把收集的关于目标国家和地区的外贸政策、进口准入法则、经济发展水平、社会人文、科技发展水平等信息进行分析，得出结论，并与后续的微观环境分析结合在一起，才能更好地为下一步选择目标市场、确定产品定位、制定营销策略作准备。

二、学习目标

知识目标：理解跨境电商市场宏观环境调研的方法和渠道。
能力目标：能通过查找、收集、归纳和分析相关信息，进行跨境电商目标市场宏观环境调研。
素质目标：在学习和实训中，培养不断更新技能、精益求精的职业素养。

三、学习任务

通过讨论，归纳跨境电商市场宏观环境调研的内容和方法。
确定各种资料收集信息来源。

四、完成过程

资料阅读

跨境电商目的市场的宏观环境调研，和国际市场营销的调研方法一样，都是结合外贸出口的情况，把全球分为若干个主要的目的地市场，然后根据跨境电商的特点，确定要调研的内容。比如，与跨境电商发展息息相关的是当地物流基础设施、网络基础设施等，都会影响当地的跨境电子商务发展，这些都属于要调研的内容。

此外，由于跨境电商属于对外贸易，信息的来源和国际贸易、国际市场营销调研基本一致，因此在跨境电商调研过程中，可以把一些国内外权威机构发布的、有关目的地市场社会、经济等方面的报告，作为重要的信息来源，也可以采用实地考察等一些传统的调研手段，采集所需资料。

引导问题1：结合资料和所学知识，确定在跨境电商目标市场宏观环境调研中，要了解市场什么方面的信息？

引导问题2：需要通过哪些信息来源获得跨境电商宏观市场的资料呢？

学习资源

微课：如何调研跨境电商宏观市场

课件：如何调研跨境电商宏观市场

五、学习评价

实训任务　确定跨境电商调研内容和信息渠道

1. 任务布置

班级：	实训小组：
任务背景	作为一家跨境电商创业企业的团队，在前面的任务中，已经确定了企业名称、经营范围和注册资本，也确定了企业的主要经营岗位，熟悉了我国跨境电商的法律法规。下一步，你们还需要掌握调研的方法，不断对市场进行调研，选择合适的市场，掌握新趋势
任务要求	东南亚市场国家多，各个国家语言文化、经济发展程度不同。请以东南亚某个国家市场为例，确定跨境电商市场宏观环境的调研内容和信息来源
任务目标	（1）熟悉跨境市场宏观环境调研与分析的方法和技巧。 （2）具备通过不同调研渠道收集信息的能力。 （3）在完成任务中培养团队合作、自主探究的精神

2. 任务实施

实施步骤	具体内容	人员分工

指引：
（1）确定的国家须是该地区中我国主要的出口目的国。
（2）调研内容要与电子商务市场的发展高度相关。
（3）调研的渠道须是权威渠道

说明：以小组为单位，每个小组选出一个组长，组长组织大家思考和讨论，在教师的辅助下，确定任务实施的步骤和具体做法，分工合作，填写此表。在此表的指引下，完成任务，最终结果以实训报告的形式呈现

3. 任务评价

被评价人员	
评价方式	教师评价、小组互评
评价说明	评价内容分为学习表现和成果表现。 学习表现分数占总分的 40%，教师和学生评价各占该项分数的 50%。 教师观察每一组成员的学习表现，做好记录，作为该项的评分依据。 学生互评取平均分。 成果表现分数占总分的 60%，由教师负责
评分说明	每项评分满分为 20 分。 10 分及以下表示改善空间很大； 12～13 分表示基本合格； 14～15 分表示不错，但还有一定的改善空间； 16～17 分表示良好； 18～20 分表示优秀

总分（学习表现×40%+成果表现×60%）：

1. 学习表现

表现	分数
学习积极性与参与度	
表现主动探究、刻苦钻研的精神	

2. 成果表现

小组互评				平均分：
教师评分				
该项分数＝小组互评×50%+教师评分×50%				

表现	分数
调研内容与跨境电商发展高度相关	
调研渠道较权威，能说明选择该信息渠道的原因	
语言简洁、通顺，图文并茂，整洁美观，字体大小合适	
教师评分	
教师评语：	

六、相关知识点

（一）跨境电商目标市场调研的地理划分

跨境电商目标市场的调研，可以先按地理位置，把全球市场划分为若干个区域，如北美洲地区、欧洲地区、东南亚地区等，也可以根据我国主要的跨境电商市场目的地，把主要的国家，如美国、俄罗斯、巴西等作为调研的重点。

（二）跨境电商市场调研的内容

如何得知在这些地区或者国家是否适合发展跨境电子商务呢？不同行业和企业根据自身特点和经营需要，分析的具体内容会有差异，但一般都应对政治、经济、社会人文和科技这四大影响企业的主要外部环境因素进行分析，如图 2-1 所示。

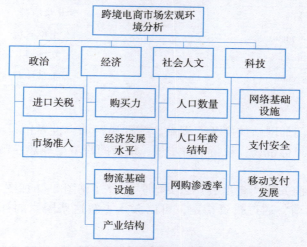

图 2-1　跨境电商市场宏观环境分析

政治环境包括一个国家的社会制度，执政党的性质，政府的方针、政策、法令等，可以着重分析这些国家或地区的对外贸易法律法规、跨境电商进口关税政策等，如海外客户跨境购买的产品在当地是否征收关税和增值税、税收比例、征税方法等，会影响跨境店铺产品定价、产品配送等日常运作，因此店铺运营人员需要十分熟悉每个国家相关的税收政策，避免定价错误、与客户沟通不足等情况的出现。此外，产品的市场准入规则也是企业必须熟悉的，这涉及产品是否能进入目标市场销售，比如进入欧盟的玩具产品、太阳眼镜等都要获得 CE 认证才能进入市场进行销售。

经济环境主要指一个国家的国民经济发展水平和发展速度、国民收入水平、配套物流设施建设、主要进出口产品品类等，这些都直接关系当地发展电子商务的潜力、对我国产品的需求程度、定价水平等。如果一个国家人口多、收入高、购买力强、物流和网络基础设施完善，那么电子商务相对会发展得更好，那么商家在定价时，也可以把利润设高一点。

社会人文方面，可以分析这个国家或地区的人口数量、年轻人占比、人口分布、网购习惯，以及对我国商品的认可程度。通常，年轻人越多、网络习惯越成熟，以及对我国商品的认可度越高，通过跨境电商平台采购我国商品的概率就越大。比如东南亚年轻人口约占总人口 50%，年轻消费者也很喜欢我国物美价廉的时尚品、3C 产品，因此在线跨境采购额在当地逐年上升。

科技方面，因为跨境电子商务的发展离不开一个国家移动网络基础设施、支付安全等技术的发展，因此上述方面的发展状况，将很大程度上影响跨境电子商务的交易。

（三）跨境电商市场调研的渠道

1. 跨境电商平台市场报告

跨境电商运营人员可以通过主要跨境电商平台的市场调研报告，比如 B2B 平台阿里巴巴国际站中的行业发展报告、B2C 平台市场周报等，卖家通过这些报告，可以了解行业最新的发展状况，最新的热搜品和热搜词等。某 B2C 平台菲律宾站点市场周报如表 2-1 所示。

表 2-1　某 B2C 平台菲律宾站点市场周报

关键词	中文
Terno for woman	女士特尔诺蝴蝶服（菲律宾传统服装）
Sandals for kids	儿童凉鞋
Sling bag for woman	女士单肩包
Dress for woman	女装群
Polo shirt for man	男士马球衫

2. 权威机构网站

我国政府经贸部门的网站如商务部网站、统计局网站、世界银行网站等，都是跨境电商运营人员深入了解目标市场、最新平台法规、最新的跨境电商热点事件，国家相关经济、人文数据的重要渠道。

中华人民共和国商务部"走出去"公共服务平台（见图 2-2 和图 2-3）可以查询到全球每个国家的投资指南，通过投资指南，可以深入了解这些国家的社会概括、经济概况、对外经贸合作等情况。

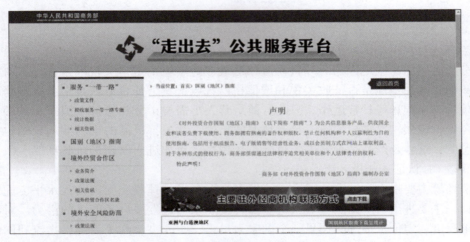

图 2-2　中华人民共和国商务部"走出去"公共服务平台 1

各国的官方统计部门也是查询进出口贸易数据的权威渠道。以中国为例，国家统计局官网（见图 2-4）提供了丰富的进出口贸易数据，包括货物贸易、服务贸易等方面的统计信息。跨境电商运营人员可以在"数据"栏目下的"国际数据"分类中，找到官方口径的各国人口、劳动与就业、教育、货币、金融、信息科技等数据，数据按照五大洲进行查询、分类，例如查询北美洲，就能直观地看到美国、加拿大等国家的数据，让人足不出户就能权威又便捷地了解各国情况。

3. 跨境电商信息网站

除了上述官方的网站外，跨境电商咨询网站也是进行宏观环境调研的主要途径。雨果跨境（见图 2-5）是我国一个非常强大的跨境电商咨询与服务网站。通过该网站，跨境电商运营人员可以了解国内外最新的跨境电商政策法规、行业发展变革、平台最新规定、品牌出海动向等，深入了解海外跨境电商市场、提前进行市场布局。

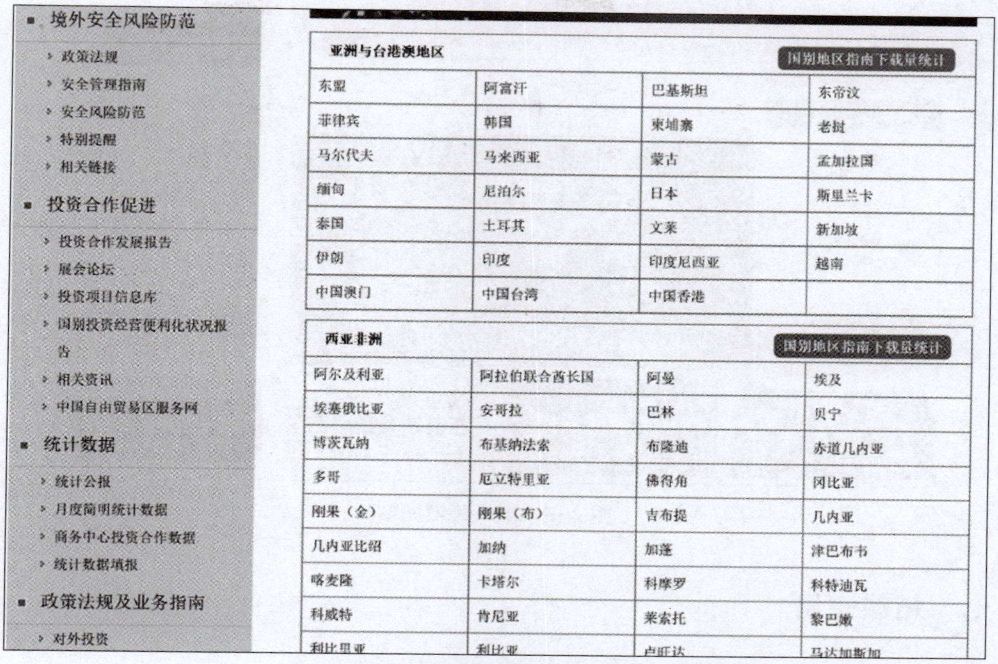

项目二 跨境电商市场分析与选择

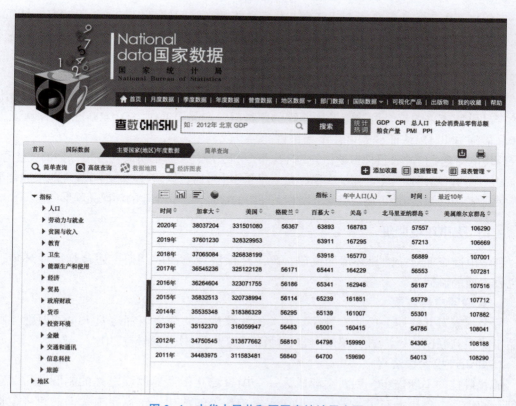

图 2-3 中华人民共和国商务部"走出去"公共服务平台 2

图 2-4 中华人民共和国国家统计局官网

图 2-5　雨果跨境网站

七、拓展知识

（一）跨境电商生态环境调研

近年来，由于工业污染、全球气候变化等造成的环境问题已引起了各国政府高度重视，环境保护已经成为许多国家刻不容缓的一个问题。这些国家纷纷出台环保法律和法规。同时，各类环保主义运动和环保组织层出不穷，以各种方式开展环保活动，各国消费者的环保意识不断提高。

我国跨境电商出口的主要目的地欧盟地区对环境保护要求非常高，常常强制要求出口国的产品供货商采购符合可持续发展原则的原材料，产品要通过 ISO 14000 的环保认证，电子产品需通过 RoHs 认证，方可在市场销售。

跨境电商企业应熟悉目标市场相关的环保指令和法规，了解消费者对环境保护的关注程度，从而为后续的产品研发、生产和推广作好充分的准备，可通过强调对产品的环保性能来迎合消费者环保观念，免除在当地市场遭受与环境相关问题的检查，树立企业的环保品牌形象。

（二）法律环境调研

跨境电商企业对于法律环境的调研，除了环保法规方面的调研，还包括商业环境、进口税收方面的调研。

1. 互联网广告法规

每个国家对互联网上投放广告都有相关的法律规定，跨境店铺运营人员需要熟悉哪些产品不能在互联网上做广告，哪些内容和画面不能出现在短视频推广中。

2. 知识产权保护法规

随着科技的不断进步，创新逐渐成为一个国家屹立于世界民族之林的制胜法宝。要鼓励创新和创造，各国颁布了各种与知识产权保护相关的法律。这也要求我们的跨境电商卖家在店铺运营中，要诚信经营，熟悉各国知识产权法规的要求，不侵犯其他产品的专利权，不盗取他人的产品图，不生产和销售品牌仿制品等，维护公平的竞争环境。

任务二　跨境电商出口市场宏观环境分析

一、任务导入

北美洲、西欧、东南亚、俄罗斯、拉丁美洲等是我国跨境电子商务的主要出口目的地。跨境电商企业在创立之初，可以根据企业主营品类，调研和分析产品主要出口地区的经济、政治、人文、科技等宏观环境；也可以先对主要出口地区进行调研和分析，然后根据分析结果，选择有潜力的目标市场，最后再选择热销品类。

二、任务目标

知识目标：概括北美市场、东南亚市场、西欧市场、俄罗斯市场总体的外经贸政策、经济发展、科技、购买力、网购习惯、产业结构等情况。

能力目标：能根据收集的信息，对跨境电商目标市场进行分析，确定该市场开展跨境电商运营的优势和挑战。

素质目标：在学习和实践中，培养主动学习新知识、探索地区新发展、追求卓越的职业素养。

三、学习任务

在调研的基础上，分析和归纳北美市场、东南亚市场、西欧市场总体的经济发展、科技、社会人文等情况。

在教师的引导下，运用所学知识，调研和分析某个跨境电商目的市场的宏观环境。

四、完成过程

资料阅读一

北美地区主要包括美国和加拿大。该地区经济发达，居民消费能力强，B2C 电子商务历史悠久，网民多，截至 2020 年 5 月，美国与加拿大共有多达 3.29 亿网民，渗透率为 94.6%，远高于全球平均水平。

北美地区市场活跃，其中，美国是全球最大的电子商务零售市场，也是我国跨境电商主要的出口目的地之一。研究美国跨电商市场的宏观环境，是进军北美市场企业必须完成的任务。

引导问题 1：请查阅相关资料，分析美国的地理位置、人口数量、通用语言、主要节日、网购习惯、对我国商品的认可度、网购普及率等人文环境。

引导问题 2：请分析我国与美国的经贸概况以及美国对外经贸政策，并分析这些政策对我国跨境电商的影响。

引导问题 3：请分析美国的经济情况，包括经济发展水平、人均购买力、物流基础设施等。

引导问题 4：请分析美国的网络基础设施建设情况，可从网络支付安全，上网速度，4G、5G 普及率等方面进行调研，并说说这些情况对当地电子商务发展的影响。

资料阅读二

随着《区域全面经济伙伴关系协定》的落实，我国与东南亚地区的经贸联系将更加密切。东南亚地区共有 11 个国家：越南、老挝、柬埔寨、泰国、缅甸、马来西亚、新加坡、印度尼西亚、文莱、菲律宾、东帝汶。除了新加坡，其他都是发展中国家，经济发展程度不一，人均收入不高，但是该地区现在有 7 亿多的人口，而且 30 岁以下的人口约占 50%，电子商务市场潜力巨大。我国许多跨境电商企业纷纷把目光投向广阔的东南亚市场。

引导问题 5：查阅资料，分析东南亚地区电子商务发展情况，包括网购普及率、主要网购品类、网购支出等，归纳当地发展电子商务的潜力。

引导问题 6：查阅资料，找出上述东南亚总体的电子商务发展存在的问题，分析这些问题对我国跨境电商的影响。

资料阅读三

欧洲位于东半球的西北部，北临北冰洋，西濒大西洋，南隔大西洋的属海——地中海

项目二 跨境电商市场分析与选择

和黑海。西欧,是指欧洲西部的发达国家,包括英国、爱尔兰、荷兰、比利时、卢森堡、法国、摩纳哥、德国、奥地利、瑞士、意大利、西班牙、葡萄牙、挪威、瑞典、丹麦、芬兰、冰岛、希腊等国家。西欧人口约4.5亿,国民收入较高,购买力强。西欧地区一直是我国外贸出口的主要目的地,也是跨境电商卖家主要的目标市场。

引导问题7:查询资料,分析西欧地区跨境电商市场宏观环境的特点,归纳在当地发展电子商务的优势和劣势。

资料阅读四

俄罗斯人口1.43亿,全球排名第十。随着电子商务的普及,该国电子商务市场发展迅速,网购普及率不断增加,目前网购用户已超过3 000万人,成为我国跨境电商出口的主要目的地之一。俄罗斯年轻用户网购意愿更强,智能手机普及率高,因此,俄罗斯的电子商务市场有很大的发展空间。

引导问题8:查阅资料,归纳俄罗斯电子商务市场的总体概况。

引导问题9:查阅资料,归纳俄罗斯电子商务发展的制约因素。

学习资源

| 微课:北美跨境电商市场分析 | 微课:东南亚跨境电商市场分析 | 微课:西欧和俄罗斯跨境电商市场分析 |
| 课件:北美跨境电商市场分析 | 课件:东南亚跨境电商市场分析 | 课件:西欧和俄罗斯跨境电商市场分析 |

五、学习评价

实训任务　跨境电商目的国市场调研与分析

1. 任务布置

班级：	实训小组：
任务背景	作为一个跨境电商创业团队，你们需要在调研的基础上分析不同国家的宏观环境，作为目标市场选择的依据
任务要求	在任务1.1中，你已经建立了企业，确定了主要的经营品类。在本任务中，请调研和分析主营品类的一个主要出口国家，分析该国家电商市场政治、经济、人文、科技等方面的情况，并说明在该国开展跨境电商经营的优势和挑战
任务目标	（1）掌握跨境电商目的国市场调研与分析的方法和技巧。 （2）在任务完成过程中培养团队合作、主动探究、刻苦钻研的职业素养

2. 任务实施

实施步骤	具体内容	人员分工

指引：
政治、经济、社会人文、科技发展方面的内容要与当地电子商务市场发展高度联系

说明：以小组为单位，每个小组选出一个组长，组长组织大家思考和讨论，在教师的辅助下，确定任务实施的步骤和具体做法，分工合作，填写此表。在此表的指引下，完成任务，最终结果以实训报告的形式呈现

3. 任务评价

被评价人员	
评价方式	教师评价、小组互评、组间互评
评价说明	评价内容分为学习表现和成果表现。 学习表现分数占总分的40%，其中教师和学生评价各占该项分数的50%。 教师观察每一组成员的学习表现，做好记录，作为该项的评分依据。 学生互评取平均分。 成果表现分数占总分的60%，教师评分占该项分数的70%，组间互评占该项分数的30%，其中组间互评取平均分
评分说明	每项评分满分为10分。 6分及以下表示改善空间很大； 6~7分表示基本合格； 7~8分表示不错，但还有一定的改善空间； 8~9分表示良好； 9~10分表示优秀

续表

总分（学习表现×40%+成果表现×60%）：					
1. 学习表现					
表现					分数
学习积极性与参与度					
表现团队合作，精益求精、刻苦钻研的工匠精神					
小组互评					平均分：
教师评分					
该项分数=小组互评×50%+教师评分×50%					
2. 成果汇报表现					
表现					分数
报告时站姿端正，面向观众					
报告语速适当、声音洪亮					
报告语言简练、思路清晰					
报告 PPT 能具体反映影响目的国电子商务发展的政治、经济环境					
报告 PPT 能具体反映影响目的国电子商务发展的人文、科技环境					
汇报内容逻辑分明、条理清晰					
引用的数据有清晰的出处，数据较新					
报告 PPT 图文并茂，字体大小合适，形象生动					
教师评分					
组间评分					平均分：
该项分数=教师评分×70%+组间互评×30%					
教师评语：					

六、相关知识点

（一）北美电子商务市场宏观环境

1. 发展情况

北美地区主要包括美国和加拿大。该地区经济发达，据世界银行数据显示，2019 年该地区人均 GDP 为 6.43 万美元。因此居民消费能力强，B2C 市场活跃。另外，美国与加拿大共有多达 3.29 亿网民，渗透率达到 94.6%，远高于全球平均水平。总体来说，北美地区网购历史悠久，从 20 世纪 90 年代末就开始了网络购物，具有较高的网购渗透率，消费能力强盛，物流与网络支付服务体系完善，而且对我国消费品认可度高、需求大，因此北美地区仍然是中国卖家第一大目标市场。

2. 美国电子商务市场

美国是全球最大的在线零售市场，位于北美洲中部，截至 2021 年 8 月 15 日，美国总人口约3.33亿,非拉美裔白人占57.8%,居民大多信奉基督教及天主教,通用英语。美国是多民族和多元文化的聚集地,风俗习惯因民族不同而各异。美国的节日很多,主要包括圣诞节、独立日、复活节等,这些都是电商购物的旺季。

经贸方面,美国国内生产总值居世界首位,人均收入约3400美元/月。较高的收入推动了美国的电商消费市场的繁荣。我国是美国前五大货物进口来源地之一。主要向美国出口机电产品、日用消费品、工业原材料等。

在基础设施方面,美国的公路和高速公路系统覆盖全国,铁路网运营线路长,有世界上最大的铁路网,民用航空非常发达,完善的物流设施为电子商务的发展带来便利。

除了物流基础设施完善,人口众多、网购习惯成熟也是美国成为世界上最大的在线零售市场的主要因素。美国有人口3亿多,有悠久的网购习惯。互联网活跃用户数超过3.2亿,普及率超过94%。大多数美国人乐于在线购物,2021年美国超过7成消费者进行网上购物。

市场方面,美国虽然潜力巨大,但竞争很激烈,电商平台包括亚马逊、Walmart、ebay、阿里速卖通,以及近年进入美国市场的希音和Temu。其中泰慕是拼多多拓展美国市场的平台。因为平台众多,因此低价成为进入美国跨境电商市场的主要策略。

(二)东南亚电子商务市场

1. 发展情况

东南亚地区共有11个国家:越南、老挝、柬埔寨、泰国、缅甸、马来西亚、新加坡、印度尼西亚、文莱、菲律宾、东帝汶。虽然除了新加坡,其他都是发展中国家,经济发展程度不一,人均收入不高,但是该地区现在有7亿多的人口,而且30岁以下的人口占50%左右,市场增长潜力广阔。随着《区域全面经济伙伴关系协定》的落实,我国与东南亚地区的经贸联系将更加密切。

根据东南亚主要的电商平台虾皮的报告,东南亚中印尼、菲律宾人口都在1亿以上,越南和泰国人口也有5000万以上,虽然这些国家人均GDP不高,但是当地电商零售额只占整体零售额的5%,随着网络购物的普及,当地的跨境电商市场前景广阔。从这份报告,我们可以看到,东南亚几个主要国家,普遍受欢迎的产品包括服装时尚类、3C类、美妆类、家居类,以及母婴产品。

2. 阻碍因素

虽然东南亚电商有很好的前景,但还存在一些阻碍电商发展的情况。首先,由于该地区较多为发展中国家,购买力相对薄弱,因此销售的产品价格普遍不高,利润没有欧美市场大。其次,该地区的一些国家,如菲律宾、印尼等,海岛众多,跨境配送费用高,服务不够完善。海岛多也导致部分地区物流基础设施不完善,运输时间较长。再次,当地网购渗透率不高,但卖家众多,这样导致竞争尤为激烈。最后,由于当地大部分买家对跨境网络购物存在疑虑,以及部分国家银行卡普及率低,大多还选择货到付款的方式,这也在一定程度上增加了商家的顾虑。因此,出口东南亚跨境电商,需要一个全面的调研和深入的分析。

3. 马来西亚电子商务市场

东南亚跨境电商发展得最好的国家之一是马来西亚。马来西亚是东南亚第三大经济体,人口3000多万,30岁以下的年轻人占49%,人均收入11000多美元,仅次于新加坡。

马来西亚是东南亚发展跨境电子商务最成熟的国家之一。政府支持电子商务发展，制定了一系列完善电子商务基础设施的支持举措。因此，马来西亚电子支付普及率高，上网费用较低，物流配送和通关效率都很高，这些都是当地电商用户渗透率高的推动因素。相信在接下来的几年，马来西亚的电子商务发展会更上一个台阶。

（三）西欧地区电子商务市场

1. 发展情况

西欧是指欧洲西部的发达国家，是我国跨境电商的主要目的市场。西欧人口约 4.5 亿，有法国、英国、德国和意大利等工业大国，工业部门较为齐全，综合实力雄厚，国民收入较高，购买力强。根据欧盟统计局官方数据，2021 年度欧盟各国税前收入排名中，多个国家平均一个月薪酬达到 4 000 欧元，相当于 30 000 万人民币左右。同时由于我国轻工业品、日用品产业门类齐全，价格有竞争力，西欧多国普遍对我国的轻工业产品、日用消费品需求较大。

2. 主要电商平台

根据我国国家邮政局的统计：包括英国、瑞士和挪威在内的欧洲跨境电子商务市场的总营业额在 2021 年达到 2 370 亿欧元。在所有电商平台中，亚马逊和 ebay 在 2021 年占据了一半以上的市场份额。所以如果想进入欧洲市场的跨境电商卖家，应该选择亚马逊和 ebay 作为入驻平台。

3. 跨境电商主要出口目的国

在所有国家中，德国、法国、英国市场无疑是欧洲电商市场的领跑者，这些国家有着先进的电商基础设施，以及完善的电子商务环境，比如互联网使用率高、手机普及率高，欧洲甚至人均不止 1 台手机，国民网购习惯成熟，而且物流基础设施完善，很多欧洲国家公路铁路网络非常发达。

（四）俄罗斯电子商务市场

1. 发展情况

俄罗斯人口 1.43 亿，全球排名第十。2021 年，俄罗斯互联网用户达到了 1.16 亿人，约占总人口的 80%。目前，俄罗斯的网购用户已超过 3 000 万人，但电子商务的普及率却只有 7%。俄罗斯年轻用户对于网购意愿更强，智能手机普及率高，因此，俄罗斯的电子商务市场还有很大的发展空间。

2. 发展契机

俄乌冲突以来，欧美品牌的撤离为国内产品进入俄罗斯市场提供了重要的机会。此外，俄罗斯还有一个很突出的特点，就是国内重工业发展较好。俄罗斯由于矿产资源丰富，具备发展重工业的条件。但是轻工业、食品工业滞后，本国企业生产的轻工业制品只能保证本国市场对纺织品、服装和鞋需求的 15%~20%。以服装制造业为例，俄罗斯人购买的皮夹克中，超过 80% 依赖欧洲和中国进口。重工业和轻工业比例失衡，导致对我国轻工业产品的需求量很大。

3. 阻碍因素

俄罗斯发展电商存在不少问题，加上俄罗斯中东部是高原和山地，交通不便，运货花上一个多月是很正常的事情。物流和通关效率、货物退换曾经是困扰俄罗斯跨境电商市场发展的几大因素。近年来，随着更多中俄专线的开通，以及海外仓的建立，情况逐渐得到改善。

七、拓展知识

（一）拉丁电子商务市场分析

1. 发展现状

（1）电商市场发展概况。

拉丁美洲是指美国以南的美洲地区，包括中美洲、西印度群岛和南美洲。主要国家包括墨西哥、哥伦比亚、委内瑞拉、圭亚那、法属圭亚那、苏里南、厄瓜多尔、秘鲁、玻利维亚、巴西、智利、阿根廷、乌拉圭、巴拉圭等。其中巴西人口约2.15亿，是南美洲第一人口大国，其次是墨西哥，人口约1.32亿。主要语言为西班牙语（巴西为葡萄牙语）。

拉丁美洲是跨境电商的新兴市场，人口超过6亿，年轻消费群体占比大。当地轻工业发展较慢，对我国的日用品需求大，且消费能力较强。巴西、墨西哥和阿根廷是该地区电子商务市场最有活力的国家。

（2）热门销售品类。

时尚、美容护理、家居装饰及电子产品是南美电商品类中占比最大的。拉美消费者对彩妆类产品的需求增长最为突出。以巴西为例，人们追求小麦肤色，底妆喜欢相应的深色系，对眼妆的要求也很高，假睫毛、眼影、眼线都是必不可少的美妆要素。

家居家电在阿根廷、秘鲁、巴西广受欢迎，一些清洁用的小家电，比如吸尘器、厨具、LED照明灯、收纳用品、装饰用品等搜索量与销量都不错。在阿根廷，手机，笔记本电脑，手机、电脑配件，比如电脑支架、耳机、摄像头、键盘、插头以及平板的保护壳等，需求增长快。此外，蓝牙耳机及音箱也受到欢迎，蓝牙音箱最好出售户外使用的、大型的、倍数输出强的，这类音箱市场空间更大。

健身器材及健身用品、运动套装等也广受欢迎，包括各种重训器材、瑜伽产品。号称是"自行车的国度"的哥伦比亚，自行车爱好者众多，各种与单车周边相关的产品需求旺盛。

（3）支付方式。

拉美不同国家线上支付率各有不同。在巴西、阿根廷、智利、哥伦比亚等国家的用户都可以通过当地的借记卡、信用卡、现金付款、银行转账或电子钱包（如 Boleto Bancario）等方式付费，线上支付率还是比较高的，基本上都在70%以上。但是，大部分南美国家银行账户普及率与信用卡普及率较低，影响了电子商务在当地的发展。随着移动互联网和智能手机普及率的提高，以及全球支付相关企业的纷纷入驻，更多南美消费者将愿意在手机上网购，当地的网购渗透率也将不断上升。

2. 存在问题

（1）物流基础设施落后。

虽然拉美市场是主要的跨境电商新兴市场，但当地的跨境电商物流一直处于相对落后的状态。由于铁路不发达，普遍依靠公路运输，造成运输周期长、成本高昂、稳定性差。

为了解决物流配送问题,特别是"最后一公里"的配送问题,国际巨头如FedEX、TNT Post Group等和本土电商平台也建立了物流管理网络,努力提升当地物流配送时效。

(2) 通关效率低。

此外,繁文缛节和官僚主义、海关效率低下也是造成物流配送时间长的原因。某些商品可能需要等待30天以上才能通过海关清关,尤其是在巴西和阿根廷,影响了卖家的及时回款。一些国家的清关政策不透明,海关扣货率高,跨境电商卖家常会面临财货两失的风险。一些国家对跨境进口包裹征收的高额税率,甚至高达76%以上,从而导致许多消费者直接拒绝交税而弃货,给跨境电商卖家带来了巨大损失。

总而言之,南美洲电子商务市场具有巨大的发展潜力,但也面临一些挑战。在竞争激烈的市场环境下,跨境电商企业应加强创新,提高竞争力,更好地满足消费者的需求。同时,跨境电商平台和当地政府应加强合作,建立相应的法律政策和标准,给卖家和当地客户提供支持和保障,以促进南美洲电子商务市场的健康发展。

(二) 中东跨境电商市场分析

1. 发展现状

(1) 电商市场发展概况。

随着全球消费需求持续转向线上,中东地区凭借高速增长的经济实力、互联网渗透率与旺盛的消费需求,成为中国出口跨境电商的蓝海市场。

中东地区总人口超过4.8亿,网购渗透率高,拥有超过2亿互联网用户。当地经济增速快,人均GDP高,对进口商品及高客单价商品的接受度较高,当地文化也影响着消费者的购买行为,全年多个重大节日,线上消费充满潜力与机遇。

据统计,2022年中东地区的电商规模达到370亿美元,自2018年至2022年,该地区的电商年复合增长率达到32%。预计到2026年,中东地区的电商总规模将达到570亿美元。其中,阿联酋、沙特和以色列是该地区最大的电商市场,其市场总规模约占地区的72%。

在中东电商高速增长的背景下,越来越多的中国企业加速拓展中东电商业务。截至2023年6月,亚马逊中东站的中国卖家数量同比增长超过40%。2023年第二季度,中国卖家拓展中东站意愿度增速排名第一。

(2) 电子商务发展的推动因素。

中东电商市场的发展首先得益于互联网和手机的普及。地区互联网用户超过2亿,其中大多数人通过手机上网。在阿联酋和沙特等国,手机普及率已经达到100%。在约旦和突尼斯等国家,预计到2026年手机普及率也将达到80%。其次是数字支付方式增长。统计显示,中东地区的金融科技公司业务有85%集中在数字支付领域。最后是网购需求增加。疫情期间,中东地区电商市场获得爆发式增长。

中东地区电商迅速发展还离不开政府的支持。多个国家提出了发展数字经济的政策举措,在基础设施方面大力投资,鼓励初创企业。例如,沙特"2030愿景"将发展电商作为经济多元化的重要途径,并于2019年通过电商法,规范并扶持电商发展。2022年,沙特商务部共签发3万多张电商运营许可。埃及2022年推出了针对服务外包产业的数字埃及战略,计划将信息通信技术领域产值占国内生产总值的份额从2022年的5%提高到2026年的

8%，创造 21.5 万个就业机会。

(3) 热门销售品类。

从品类上来看，各大品类均呈上涨趋势。时尚、消费电子、美妆和个人护理产品占据头部位置。根据亚马逊站内数据，家居用品、个人电脑、美妆、无线设备、电子消费品占据中东站热卖品类前列，品类增速也保持较高的增长。从市场规模看，消费电子是电商市场中规模最大的品类，2022 年销售额为 50 亿美元，其次是服装和食品饮料。

2. 阻碍因素

拓展中东市场也面临一些痛点。首先，大部分跨境电商企业对中东经验较少，需要花费更多的时间和精力去进行市场调研，更好地把握当地消费者需求。其次，中东地区也存在物流服务商较少、跨境物流成本高、清关难等问题，因此在物流速度和成本上还需要持续提升。

总体上，电商经济占中东地区商业的比重仍有很大发展空间，预计到 2026 年将增长到 8.3%。鉴于其发展潜力，跨境电商运营人员应该多关注中东市场，争取早日布局。

(三) 非洲电子商务市场分析

1. 发展现状

(1) 电商市场发展概况。

非洲主要有 54 个国家，共计约 14 亿人口，其中城市人口占比为 43.9%，是全球人口第二多的大洲。非洲也是全球最年轻的大陆，年轻人口占比超 60%，平均年龄 24 岁，拥有着大量年轻消费者，人均 GDP 约为 2 000 美元。在非洲主要国家中，南非的人均 GDP 达到了 6 658.6 美元，人均消费支出 3 855.1 美元，在非洲名列前茅。

非洲电商起步较晚，仍属于蓝海市场。随着当地的经济发展，交通、物流等基础设施不断完善，电商市场近年来增长迅速。此外，许多非洲国家出台了支持电子商务发展的政策，为跨境电商提供了良好的政策环境。根据 StockApps.com 公布的数据：2021 年非洲电商市场收入达到了 280 亿美元；2024 年收入预估将达到 423 亿美元；从 2017 年的 77 亿美元，行业市场规模将在 7 年内增长约 500%；此外，2024 年非洲电商用户将达到 4.7 亿。

非洲消费者对网购有着极高的接受度，庞大的年轻人口也成为该地区电商市场短道起飞的重要后备军。非洲的互联网用户增长非常快，据世界银行统计，截至 2022 年 6 月，非洲有 6.58 亿互联网用户，互联网普及率为 46.8%。随着移动互联网的不断普及和手机价格的下降，非洲的互联网渗透率将持续上升。

Jumia 是非洲最大的电商平台，被称为"非洲亚马逊"，是唯一一家覆盖全非洲的电商平台。除了 Jumia 以外，还有诸多区域性平台，比如专注于尼日利亚市场的 Konga、南非的 Takealot 等平台。2014 年进入非洲市场的 Kilimall、2015 年诞生于非洲的 KIKUU，皆为中国出海非洲的电商平台，帮助中国卖家开拓面向非洲的 B2B 和 B2C 业务。除了传统的电商平台，非洲消费者也开始通过 Facebook、Instagram、TikTok 等社交媒体平台购买产品，也使非洲网红经济快速发展。亚马逊、阿里巴巴等国际电商巨头也纷纷进军非洲市场。这些电商平台不仅为消费者提供了便捷的购物渠道，也为商家提供了更广阔的市场空间。同时，电商平台的发展也带动了物流、支付等相关产业的发展，形成了一个完整的电商生态系统。

（2）网购习惯和热销品类。

和中国消费者不同的是，非洲白领们大都是在工作场所网上购物，因此电商交易大都发生在当地工作日的上班时间。这一方面是因为，目前非洲的互联网普及率仍低于全球平均水平；另一方面，则是源于撒哈拉以南非洲地区昂贵的移动互联网价格。

从商品类别来看，健康美容、3C 电子以及时尚服饰品类的商品最为畅销。受地理环境和居高不下的生育率影响，驱蚊及母婴用品在非洲的市场需求也很大。在产品选择上，非洲的消费者需求更偏低价产品，中低阶层收入者占据了网购用户的 70%，这也导致相较于产品质量，他们更关注产品的价格，甚至会为了追求低价而牺牲质量。

（3）主要支付方式。

比起方便快捷的线上付款，多数非洲人更青睐货到付款和现金支付。仅 10%~15% 的非洲人拥有自己的银行账户，传统的支付方式也在无形中增加了电商卖家的交易成本。但是，非洲的支付方式正在发生变化。随着移动支付的普及，越来越多的非洲消费者选择在线支付，这为电商交易提供了便利。同时，一些移动支付平台还推出了多种优惠活动和金融服务，进一步促进了电商交易的发展。

2. 阻碍因素

非洲国家基础设施还不够完善，道路体系尚未建成，因此在配送问题上是比较严峻的，尤其是"最后一公里"的配送，是广大卖家普遍面对的挑战。在非洲，除主要国家和城市外，很多配送地址都非常偏僻，甚至没有具体的地址和定位，需要通过摩托车或自行车来完成配送，不仅产生了额外的成本，还影响了物流服务的时效性。

总的来说，非洲的跨境电商既有机遇也有挑战。随着各国政府的重视和投资，越来越多的物流公司进入非洲市场，提供快速可靠的物流服务，物流网络正在逐步建立和完善。通过加强基础设施建设、完善法律法规、提升物流和支付服务水平等措施，非洲的跨境电商将能够更好地满足消费者的需求，促进当地经济发展和社会进步。

任务三　跨境电商市场客户分析

一、任务导入

当跨境店铺运营人员分析了的目的市场的宏观环境后,还需要调研和分析微观环境,如客户的购买特点,了解他们的购买行为和需求,这也是后续店铺选品和推广的关键。

二、学习目标

知识目标：能准确分析跨境电商企业客户和个体消费者的购买特点。
能力目标：具备根据不同客户的特点和喜好,制定相关推广策略的能力。
素质目标：在学习和实训中培养努力钻研、主动学习、精益求精的职业精神。

三、学习任务

在教师的辅助下,查阅资料,结合所学知识,分析不同类型跨境电商客户的特点、购买行为和喜好。

根据不同客户的喜好,制定不同的营销策略。

四、完成过程

资料阅读一

跨境电商市场的客户可以包括以下两个：一是企业客户,这主要有国外批发商、国外零售商等；二是个体零售客户,这主要包括各市场的消费者。

企业客户一般购买量大,对价格比较敏感,看重国内工厂的资质、技术、工艺等,对产品质量和发货时间要求高,因此通常会货比三家,希望能找到有实力、产品好、价格实惠、服务周到、诚信经营的卖家,进行多番对比之后才做决定。

引导问题1：如果一个美国零售企业的负责人,想从我国采购一批产品回到本国销售,选择国外供应商时,他会考虑什么问题呢？

引导问题2：针对企业客户的特点,B2B跨境卖家可以采取什么措施来促成交易？

资料阅读二

随着我国跨境电商B2C出口占整个跨境电商贸易额比例不断上升,我国许多贸易企业在运营B2B店铺的同时,也入驻速卖通、亚马逊、虾皮、TikTok等B2C平台,并根据不同地区、不同特点的消费者,选择合适的商品进行推广。

一般来说,跨境电商零售客户购买量较小,购买时看重产品的外观、实用性和性价比,也非常看重评论，同时还会参考社交媒体、网红的推荐等，特别是时尚类的产品，往往会购买网络上火爆、总体评价好的产品。

引导问题 3：当一名欧洲消费者要选够我国的商品时，他会考虑什么因素？

引导问题 4：如果你是 B2C 跨境电商企业的运营人员，你可以采取什么策略促成交易？

资料阅读三

如图 2-6~图 2-7 所示是阿里巴巴国际站一家珠宝店铺客户分析中的相关数据。从图中可以看到在一段时间内，全网浏览品类和全网询盘品类的排行，另外从网站还可以分析客户主要国家和地区分布。

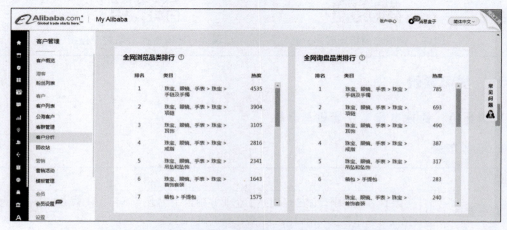

图 2-6 阿里巴巴国际站-客户分析-浏览 & 询盘品类排行

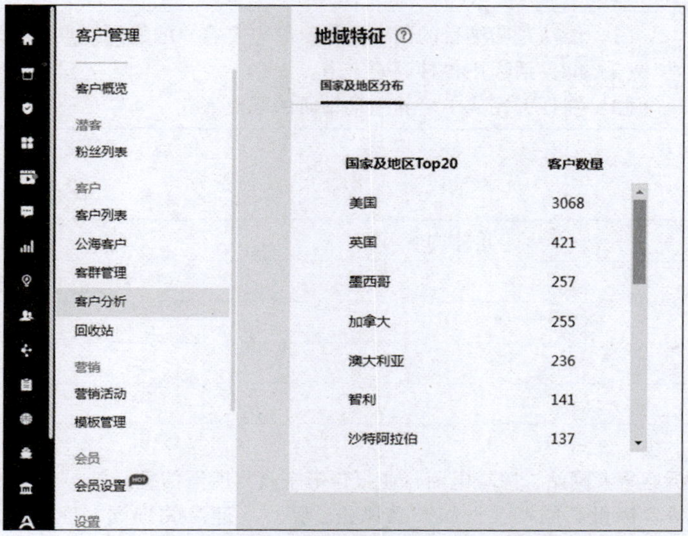

图 2-7 阿里巴巴国际站-客户分析-地域特征

引导问题 5：作为店铺的一名运营人员，请归纳珠宝大类中，客户近期最有需求的 3 种产品，并分析店铺可以针对哪些国家和地区进一步开发产品？

引导问题 6：除了平台后台，跨境电商运营人员还可以通过哪些渠道调研消费者？

学习资源
微课：跨境电商市场客户分析   课件：跨境电商市场客户分析

五、学习评价

实训任务　跨境电商客户调研与分析

1. 任务布置

班级：	实训小组：
任务背景	在任务 1.1 中，你已经创办了企业并确定了主营品类；在任务 2.2 中，你已经完成对该品类主要出口国的宏观市场调研与分析
任务要求	请调研上述主营品类中，某一类产品在主要出口国的消费者特点，分析他们的购买行为与喜好
任务目标	（1）能清楚归纳目的国中该类产品主要客户的购买特点与喜好。 （2）能灵活运用各种调研渠道。 （3）在任务完成中培养主动钻研的职业素养

2. 任务实施

实施步骤	具体内容	人员分工

指引：
（1）可以通过分析竞争者网站、跨境电商行业报告等来收集所需信息。
（2）可以分析竞争者销量高的产品，如产品风格、特点、产品关键词、价格等，以此归纳客户的喜好。

续表

> 说明：以小组为单位，每个小组选出一个组长，组长组织大家思考和讨论，在教师的辅助下，确定任务实施的步骤和具体做法，分工合作，填写此表。在此表的指引下，完成任务，最终结果以实训报告的形式呈现。完成任务后，每组委派一名组员进行口头汇报，与其他团队分享报告成果

3. 任务评价

被评价人员	
评价方式	教师评价、小组互评、组间互评
评价说明	评价内容分为学习表现和成果表现。 学习表现分数占总分的40%，其中教师和学生评价各占该项分数的50%。教师观察每一组成员的学习表现，做好记录，作为该项的评分依据。 学生互评取平均分。 成果表现分数占总分的60%，教师评分占70%，组间互评占30%，其中组间互评取平均分
评分说明	每项评分满分为10分。 6分及以下表示改善空间很大； 6~7分表示基本合格； 7~8分表示不错，但还有一定的改善空间； 8~9分表示良好； 9~10分表示优秀

总分（学习表现×40%+成果表现×60%）：

1. 学习表现

表现				分数
学习积极性与参与度				
表现出刻苦钻研、团队合作的精神				
小组互评				平均分：
教师评分				
该项分数=小组互评×50%+教师评分×50%				

2. 成果汇报表现

表现	分数
汇报时站姿端正、面向观众	
汇报语速适当、声音洪亮	
汇报语言简练、思路清晰	
汇报内容重点突出、条理清晰	
汇报内容能反映目标消费群的购买特点和喜好	
汇报内容有具体例子	
数据较新，有清晰的出处，信息来源较权威	
汇报PPT字体大小合适、形象生动、图文并茂	

续表

教师评分						
组间评分						平均分：
该项分数＝教师评分×70%＋组间互评×30%						
教师评语：						

六、相关知识点

（一）B2B 跨境电商客户分析和推广策略

跨境电商市场的客户可以分为企业客户（包括国外批发商、国外零售商等）和个体消费者。

1. 客户分析

企业客户一般购买量大，对价格比较敏感，看重国内工厂的资质、技术、工艺等，对产品质量和发货时间要求高，希望能找到有实力、产品好、价格实惠、服务周到、诚信经营的卖家，进行多番对比之后才作决定。

2. 推广策略

由于企业客户的特点，跨境卖家可以通过以下策略进行产品推广。首先，为了打消客户对产品品质的顾虑，跨境卖家可以提供样品、邀请客户前来验厂，提供各种资质证书及合作客户的好评来增强客户的信心。在价格方面，通过有竞争力的价格以及较低的起订量来吸引客户。在服务方面，可以通过接受定制，尽快安排发货，提供周到的售后服务，如退换货的费用、退换货的处理等，让顾客免除后顾之忧。成交后，还需要持续跟进，不断介绍新产品来获得回头客。

（二）B2C 跨境电商客户推广策略

1. 客户分析

一般来说，跨境电商零售客户一般购买量较小，购买时看重产品的外观、实用性和性价比，也非常看重评论，同时还会参考社交媒体、网红推荐，特别是时尚类产品，往往会购买网上比较火爆、总体评价好的产品。

2. 推广策略

那么跨境店铺如何向个体消费者推广产品呢？首先，为了吸引消费者，卖家要不断上新，参考网红推荐，推出热搜品。产品图片要美观，能足够说明产品的功能、外观和特点，并且提供用户好评的截图。把顾客吸引到之后，要促成交易，卖家要提供有竞争力的价格，与同类产品价格不要相差过大，还可以通过提供店铺优惠，如 2 件 88 折等，降低价格，提高销量。同时还要承诺良好的售后服务，以便获取更多好评。

（三）跨境电商客户分析工具

1. 后台客户分析数据

跨境电商平台的客户分析数据是客户调研的重要参考。如阿里巴巴国际站后台数据分析模块访客画像功能,可以帮助运营人员了解优选买家的特征、定制偏好、类目偏好、样品偏好、最低起订量(Minimum Order Quantity,MOQ)偏好、主要通过搜索什么产品进入店铺、主要访问了店铺哪些产品、对哪些产品进行询盘、主要来自哪些地区和国家等。通过对这些后台数据的分析,运营人员可以准确了解客户的购买行为和喜好,制定下一步选品和推广的策略。

2. 谷歌趋势

谷歌趋势(http//trends.google.com)是 Google 推出的一款基于搜索日志分析的服务,可以统计某一搜索关键词不同时期在 Google 被搜索的数据。

跨境店铺运营人员通过谷歌趋势的数据,可以了解世界各地的客户不同时期的热搜产品。例如,在搜索框中输入某个产品词后就可以看到 5 年以内,该产品的热度趋势和本年度的热度变化,如图 2-8 所示。卖家可以通过数据,了解客户需求的变化,在选品前根据数据的走势来初步评估产品的热度和准入难度,而在选品上架后,也可以根据实时热度预测把握销量变化趋势,从而合理规划供货、库存相关工作。

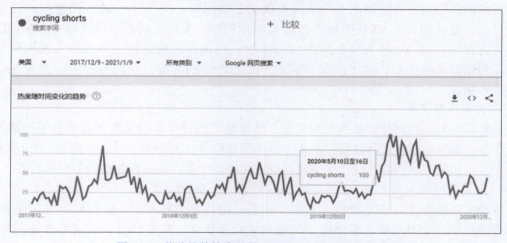

图 2-8 谷歌趋势搜索关键词 cycling shorts 显示示例

七、拓展知识

(一)不同国家跨境电商零售客户的特点

总体来说,欧美客户重视商品质量、商标和包装,发展中国家客户既重视质量,也重视价格。不同地区的销售旺季通常在当地的重要节日。欧美国家一般销售旺季集中在年底黑色星期五、圣诞节前以及 3 月的复活节。伊斯兰国家一般是斋月前夕等。那么,不同国家的消费者,又有哪些各自的特点呢?

1. 美国消费者

美国消费者储蓄率较低,习惯信用卡超前消费,愿意尝试和购买新产品,重视产品的质量、品牌和专利。在美国,只要推出的新产品有品质,有鲜明的特点,并且价格实惠,就可以更好地吸引到愿意尝试新品的美国人。美国消费者喜欢购买我国日用消费品,如家居产品、衣服鞋帽产品、配饰产品、机电产品、3C 消费品类、户外用品等。

2. 英国消费者

英国消费者比较注重细节，追求品质和实用性，在网上买得最多的是服装。因此在英国销售的商品，实用性很重要。英国消费者和美国消费者类似，对我国的3C消费品类、户外用品、家居产品、衣服鞋帽产品、配饰产品等需求较大。

3. 法国消费者

法国是全球最大的旅游目的地之一，法国当地人喜欢登山、骑自行车、远足、滑雪、滑翔等户外运动，登山设备、户外运动用品等很受欢迎。此外，消费者还喜欢网上购买消费电子类、时尚类和家居类产品。

4. 德国消费者

德国消费者主要购买书籍、衣服、电子产品、户外用品、园艺用品、家居产品、汽配产品等。以严谨称著的德国人对产品质量要求高，退货率也高。因此销往德国的产品，一定要做好质量控制。

5. 巴西消费者

南美洲的巴西在疫情期间，56%的人首次尝试网购，其中94%的人愿意保持这个习惯。目前，巴西拥有1.88亿网民，占总人口的87%，女性消费者是网购的主力军。巴西年轻人占比大，44.4%的人口年龄在25~54岁，市场发展前景巨大。巴西人常网购的中国商品包括时尚类产品、电子产品、家居产品、户外用品等，我国是巴西最受欢迎的跨境网购市场。

6. 俄罗斯消费者

俄罗斯今年和我国经贸关系更加紧密，越来越多的消费者线上购买我国物美价廉的轻工业产品。俄罗斯年轻人和已婚妇女是主要的网购群体。对服饰、鞋子、配饰、3C消费品需求大，也比较关注产品性价比。因此性价比高的轻工业产品是俄罗斯的主打热销品。

7. 东南亚地区消费者

该地区的消费者经济发展程度不一，社会文化各有差异。除了新加坡是发达国家外，大部分发展中国家的消费者对价格非常敏感，对品质要求没有欧美国家消费者高。泰国、马来西亚、越南等客户都喜欢网购3C电子产品、时尚类、美妆类、家居类等产品，这些也是我国跨境出口东南亚的主要品类。

学习资源

动画：黑色星期五

动画：斋月

项目二 跨境电商市场分析与选择

任务四　跨境电商市场竞争者分析

一、任务导入

跨境电商市场中，谁是卖家的竞争者？

跨境电商市场竞争者有三类：

第一类是同一平台的电商卖家，其中包括同一个行业的和其他行业的。比如卖母婴产品的店铺，同时卖玩具和儿童被子，所以和其他玩具卖家是竞争者，和卖被子的店铺也是竞争者。

第二类是同一行业其他平台的卖家，也是竞争者。很多国家和地区有多个电商平台竞争，比如欧美市场有亚马逊、ebay、速卖通、独立站等，东南亚市场有 Shopee、Lazada 等，当 Tik-Tok 进入东南亚和欧美市场后，TikTok 的卖家和其他平台同类行业的卖家也成了竞争者。

第三类是当地实体店的卖家。实体店的优点是能让买家看到实物，购买后马上就能使用，而且退换货方便。缺点是价格相对较高，款式相对较少。所以跨境卖家要与实体店竞争，需要在款式上给予顾客更多选择，同时价格要更实惠。

判断上述三类不同竞争者的营销策略，并且根据竞争者的情况，结合本店铺的优势，制订产品推广计划，是店铺在竞争中获胜的关键。

二、任务目标

知识目标：能阐述跨境电商竞争者分析的内容。

能力目标：具备分析跨境电商市场竞争者产品、定价、渠道、推广等营销策略的能力；能结合自身的情况，确定自己的竞争优势。

素质目标：在学习和实践中培养刻苦钻研、努力寻求最优方式的工匠精神。

三、学习任务

归纳跨境电商竞争者调研与分析的内容。

能通过分析竞争者的营销策略，确定竞争者的优势与劣势。

根据竞争者的分析，确定自己产品的营销策略。

四、完成过程

资料阅读一

竞争者的调研，主要包括对竞争者营销策略的调研和分析。营销策略是企业以顾客需要为出发点，针对一定的目标市场所采用的一系列旨在提高销售及品牌声誉的活动。营销策略一般包括产品策略、价格策略、渠道策略和促销策略（4P 营销策略）。

引导问题 1：当调研竞争对手的营销策略时，产品策略、价格策略、渠道策略、促销策略调研分别包含哪些内容？

资料阅读二

由于疫情居家办公,电动升降书桌在美国市场从2020年开始销量猛增,搜索量比2020年之前翻了一倍。需求的上升也让更多新卖家进入该领域的市场。某电动书桌卖家2021年初打算进入美国市场。在进入前,其通过调研,收集到相关的行业和竞争者数据,如竞争者的市场份额、竞争者的价格等。

引导问题2:请根据表2-2和表2-3的数据,分析美国电动书桌的竞争情况。

表2-2 电动书桌月销量数据表

品牌	月销量/件	月销量占比/%
××1	13 259	41.26
××2	9 532	29.67
××3	5 318	16.55
××4	1 768	5.50
××5	1 129	3.51
××6	1 126	3.50
总计	32 132	100

表2-3 电动书桌月销量价格区间分类表

价格/USD	品牌	月销量/件	月销量占比/%
150-200		2 255	7.02
	××5	1 129	3.51
	××6	1 126	3.50
200-250		18 437	57.39
	××3	5 318	16.55
	××	11 0257	31.93
	××2	2 862	8.91
250-300		10 175	31.67
	××1	1 738	5.41
	××2	6 671	20.76
	××4	1 766	5.50
450-500		1 260	3.92
	××1	1 260	3.92
总计		32 127	100

引导问题 3：根据对竞争者和行业的分析，你认为该新卖家应该采取什么竞争战略和营销策略？

资料阅读三

分析竞争者产品的评论，通过客户评论，找出竞争者产品痛点，发掘客户的深层次需求，是跨境电商店铺竞争者调研的日常工作之一。这也是跨境电商企业后续研发产品、选择产品和确定产品卖点的依据。

引导问题 4：美国亚马逊平台某家居店铺在调研行业头部卖家销售量 TOP1 的电动升降书桌的客户评论时，汇总出如表 2-4 所示的问题。请总结一下被调研产品存在的问题，并分析问题产生的原因。如果新研发一款电动升降书桌，可以怎么做改良设计？

表 2-4　客诉问题汇总表

序号	客诉问题
1	产品功能出现问题，如无法升降、电机不工作等，想联系客服，但联系不上
2	收线功能欠佳，导致线很多，很乱
3	噪声很大
4	链接对桌板尺寸描述不清晰，买家问的大部分是尺寸问题
5	产品介绍中对桌板材质描述不清晰，主图不能完全反映产品真实情况，看起来是一体板，买家收到货才发现是拼接板
6	桌板（拼接板）边缘有很多毛刺
7	零件孔位对不上，导致无法安装
8	安装指南不清晰，很多买家不会安装
9	收到二手货

引导问题 5：当这家家居店铺推出新产品时，应该设计哪些属性更好地满足消费者的需求？产品研发和设计时有哪些注意事项？

学习资源

微课：跨境电商市场竞争者分析

课件：跨境电商市场竞争者分析

五、学习评价

实训任务　跨境电商竞争者调研与分析

1. 任务布置

班级：	实训小组：
任务背景	在任务1.1中，你已经创办了企业并确定主营品类；在任务2.2中，你已经完成对该品类主要目的国宏观环境的调研与分析
任务要求	本任务中，请调研与分析主营品类中某一类产品在目的国的竞争状况，分析竞争者的营销策略
任务目标	（1）掌握跨境电商竞争者调研的方法和技巧。 （2）熟悉竞争者调研的信息渠道。 （2）在任务完成中培养团队精益求精的精神

2. 任务实施

实施步骤	具体内容	人员分工

指引：
（1）可以通过跨境电商平台，也可以通过市场报告等信息来进行调研。
（2）可以分析该品类的主流价格、哪个价格区间的销量最高。
（3）可以分析竞争者的爆品、竞争者采取的促销策略、竞争者的产品图片的特点、产品页描述、价格等

说明：以小组为单位，每个小组选出一个组长，组长组织大家思考和讨论，在教师的辅助下，确定任务实施的步骤和具体做法，分工合作，填写此表。在此表的指引下，完成任务，最终结果以实训报告的形式呈现。完成任务后，每组委派一名组员进行口头汇报，与其他团队分享报告成果

3. 任务评价

被评价人员	
评价方式	教师评价、小组互评、组间互评
评价说明	评价内容分为学习表现和成果表现。 学习表现分数占总分的40%，其中教师和学生评价各占该项分数的50%。教师观察每一组成员的学习表现，并做好记录，作为该项的评分依据。 学生互评取平均分。 成果表现分数占总分的60%，教师评分占该项分数的70%，组间互评占该项分数的30%，其中组间互评取平均分

续表

评分说明	每项评分满分为 10 分。 6 分及以下表示改善空间很大； 6~7 分表示基本合格； 7~8 分表示不错，但还有一定的改善空间； 8~9 分表示良好； 9~10 分表示优秀

总分（学习表现×40%+成果表现×60%）：

1. 学习表现

表现					分数
学习积极性与参与度					
表现团队合作、追求卓越的工匠精神					
小组互评					平均分：
教师评分					
该项分数=小组互评×50%+教师评分×50%					

2. 成果汇报表现

表现					分数
汇报时站姿端正、面向观众					
汇报语速适当、声音洪亮					
汇报语言简练、思路清晰					
汇报内容重点突出、条理清晰，逻辑分明					
汇报内容能反映竞争者的营销策略和行业竞争状况					
汇报有实例引证，内容具体					
信息来源较为权威，数据较新					
汇报 PPT 字体大小合适，图文并茂，语言简洁					
教师评分					
组间评分					平均分：
该项分数=教师评分×70%+组间互评×30%					
教师评语：					

六、相关知识点

（一）竞争者营销策略分析

4P 营销策略包括产品（Product）、价格（Price）、渠道（Place）、促销（Promotion）策略。

1. 产品策略

产品策略是营销策略中最重要的一环，是企业成功的关键。

产品包括商品、服务、品牌、包装、功能等。企业在开发产品时，需要考虑市场需求和竞争对手的情况，以确保产品能够满足消费者的需求和期望。

B2B 卖家可以分析竞争对手的产品特点和风格、各种最低起订量、定制服务等。比如一家企业在网页上强调各种认证的证书、优惠的价格以及较低起订量这些优势等，那么各位卖家可以在调研分析后，思考自己可以从什么方面突破对手。

B2C 卖家可以分析优秀竞争对手的选品和爆款特点，作为自己选品的参考。比如，一家店铺通过低价引流品来拉动店内其他高价格产品的销量。因此卖家可以模仿竞争者策略来提升销量。而对实体竞争者的调研，主要是看当地产品的最新款式和趋势，通过早一步推出新品来抢占市场。

在推出新产品前，店铺运营人员将本土电商、跨境电商 TOP100 的商品标题分别录入表格，提取关键词进行分类统计其出现的次数，这些关键词包括品牌词、属性词（如防水、无线）、营销词（如圣诞节、复活节、新款）、长尾词、产品型号词等，可以了解目前市面上热销的产品及其变体的情况，也可以看出不同商品型号的竞争格局，作出下一步市场策略的判断。

此外，店铺还可以通过分析竞争者痛点来确定新产品的特征。运营人员在本土电商、跨境电商平台中选取 TOP1 至 TOP3 销量产品的评论分别录入表格，对好评、中评和差评的文本进行分类统计，特别是对中、差评的文本进行详细的统计和分析，找出竞争者产品的短板，如产品质量问题（灯珠不亮、外壳损坏等）、产品使用不当造成的问题（对于防水性能了解不清晰导致损坏等），在产品研发中加以改进；还可以选取 TOP1 至 TOP3 销量产品的 Q&A（产品问答，Question & Answer），了解消费者的关注点，反馈到产品研发部门。

2. 定价策略

定价策略是 4P 市场营销中另一个重要的要素。产品定价既要满足企业的利润要求，又要符合市场需求和消费者的购买力，还需要考虑竞争对手的价格策略。

卖家可以参考竞争对手的单价和折扣，多件优惠价等，作为自己定价的参考。比如，这家店铺的钱包 B2C 设置组合价，买 2 件可以打 8.8 折，这样可以吸引不同的顾客一起购买，一起省下运费。

3. 促销策略

促销策略包括广告、促销活动、公关活动等。跨境店铺需要根据自己的目标消费者群体来制定合适的促销策略。

B2B 店铺可以从竞争对手的产品文案、图片等方面来进行分析，看看竞争者是如何通过图文来突出优势和吸引客户的。对于 B2C 卖家来说，还可以通过平台首页更多地关注竞争对手的促销活动，比如观察对手产品进行广告推广后的销量的变化等，同时，也可以重点分析销量高的产品的图片风格。例如，卖钱包的店铺往往通过图片来突出产品的颜色选择多、容量大、功能完善等特点。企业通过分析优秀竞品的图片，可以对比自己的情况，取长补短。

4. 渠道策略

随着竞争的不断激烈，许多外贸企业采取了多平台的运营，以便降低风险，提高销量。B2B 企业可以入驻阿里巴巴国际站、敦煌网。B2C 企业根据不同的市场，可以选择亚马逊、速卖通、虾皮或者当地的电商平台，甚至自建独立站进行运营。此外，外贸企业还可以在社交媒体网站上进行店铺、产品和品牌推广。

店铺运营人员可以观察竞争者的渠道选择，并结合自己的实际，选择合适的平台扩大品牌和店铺知名度。

（二）竞争激烈度分析

跨境店铺运营人员如果想了解一个产品的竞争激烈程度，判断这个品类是否值得推广，可以在采集相关数据后，采用"竞争激烈度=主关键词搜索量/产品数量"这个公式来计算竞争激烈程度。

这个公式的原理就是用产品的需求除以产品的数量。例如有 100 个客户需要买雨伞，一共有 10 个店铺在销售雨伞，那么每个店铺的平均销量为 10 个，也就是雨伞的产品竞争度为 10。随着平台卖家的增加，竞争度的值会越来越小，产品的市场竞争会越来越激烈。一般竞争度>3 的类目可以认为是蓝海市场，会相对较易开发。

七、拓展知识

前面我们提到跨境电商竞争者的调研，主要从其营销策略的 4 个方面来开展，也提到可以通过观察竞争者的产品页来进行对比分析。那么可以观察哪些竞争者的产品信息？具体调研哪些内容？

1. 跨境电商平台同类目 TOP10 卖家的商品页

跨境电商同类目 TOP10 卖家是竞争者调研的重点对象。跨境店铺运营人员可以分析产品标题、卖点、产品描述、类目关键词、商品主图、商品详情图和商品视频、评论等，来学习优秀卖家的运营技巧。

随着人工智能辅助工具的普遍运用，在 AIGC（人工智能生产内容，Artificial Intelligence Generated Content）的时代，店铺运用人员还应该关注竞争者采取的新技术（例如数字人直播、AI 制图、AI 视频等），分析竞争对手采用 AI 技术后的推广成效，找出本店铺产品的宣传点以及突破口。

2. 目的国本土电商网站同类目 TOP10 卖家的商品页

本土电商平台同类目 TOP10 卖家更加值得关注。因为本土电商和跨境电商虽然是两种类型的平台，但对于当地消费者来说都是满足其消费需求的购物平台。一般来说，本土电商平台较跨境电商更能反映出当地居民的喜好、文化特色。采集完本土跨境电商平台的文本、图片数据后，跨境电商运营人员可以进行对比，发现竞争优劣势，结合自己的情况，找准自己店铺合适的策略。

任务五　跨境电商平台选择

一、任务导入

跨境电商企业在进行潜在目的国宏观市场和微观市场调研和分析后，可以确定要开拓的主要市场，并根据市场，选择合适的跨境电商平台。跨境电商平台是联系买卖双方主要的桥梁，为卖家提供店铺运营、融资、运营培训等的功能，促成我国卖家与海外买家的跨境交易。跨境电商平台主要分为 B2B（Business to Business，企业到企业）批发型平台和 B2C（Business to Customer，企业到消费者）零售型两种。

跨境电商企业还要根据不同平台的类型、特点、面向的主要市场、竞争的难度等来确定要入驻的跨境电商平台。

二、学习目标

知识目标：认识不同跨境电商平台的特点与面向的市场。
能力目标：能根据不同电商平台的特点与面向市场，选择合适的平台开展运营。
素质目标：在学习和实践中培养主动探究的职业素养，培养根据创业企业实际进行平台选择的意识。

三、学习任务

通过预习，了解主流的 B2B 和 B2C 跨境电商平台。

在教师的引导下，通过查阅资料、讨论和分析，归纳出主要跨境电商平台的特点和面向的市场。

通过课外拓展，了解更多的跨境电商平台，以及这些平台的特点。

四、完成过程

资料阅读

每一种跨境电商平台类型，都有一些主流的平台。B2B 平台，市场份额大的有阿里巴巴国际站和敦煌网。B2C 平台，比较著名的有阿里速卖通、亚马逊、Wish 和东南亚的虾皮等。这些平台都是大多数外贸企业选择入驻的。

引导问题 1：请查阅资料，分析阿里巴巴和敦煌网平台的特点和面向的市场。

引导问题 2：请查阅资料，分析速卖通、亚马逊、wish、虾皮和 TEMU 这些 B2C 平台的特点和面向的市场。

引导问题 3：请结合所学知识，分析在选择平台时，创业型企业要考虑的因素。

学习资源
微课：认识跨境电商平台   课件：认识跨境电商平台

五、学习评价

实训任务 跨境电商平台调研与选择

1. 任务布置

班级：	实训小组：
任务背景	前面的实训任务中，你已经对潜在的目的国的宏观环境、客户和竞争者做了调研和分析
任务要求	请确定某个目的市场，并调研该目的市场的1个跨境电商平台，分析该平台在当地的市场份额、消费群的特点、平台的主要经营品类等
任务目标	（1）熟悉全球主要的跨境电商平台面向的市场和客户定位。 （2）掌握选择跨境电商平台的方法与技巧。 （3）在任务完成中培养主动学习、主动探究的职业素养

2. 任务实施

实施步骤	具体内容	人员分工

指引：
(1) 分析平台的客户定位。
(2) 分析平台的主要支持品类。
(3) 分析企业的主营品类在平台上架是否有当地认证等要求

说明：以小组为单位，每个小组选出一个组长，组长组织大家思考和讨论，在教师的辅助下，确定任务实施的步骤和具体做法，分工合作，填写此表。在此表的指引下，完成任务，最终结果以实训报告的形式呈现

3. 任务评价

被评价人员	
评价方式	教师评价、小组互评
评价说明	评价内容分为学习表现和成果表现。 学习表现分数占总分的 40%，其中教师和学生评价各占该项分数的 50%。教师观察每一组成员的学习表现，做好记录，作为该项的评分依据。 学生互评取平均分。 成果表现分数占总分的 60%，由教师负责
评分说明	每项评分满分为 20 分。 10 分及以下表示改善空间很大； 12~13 分表示基本合格； 14~15 分表示不错，但还有一定的改善空间； 16~17 分表示良好； 18~20 分表示优秀

总分（学习表现×40%+成果表现×60%）：

1. 学习表现

表现				分数
学习积极性与参与度				
表现刻苦钻研、团队合作的精神				
小组互评				平均分：
教师评分				
该项分数＝小组互评×50%+教师评分×50%				

2. 成果表现

表现	分数
汇报内容能反映跨境电商平台的客户定位	
汇报内容能反映跨境电商平台对入驻卖家的支持	
汇报内容有逻辑性，有最新数据引证	
教师评分	
教师评语：	

六、相关知识点

（一）跨境电商平台的分类

跨境电商平台分为 B2B 和 B2C 两种类型。B2B 平台主要面向企业买家，以批发为主营业务。B2C 平台主要面向个人消费者。

1. 主要的 B2B 平台

主要的 B2B 平台有阿里巴巴国际站和敦煌网等，其中阿里巴巴国际站入驻企业较多，竞争非常激烈，敦煌网主要以小额度 B2B 为主。

(1) 阿里巴巴国际站。

阿里巴巴国际站（见图 2-9），这个平台主要是批发式的平台，成立于 1999 年。外贸企业入驻平台后，通过向海外买家展示、推广企业和产品，进而获得贸易商机和订单。阿里巴巴国际站是出口企业拓展国际贸易的首选网络平台之一，覆盖全球 200 多个国家，累计服务超过 2 600 万活跃企业买家，但是由于外贸企业众多，因此竞争激烈。

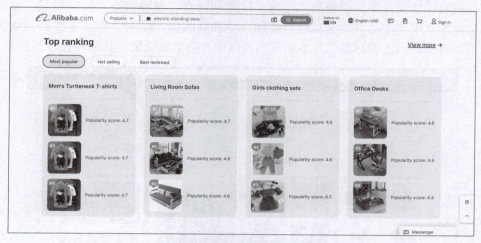

图 2-9　阿里巴巴国际站

(2) 敦煌网。

敦煌网（见图 2-10）于 2004 年成立，主要是做小额 B2B 为主，是全球中小零售商一站式贸易和服务平台。目前敦煌网已经拥有 254 万以上累计注册供应商，年均在线产品数量超过 3 400 万，累计注册买家超过 5 960 万，覆盖全球 225 个国家及地区，提供 100 多条物流线路和 10 多个海外仓，在北美、拉美、欧洲等地设有全球业务办事机构，已经成长为美国市场最大的中国跨境 B2B 电商平台之一。卖家入驻后，有比较多的平台支持，可提供店铺运营、流量营销、仓储物流、支付金融、客服风控等全链路赋能。

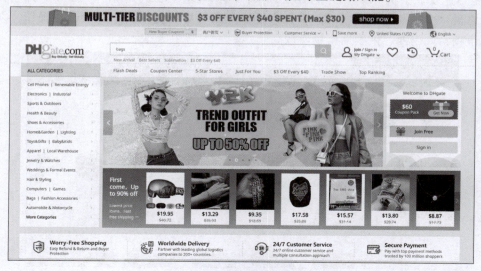

图 2-10　敦煌网

2. 主要的 B2C 平台

（1）亚马逊（Amazon）。

亚马逊（见图 2-11）是美国最大的一家网络电子商务公司，是网络上最早开始经营电子商务的公司之一，成立于 1994 年。一开始亚马逊只经营网络的书籍销售业务，现在则扩及了范围相当广的其他产品，已成为全球商品品种最多的网上零售商，是美国最大的一家电子商务公司，销售品类包括图书、影视、音乐和游戏、数码下载、电子和电脑、家居园艺用品、玩具、婴幼儿用品、食品、服饰、鞋类和珠宝、健康和个人护理用品、体育及户外用品、汽车及工业产品等。亚马逊以品牌运营和高品质产品为卖点，主要面向欧美发达国家市场，有英国站、美国站、日本站等当地网站，为卖家提供自营海外仓服务。

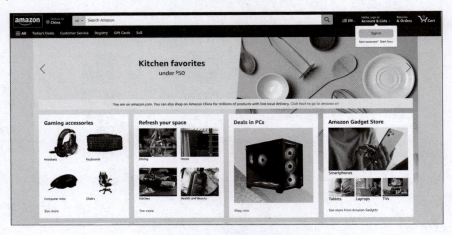

图 2-11 亚马逊

（2）全球速卖通（AliExpress）。

全球速卖通（见图 2-12）是阿里巴巴旗下的跨境电商平台，于 2010 年正式创立，是中国最大的跨境零售电商平台，目前已经开通了 18 个语种的站点，覆盖全球 200 多个国家和地区，被广大卖家称为"国际版淘宝"，是全球第三大英文在线购物网站。截至 2024 年 3 月，全球速卖通手机 APP 用户为 818 万人，同比大增 130%，创下自 2016 年开始相关统计以来之最。全球速卖通主要面向新兴市场，产品丰富而优惠。它的后台易操作，在发展中国家市场，如巴西、俄罗斯市场份额高。

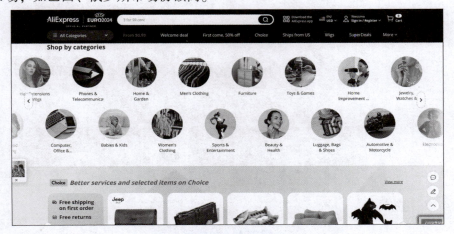

图 2-12 全球速卖通

(3) 虾皮（Shopee）。

虾皮于 2015 年 6 月正式上线，是东南亚地区和中国台湾地区领先的电商平台，覆盖新加坡、马来西亚、菲律宾、泰国、越南等多个东南亚国家市场，以及巴西、墨西哥、哥伦比亚、智利、波兰等市场，是东南亚发展最快的电商平台，是国货出海东南亚的首选平台。2023 年虾皮总订单量达 82 亿，其中第四季度总订单量增速达 46%，增势强劲。平台主打品类丰富，包括服装、鞋类、美妆、3C、户外用品、母婴等，价格实惠，非常适合东南亚的年轻消费者。如图 2-13 所示为虾皮马来西亚站点。

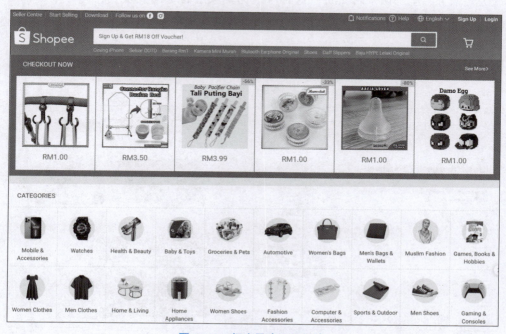

图 2-13　虾皮马来西亚站点

(4) TEMU。

TEMU（见图 2-14）是拼多多跨境电商平台。定位中低端用户，于 2022 年 9 月 1 日上线。APP Store 应用详情页显示意为"Team Up, Price Down"，即买的人越多，价格越低。

图 2-14　TEMU

截至 2023 年 9 月，TEMU 已经上线的国家和地区包括澳大利亚、奥地利、比利时、加拿大、爱沙尼亚、芬兰、法国、德国、希腊、爱尔兰、意大利、日本、拉脱维亚、卢森堡、墨西哥、荷兰、新西兰、波兰、葡萄牙、斯洛伐克、斯洛文尼亚、韩国、西班牙、瑞典、瑞士、英国、美国、韩国。

TEMU 平台主要采取全托管模式，即卖家只负责根据市场进行选品和发布产品，并把货物提前发到 TEMU 的国内仓库，其他的店铺运营、产品推广、跨境发货、仓储、客服、售后服务等任务，全部由平台负责。这种方式为卖家节省了海外发货、海外推广、海外仓储、退换货等工作，节省相关的人力资源费用，让卖家可以专注产品的开发。

（5）其他平台。

除了上述平台外，ebay（如图 2-15）和 wish（见图 2-16）也是知名度较大的 B2C 平台。

图 2-15　ebay

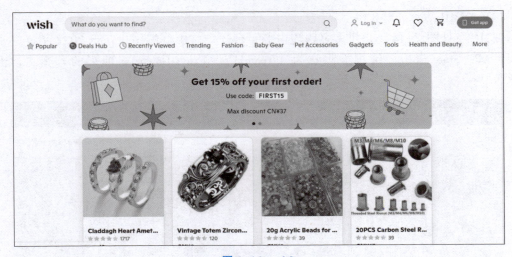

图 2-16　wish

ebay 是全球线上拍卖及购物网站，于 1995 年 9 月 4 日创立于加利福尼亚州。该平台分站点较多，北美、南美、欧洲均有覆盖，美国依然是主要市场，占据近六成的流量。在澳大利亚也是排名第一的电商平台。该平台欧美市场流量大，但费用较多，如产品发布费用、交易费用、支付费用等。

wish 成立于 2010 年，总部在三藩市，是一款移动电商购物 APP，主要靠价廉物美吸引客户，主要的市场是欧美地区客户，女性客户占 80%，89% 的卖家来自中国。wish 的核心产品品类包括服装、珠宝、手机、礼品等，平台流量大，通过反复计算以及消费者行为和偏好来呈现个性化产品。

（二）选择平台的考虑因素

1. 外部因素

企业在选择入驻平台时，需要考虑的因素包括平台面向的市场、平台的定位、平台费用、平台的物流体系、平台扶持的品类、平台入驻的要求等外部因素。

（1）平台面向的市场。

企业如果希望进入美国市场的可以首选亚马逊、TEMU 和 ebay，此外，如果企业希望深耕美国市场，在资金和人力允许的情况下，也可以考虑美国其他的平台，如 wish，Newegg，Walmart 等。

（2）平台的定位。

同样是进入美国市场，品牌产品、高品质产品可以选择亚马逊、ebay 等面向中高端客户的平台，而物美价廉的产品可以考虑 TEMU 作为首站。

（3）平台的费用。

不同的平台，费用差别非常大，有些每年需要固定的费用，如阿里巴巴国际站出口通基础金额是 ¥29 800/年，金品诚企为 ¥80 000/年。有些平台根据品类的不同，固定费用也不一样。有些平台收取每月的费用，如亚马逊平台美国站每月需要缴纳 39.99 美元的月服务费。初创型企业可以先入驻费用低的平台积累经营，有实力的企业可以通过花费更多的平台费用，获得更大的回报。

（4）平台的物流体系。

不同平台，跨境物流体系非常大，大部分平台有合作的物流企业，通过这些企业发货可以获得较多优惠。有些企业提供海外仓储服务，如亚马逊提供海外仓服务，卖家可以先把货物存放到美国海外仓，等有订单再由亚马逊进行当地配送。还有一些平台是自建物流体系，卖家只需要把货物发到平台在国内的仓库，即完成交货任务，后续的跨境运输、报关等都由平台负责。创业型的卖家，可以选择自建物流的平台，这样可以减少人力、物力。

（5）平台入驻的要求。

基本上所有的跨境电商平台需要经营者以公司制企业的形式入驻，部分平台可以允许个体户入驻，如全球速卖通；部分平台不允许个体户进行入驻，如阿里巴巴国际站，因此企业在入驻前要对平台作充分的调研。

2. 企业内部因素

除了外部因素，企业的自身情况也在很大程度上影响其对平台的选择，如图 2-17 所示。

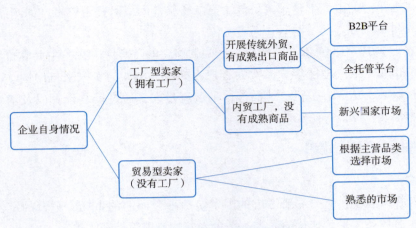

图 2-17 企业选择平台的考虑因素

(1) 外贸工厂型卖家。

在开展跨境电商之前,我们将卖家分为三类,一类是已经有工厂甚至工厂已经进行多年外贸的工厂型卖家。此类卖家的产品非常成熟,因多年出口,对某一类国家市场也很了解。如果是这一类型的卖家想要介入跨境电商进行多渠道销售,建议可以从已经出口的市场的跨境电商平台做起,毕竟产品和市场都已经成熟,相对是好开展的;另外也可以接触 TEMU 等新兴的全托管平台,利用作为源头工厂的价格优势加上平台的专业运营,相信能迅速打开局面。

(2) 国内工厂型卖家。

第二类是以往针对国内市场的工厂型卖家,这类工厂虽然没有成熟的外贸商品,但是多年深耕国内市场,对于成本控制和生产的把握能力很强。这种类型的卖家可以首先考虑与全托管平台合作,利用平台的运营优势和自身的成本优势来尝试跨境电商市场;同时可以看看自己多年深耕的产品适合哪些海外地区,例如广东某个小家电工厂一直为国内生产灭蚊拍商品,它看到东南亚的蚊虫问题非常严重,预判这将是一个较大的市场,且新兴市场对于电器的强制认证没有过高要求,因此计划在 Shopee、速卖通等平台进行上架销售测试。

(3) 贸易型卖家。

第三类卖家是贸易型的卖家,他们没有自己的工厂,依靠跨境电商运营的优势进入市场,贸易型的卖家有较强的运营能力和市场嗅觉,但缺乏产品的生产能力,他们需要与工厂合作共赢,可以在调研选定合作工厂的过程中,根据其产品优势来打入市场,也可以依靠自身掌握的某一类跨境市场信息差来进行地区和平台选择。

综上所述,平台和市场的选择是一个综合的过程,以上方法也仅作为一种参考,建议卖家首先从自身优势出发,结合多方面的信息来进行平台选择。

七、拓展知识

(一) 更多跨境电商平台介绍

1. 美客多(Mercado Libre)

美客多(见图 2-18)成立于 1999 年,总部位于阿根廷布宜诺斯艾利斯,拥有超过 1 亿的注册用户,是拉丁美洲领先的电子商务技术公司,被誉为"拉美版 ebay"。它的业务遍及拉丁美洲的 18 个国家和地区，包括阿根廷、玻利维亚、巴西、智利、哥伦比亚、哥斯达黎加、多米尼加共和国、墨西哥等。平台从 2019 年开始启动 CBT（Cross Border Trade）项目，邀请中国卖家入驻，通过 CBT 项目入驻的中国卖家可以在巴西、墨西哥、哥伦比亚、智利这 4 大站点投放产品进行销售。

图 2-18　美客多

美客多平台提供的产品和服务涵盖多个类别，包括家用电器、技术、汽车、运动与户外、美容及个人护理、珠宝和手表、工具、书籍、玩具和婴幼儿用品、时尚等。针对南美消费者喜欢使用社交媒体的特点，美客多平台建立了一个活跃的用户社区，用户可以在平台上互动、分享购物经验和评价商品。这种社区氛围有助于用户交流和获得有关产品的真实反馈。

总的来说，美客多作为拉丁美洲最大的电子商务平台，以其可靠性、全面性和创新性受到关注。它为中国的跨境电商行业和国际贸易合作作出了积极的贡献。

2. OZON

OZON（见图 2-19）成立于 1998 年，是俄罗斯最早的电商平台之一。最初作为一家在线书店启动，随后迅速扩展到电子产品、家居用品、服装、食品等多个类别。如今，OZON 已经成为俄罗斯电商市场的领军企业，拥有超过 1 亿的消费者群体。

图 2-19　OZON

被称作"俄罗斯亚马逊"或"俄罗斯版淘宝"的OZON,从书籍到电子产品,从时尚服装到家庭用品,再到儿童玩具、美妆、食品及宠物用品,乃至运动装备,几乎覆盖了消费者可能需要的所有领域。

OZON在俄罗斯电商行业拥有完善的物流网络,覆盖面广,服务达至俄罗斯130多个城市2 100个地点,覆盖本土75%的人口,能够为客户提供横跨十一个时区的门到门配送服务。OZON的物流也很大程度缓解了俄罗斯物流配送难、效率低的困难。

3. 莱赞达(Lazada)

Lazada(见图2-20)成立于2012年,总部位于新加坡,是东南亚地区最大的跨境电商平台之一。它在东南亚地区多个国家拥有强大的市场地位,拥有广泛的用户群体和市场份额。

图2-20 Lazada

Lazada平台有丰富的商品选择,涵盖了多个类别,包括电子产品、时尚服饰、家居用品、美妆护肤、母婴产品、运动健身等。Lazada支持多种支付方式,以满足不同消费者的需求和偏好。消费者可以选择使用信用卡、借记卡、支付宝、PayPal等多种支付方式进行订单结算,确保支付过程的便捷和安全。物流方面,Lazada与多家物流合作伙伴合作,确保订单的及时配送和可靠的物流服务。

总的来说,Lazada是一个在东南亚地区非常受欢迎的电子商务平台。它通过提供方便、安全和可靠的购物体验,将消费者和商品连接起来。

4. coupang

coupang(见图2-21)是一家总部位于韩国首尔的电子商务企业,由创始人Bom Kim于2010年创立。该平台以其快速的配送速度和丰富的商品选择而闻名,成为韩国人日常购物的首选平台之一。coupang于2014年推出了全球购平台。全球购平台旨在通过与全球知名品牌和商家的合作,向韩国消费者提供来自世界各地的商品。目前,全球购平台已经覆盖了美国、日本、中国、欧洲等30多个国家和地区,涵盖了数百万种商品。

coupang平台的主营产品类别非常丰富,包括电子产品、美容产品、消费品、书籍、婴儿用品、家居用品、装饰、时尚玩具、体育用品、门票、旅游和文化活动策划等。其中,韩国服装和美妆护肤品是coupang的明星产品之一。

项目二　跨境电商市场分析与选择

图 2-21　coupang

coupang 作为韩国最大的电商平台之一，拥有庞大的用户基础和强大的品牌认知度。中国的跨境电商卖家可以借助 coupang 平台的品牌影响力和市场份额，进入韩国市场，快速扩大品牌曝光度，吸引更多潜在客户。

 拓展案例与点评

从白手起家到半年营收 1 700 万——
西安创业者探索机械出海"新丝路"[①]

西安某机电设备有限公司的创始人 1992 年出生于西安，2014 年大学毕业，2016 年个人创业成立公司，同年入驻阿里巴巴国际站。2020 年，公司业务增长 110%，2022 年上半年，在外部多重压力的条件下，公司营收同比增长依然将近 80%，其中外贸出口额突破 1300 万，总营收超 1700 万，产品远销欧洲、北美、东南亚等世界各地，并多次位列国际站金属冶金类目下单月 TOP 商家，不仅站稳行业五星店铺位置，还在同年 9 月认证晋级为阿里巴巴国际站行业领袖商家。

该年轻创业者用 6 年的时间奋斗出自己的事业版图雏形，也在古丝绸之路的起点，书写新的跨境篇章。

陕西是中华文明的孕育地。自强不息，历来就是这片土地的主线与基调。在这里土生土长的这位创业者，也受到了这份地域文化的深刻影响。正是这份自强不息、锐意进取的勇气，让他在大学毕业的第二年，就独自创业。"我大学的专业是机械设计与自动化，毕业后，有过短暂的打工实习经历。2016 年，我辞职成立了自己的公司。"

"其实加入国际站，对于当时的我来说，投入并不算低。但我坚信高投入才能带来高回报。根据国际站内的数据和外部市场情况，我们不断研究产品类目，测试品类方向，并最终将核心品类定位在固废回收设备。"

"当初公司成立的时候，最大的问题不是客户、资金、订单，而是招不到人。当时不少

---

① 根据阿里巴巴国际站卖家故事（https://supplier.alibaba.com/story/story/PX0021383.htm？spm=a27am.12866437.list.1.401a3660plWRAx&joinSource=alibaba）编辑。

应聘者来办公室看一眼，扭头就走。后来，在阿里组织的优秀商家的学习活动中，我意识到企业生存发展，必须要有专业且可规模化成长的团队，专业的事尽量由专业的人来做，更能事半功倍。当时的感觉真是茅塞顿开。我先招了一个负责招聘的员工，又在管理、运营、验厂等各个环节设置专业岗位。同时，我站在年轻人的角度思考工作需求，除了工资以外，也为大家创造一个优良的工作环境。"

企业的主营业务是固废回收设备领域，该创业者从对行业整体的宏观把握出发分析市场。"固废回收这个行业听上去并不'高大上'，但却是真正的'朝阳产业'。我们之前主要的国际市场都在欧美，但是，随着多个发展中国家基础设施建设的跟上，可以预计的是，全球市场会迎来一波大爆发，再加上铜价格的持续走高，整体市场利好。也正因为此，我们现在也开始有目的性地在东南亚等发展中国家布局。"

而在微观市场，该创业者尤为重视与客户的联系。"做外贸，首要问题就是要解决客户的信任，验厂，就是其中一个重要的环节。目前，我们与浙江和河南的两家实体工厂达成深度合作关系。通过设立专业的拍照验货员，并充分发挥国际站的认证效用和直播等沟通工具的作用，我们全方位地把工厂设备和人员情况图像化、视频化，迅速获得客户的认可与肯定，从而抢占先机。"

在与具体客户互动时，他也善于对标对方的不同需求与心理预期。"德国客户很严谨，他们会提出要求，距离产品5米、2米、1米都要拍照，我们照做；印度客户讲'人情'，买的其他厂家的机器，也会希望我们提供售后服务，我们也尽量满足。一来二去，稳定的合作关系就达成了。"

外贸客户都是"挖"出来的，做外贸电商，凭的是一双慧眼，一颗巧心。"我们在18年的时候遇到过一个灰标买家询盘，直接询问机器数量和价格，在深度挖掘分析之后发现是我们德国一个非常大的经销商的老板，在细致的谈判之后，最终成为我们德国的一个优质稳定客户。其实，每一个客户，都值得用心挖掘。"

从2016年创业，到2020年实现110%业务增长，再到2022年上半年外贸出口额突破1300万，这位年轻的内陆外贸人，可谓稳扎稳打、步步为营，也有远大的志向的理想。

"之前我们就一直在想，总有人要当TOP，为什么不能是我？随后，我们便投入了大量的广告费用和人力在国际站的运营上，在经过两年多次的公司内部沟通会议和调整之后，终于在今年，站稳了我们行业的五星位置。我们希望，我们能以此为契机，成为固废回收行业的国际站TOP。"

站在古丝绸之路起点，这位年轻的创业者还有很多梦想：他想做大做强自主品牌，完善售后服务体系，打造立体化的公司建构，让越来越多的世界买家，在悠悠的驼铃声中，尽享数字新"丝路"带来的快捷与便利。

"未来，我们会持续建设品牌，加深与工厂的合作，扩大产品。"

案例点评：

从这位年轻企业家独自创业的例子，我们可以看到正是自强不息、勇于开拓创新的精神，让他在站在古代丝绸之路的起点，通过跨境电商平台，继续为做大做强自主品牌探索机械出海"新丝路"，推动了我国与"一带一路"沿线国家经贸发展；也看出了我国新一代年轻人不辜负时代与韶华的赐予，用自己的拼搏告诉世界：未来可期。

项目三

跨境电商店铺建设

企业在市场调研、客户和竞争者分析的基础上，可以结合自身的情况，选择合适的目标市场和平台，入驻平台并进行跨境电商店铺的建设。

跨境店铺的建设首先包括店铺和产品定位，然后根据定位确定店铺的品类和具体选品。接着，企业结合定位和选品，准备企业简介、横幅图片等店铺信息。准备好所有的店铺入驻资料后，就可以申请入驻了。

入驻后，是否可以马上发布产品呢？答案是否定的。发布产品前，企业还要了解产品页需要填写的信息，并根据平台要求准备产品编辑资料，如产品标题、产品主图、详情图、产品价格、物流选择方案等。当这些都完成了，最后才是发布产品。

素养导学

素养点1：通过对选品原则的讨论与分析，融入知识产权保护的意识。

素养点2：通过对平台禁售规则的讨论与分析，融入跨境电子商务相关法律法规，培养遵纪守法的职业素养。

素养点3：融入跨境电商企业成功案例，激发爱国热情和不断钻研、精益求精的精神。

素养点4：实训任务的评价中融入刻苦钻研、勇于创新和精益求精等工匠精神的考核，提高学生的职业能力。

素养点5：拓展知识中融入跨境电商产品目的国关税、增值税等相关知识，提升依法纳税、遵纪守法的意识。

专创融合

1. 融入AI技术进行产品页编辑的技能，鼓励学生创新跨境电商运营模式。
2. 拓展模块融入税收知识，培养企业成本意识。

任务一　跨境电商店铺定位与产品选择

一、任务导入

跨境店铺的定位是市场调研和选择后的一个重要环节，也是日常运营中需要不断审视的问题。店铺定位就是在市场调研、客户调研、竞争者调研，以及企业内部分析的基础上，选择合适的目标市场，通过店铺整体形象及产品的设计，确立店铺在目标消费者心目中的形象等。

产品定位则是指企业确定用什么样的产品来满足目标消费者或目标消费市场的需求。店铺定位和产品定位会随着店铺发展阶段的变化而变化。正确的定位为选品提供了重要的参考。

选品是在定位的基础上进行的。跨境电商领域有句话叫"七分选品，三分运营"。这说明正确的选品是店铺能否快速获取订单、提高流量的关键。通过各种信息渠道获取热搜品信息，进行正确的选品，是跨境电商运营人员的重要工作。

二、学习目标

知识目标： 理解店铺定位和产品定位的方法；明确选品的原则；能概括跨境电商产品选择的途径。

能力目标： 能运用所学知识，根据市场需求，进行合适的选品。

素质目标： 在学习和实训中，培养主动学习，自主探究的职业素养；培养根据跨境电商创业企业实际情况，进行选品与定位的意识。

三、学习任务

根据市场调研和企业的 SWOT 分析，确定跨境产品的店铺和产品定位。

通过不同渠道的调研，确定市场热搜品，并根据调研结果进行选品。

四、完成过程

资料阅读一

一个生产发饰（见图3-1）的企业，打算进入东南亚的菲律宾市场。在对店铺进行定位前，该企业首先对菲律宾市场和发饰行业做了调研，了解宏观环境、客户和竞争者。以下是外部整体调研情况：

市场调研：

菲律宾市场2022年有超过1.15亿人口，0~14岁人口比重为30.3%，15~64岁人口比重为64.2%，65岁及以上人口比重仅为5.4%，年龄中位数是26.3。

电商发展方面，2021年电商渗透率就达到了68%。电

图3-1　发饰商品图

商市场规模 172.5 亿美元，预计 2025 年可达 260 亿美元。电商销售额占总零售销售额在 2025 年预计达到 4.7%，市场拓展空间巨大。

行业调研：

发饰市场竞争激烈，价格普遍不高，如图 3-2 所示。但是，婚庆类发饰因为造型较为精致，价格相对其他发饰品类更高，如图 3-3 所示。

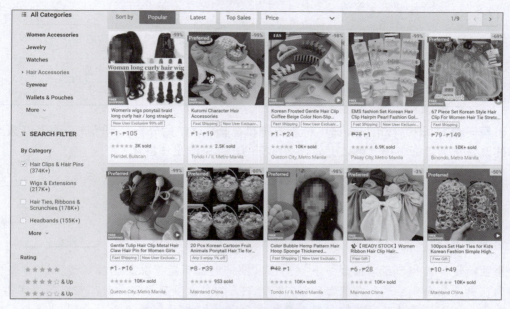

图 3-2　虾皮平台——发饰热搜商品示例图

图 3-3　虾皮平台——婚庆发饰热搜商品示例图

完成外部整体调研后，企业做一个 SWOT 分析，如表 3-1 所示，审视自身的优势、不足、机遇和挑战。

表 3-1　SWOT 分析表

SWOT 分析	调研领域	具体内容
优势	生产	有自己的工厂和研发团队，产品有成本优势
	销售	有贸易团队，有一定外贸经验
劣势	销售	产品在当地没有品牌知名度
机遇	市场	年轻人口多，市场需求大，有相关的政策支持
威胁	竞争	人均收入较低，平台竞争激烈

引导问题 1：请综合市场调研、行业调研和企业 SWOT 的分析，判断该企业可以选择什么样的群体作为目标市场，可以上架什么特征的产品来满足该群体？

资料阅读二

企业确定店铺和产品定位后，下一步可以根据定位确定产品的选择。选品为什么那么重要呢？能不能企业生产什么就卖什么？或者别人卖什么好就跟卖什么？答案是否定的。

首先，因为产品是有定位的，所以要根据产品定位和平台特点选择合适的产品，建立良好的店铺形象。其次，虽然企业有很多产品，但不是每一样都适合某个市场，比如欧美市场喜欢品质高的产品，发展中国家市场更看重性价比，因此就要通过选择，来确定每个市场重点投放的产品。再次，并非所有产品都适合跨境运输，体积大、重量大的产品更加适合海外仓，因此企业也要确定哪些跨境运输，哪些运去海外仓。最后，有些卖家可能会认为，其他卖家卖得好的产品，跟卖不就可以了吗？其实，跟卖不一定就能卖得好。因为一个产品卖得好，与市场需求、图片、价格、口碑、卖家服务、店铺流量等都有关系。如果上架别人卖的产品，但自己的成本过高，或者整个店铺的整体流量没有别人好，或服务不够周到，跟卖很多时候也卖不好。因此，企业需要通过多种渠道收集信息，仔细进行选品。

引导问题 2：请分析一下，如果你是跨境店铺的运营人员，你在选择上架产品时，会考虑什么因素？

引导问题 3：跨境电商选品可以通过哪些途径收集信息呢？

学习资源

微课：跨境电商产品定位	微课：跨境电商产品选择的方法	微课：跨境电商选品的途径
课件：跨境电商产品定位	课件：跨境电商产品选择的方法	课件：跨境电商选品的途径

五、学习评价

实训任务 跨境店铺定位与选品

1. 任务布置

班级：	实训小组：
任务背景	作为一个跨境电商的创业团队，你们在之前的实训任务中已经确定了主要品类、目标市场、主要入驻平台等
任务要求	请根据市场消费者和竞争者的情况，结合创业企业的实际（资金、人员、供应链等方面），确定店铺和产品定位，进行店铺选品
任务目标	(1) 能根据市场调研和企业 SWOT 分析确定跨境店铺的目标客户群体和产品风格。 (2) 能根据产品风格进行正确选品。 (3) 在任务完成中培养刻苦钻研和精益求精的精神

2. 任务实施

实施步骤	具体内容	人员分工

指引：
(1) 对创业型的企业做 SWOT 分析。
(2) 说明店铺主要面向哪一类的消费者，这类消费者的特点。
(3) 针对这些消费者，主要推出什么商品（请具体列出 3 款商品），并说明原因

说明：以小组为单位，每个小组选出一个组长，组长组织大家思考和讨论，在教师的辅助下，确定任务实施的步骤和具体做法，分工合作，填写此表。在此表的指引下，完成任务，最终结果以实训报告的形式呈现。完成任务后，每组委派一名组员进行口头汇报，与其他团队分享报告成果

3. 任务评价

被评价人员	
评价方式	教师评价、小组互评、组间互评
评价说明	评价内容分为学习表现和成果表现。 学习表现分数占总分的 40%，教师和学生评价各占该项分数的 50%。教师观察每一组成员的学习表现，做好记录，作为该项的评分依据。 学生互评取平均分。 成果表现分数占总分的 60%，教师评分占该项分数的 70%，组间互评占该项分数的 30%，其中组间互评取平均分
评分说明	每项评分满分为 10 分。 6 分及以下表示改善空间很大； 6~7 分表示基本合格； 7~8 分表示不错，但还有一定的改善空间； 8~9 分表示良好； 9~10 分表示优秀

总分（学习表现×40%+成果表现×60%）：

1. 学习表现

表现					分数
学习积极性与参与度					
表现主动学习，认真细致的态度					
小组互评					平均分：
教师评分					
该项分数＝小组互评×50%+教师评分×50%					

2. 成果汇报表现

表现					分数
汇报演讲时站姿端正，面向观众					
汇报演讲语速适当，声音洪亮					
汇报演讲语言简练，思路清晰					
汇报内容能选择合适的店铺和产品定位					
汇报内容能具体清晰地说明选品的原因					
汇报内容条理清晰，逻辑分明					
汇报 PPT 整洁美观，重点突出					
汇报 PPT 字体大小合适，形象生动					
教师评分					
组间评分					平均分：
该项分数＝教师评分×70%+组间互评×30%					
教师评语：					

六、相关知识点

（一）店铺定位

跨境店铺定位就是在市场调研、客户调研、竞争者调研，以及企业内部分析的基础上，确定合适的目标客户，通过店铺文字和图片宣传，以及产品风格，确立店铺在目标消费者心目中的印象。比如亚马逊大卖家——我国的知名品牌 Anker 主要销售移动充电宝、插头、数据线、太阳能充电设备等，产品定位于商务人士，因为考虑商务人士在商务谈判中需要表现出沉着稳重的形象，同时对移动电源的储电量要求也比较高，因此在产品外观设计上，颜色基本选用黑色或者白色，贴合商务人士喜欢简约高质产品的要求。在亚马逊网店的装修上，也以商务人士使用产品办公的场景作为宣传图，如图 3-4 所示，通过图片宣传强调自身的店铺定位。

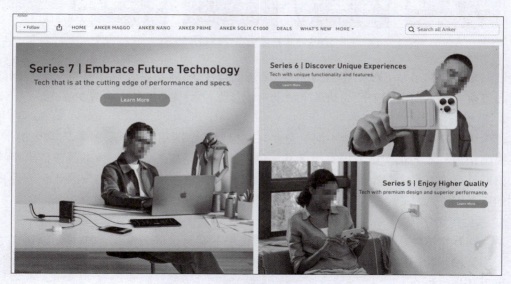

图 3-4　Anker 品牌亚马逊宣传图片

（二）产品定位

产品定位是指企业用什么样的产品来满足目标消费者或目标消费市场的需求。比如跨境服装店铺以年轻女性为目标市场，因此提供各种色彩鲜艳、风格年轻化的休闲女装产品，这样既突出店铺的产品风格，又能满足了客户的需求，如图 3-5 所示。

（三）选品的影响因素

1. 符合店铺定位的特点

首先，在市场调研的基础上，结合平台和企业特点，选择符合店铺定位的产品，有利于建立良好的店铺形象以及营销活动的开展。比如卖母婴产品的 B2C 店铺，适合只卖童装童鞋、儿童用品以及玩具类产品。如果既卖儿童围巾，同时也卖成人围巾，虽然可以增加客户的选择范围，但容易给客户留下杂货铺的形象，也不利于增加流量，因为有些平台会

图 3-5　跨境电商女装图片

给店铺贴标签。如果贴了母婴店铺的标签,那后续的促销活动以及流量支持,都会围绕母婴产品进行。成人围巾相关产品缺少了活动与流量支持,该类产品也会减少曝光。

2. 市场需求巨大

每个国家的市场需求都有所不同,企业只有根据每个国家的市场,选择需求大的产品,才能提高销量。比如东南亚市场有很多共同的特点,但是服饰方面,马来西亚信奉伊斯兰教,穆斯林服饰有很大的市场,但菲律宾信奉天主教,服装方面偏欧美,因此企业要根据不同的市场调整选品。

3. 适合跨境物流

适合国际物流的产品,体积比较小、重量轻、不容易破碎,这样才能方便以快递方式运输,降低国际物流成本。例如时尚类、3C电子类、美容美发类。如果是销量高的大体积物品可以选择海外仓。

4. 售后服务简单

有些产品卖出去后,客户懂得自己安装和使用,但部分产品,如家居、家装等产品需要有当地的代理提供上门安装服务,客户才能使用。跨境店铺应该选择售后服务简单的品类。需要有安装等售后服务的产品不适合做跨境电商销售,因为跨境卖家无法提供后续的服务。一些产品较为适合传统贸易。

5. 产品具有特色

具有专利、品牌、独特设计,在技术上与竞争者产品相比更胜一筹的产品更能获得客户的青睐,尤其是在竞争激烈,产品品质优良的欧美国家市场。此外,产品如果能改良竞争者产品的不足,展现自己的优势,也会很受欢迎。

6. 成本适中

成本适中、适合网络销售的产品更容易获得订单,因为线上交易看不到实物,因此昂贵的商品如黄金、钻石等产品,较少通过网络销售。选择成本适中的产品有利于保证质量,吸引买家在线下单,增加销量。

7. 符合目的国法律法规

每个国家都有禁卖、禁运产品的规定，选品时要避开这些产品，所有上架的商品都要符合平台和目的国的法律法规。比如有些国家不允许售卖枪支，那么玩具枪也不适合上架销售，因为图片很像真的枪支，售出后被海关截留的可能性很大。

8. 符合知识产权

发明、外观设计、文学和艺术作品，以及在商业中使用的标志、名称、图像，这些都可被认为是某一个人或组织所拥有的知识产权。

欧美市场特别重视知识产权。很多欧美国家的品牌产品有指定的代理销售机构，其他卖家如果在没有授权的情况下，销售类似的产品，有可能导致被封铺、罚款等情况。因此跨境卖家一定要重视知识产权的问题。比如，迪士尼的周边产品在各国市场都很受欢迎，但母婴类的卖家应该避免在没有授权的基础上销售此品牌的相关产品，否则会有被删除产品、冻结店铺等惩罚。

（四）跨境电商选品的工具

跨境电商选品，可以通过以下途径来收集参考信息：后台运营数据、跨境电商网站、社交媒体网站、跨境电商平台的选品报告、谷歌全球洞察客户询盘和反馈等。

1. 后台运营数据

访客数据、产品浏览数据可以说明哪些产品最近多人浏览；广告数据可以反映产品卖广告后的销量，出单量大的，说明市场需求大；相关产品的平台热搜词可以看出产品的哪些特点是市场关注的。

如图 3-6 所示是一份虾皮中国台湾站点店铺的运营数据，这里面第一个和第二个产品在一个月内销量较好，说明产品有特色、受欢迎，选品和价格策略是正确的。同时我们也可以看到，第一个产品是一款多 SKU 产品，这款网红婴儿电动玩具有不同的款式，访客量、页面访问量表现相对突出，说明很多客户对儿童电动玩具有需求，同时多款式产品也满足了不同客户的需要，因而访客数、页面访问量和销量都能领先。后续卖家可以发布相似产品，或者继续更新该产品的 SKU，把产品打造成店铺爆款。

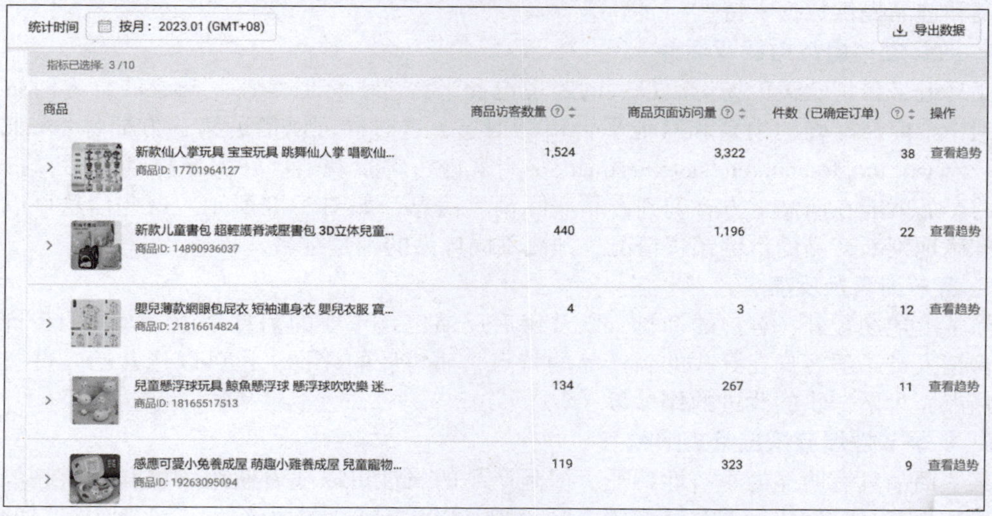
统计时间　按月：2023.01 (GMT+08)　导出数据

指标已选择 3/10

商品	商品访客数量	商品页面访问量	件数（已确定订单）	操作
新款仙人掌玩具 宝宝玩具 跳舞仙人掌 唱歌仙... 商品ID: 17701964127	1,524	3,322	38	查看趋势
新款儿童書包 超輕護脊減壓書包 3D立体兒童... 商品ID: 14890936037	440	1,196	22	查看趋势
嬰兒薄款網眼包屁衣 短袖連身衣 嬰兒衣服 寶... 商品ID: 21816614824	4	3	12	查看趋势
兒童懸浮球玩具 鯨魚懸浮球 懸浮球吹吹樂 迷... 商品ID: 18165517513	134	267	11	查看趋势
感應可愛小兔養成屋 萌趣小雞養成屋 兒童寵物... 商品ID: 19263095094	119	323	9	查看趋势

图 3-6　虾皮-中国台湾站点-店铺运营数据示例

2. 竞争者热销品

除了分析后台数据外，跨境卖家还可以通过浏览电商平台前台页面，了解竞争者产品销售情况，比如我们打开速卖通男装卫衣的页面，以销量来排序，可以看到热卖款的风格，为后续的选品做参考，如图3-7所示。卖家还可以浏览海外社交媒体，看看哪些产品是网红推荐的，以及浏览国外零售网站，总结高销量的产品特点，作为选品的依据。

图3-7 速卖通男装卫衣页面

除了看竞品的款式和风格，还可以查看竞品的评论来进行选品。如某平台销量在前100名的商品，评论在30条以下，甚至没有评论，就可以基本判断该商品属于竞争较小或者近期需求快速增加的产品。因此，值得跨境卖家进行备货测试。

3. 跨境电商平台报告

营销人员还可以通过跨境电商平台发布的行业发展报告、热卖品报告等来参考选品。阿里巴巴国际站经常发布行业发展报告，虾皮网站每周固定发布不同站点的周报并定期发布行业发展报告，帮助卖家了解行业最新情况、买家画像、最新的热卖品，为卖家下一步的研发和选品提供数据支持。

4. 亚马逊销量数据获取插件

亚马逊平台是欧美市场份额最大的跨境电商平台之一，但是在亚马逊的官方网站上无法看到一个商品准确的销量和其他平台市场信息，这时候可以借助第三方插件Junglescout（http://www.junglescout.cn/sales-estimator/）来进行销量观察。在安装好插件后，打开想查询的产品就能在商品上方查询到产品实际销量信息，如图3-8所示。这些信息可以帮助卖家准确地判断产品的市场销售情况、预测不同产品的销量排名。

5. 客户询盘及反馈

除了上述途径外，客户的询盘，以及售后反馈也是重要的信息来源。客户的咨询，可以让营销人员了解客户在寻找的新产品的特点，而售后的评价，也可以让营销人员了解产品的痛点，为下一步的改进的作参考。

6. 从季节性爆款挖掘常规爆款

某些商品具有明显的季节性特征，但是产品的属性可以随着使用场景和时尚趋势发生变化，如果产品已经成为季节性畅销产品，则可以认定产品潜力较大，可抓住客户的喜好来进行二次开发，做成常规型爆款。例如灭蚊灯，原本只是一款夏季的爆款商品，在冬季并没有销售,但有卖家抓住了海外用户各个季节都有露营的需求,开发成为集照明、灭蚊、充电一体的产品,让该产品从季节性爆款升级为常规爆款产品,这就是典型地抓住了已有畅销产品的潜力进行的提升。相较于开发全新的产品,这种二次开发更易打开市场。

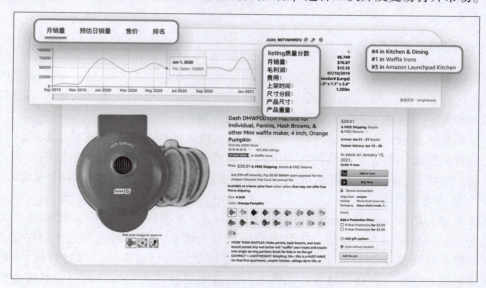

图 3-8　Junglescout 页面

七、拓展知识

(一)跨境电商产品的知识产权保护

目前,很多平台鼓励跨境电商卖家的产品有自己的专利、品牌和商标,如速卖通对绝大部分类目都是要求必须要有品牌,亚马逊店铺如果进行了品牌备案,可以获得其他卖家所没有的品牌和商品的曝光机会。因此,在确定了品类之后,一项必不可少的工作是注册品牌和商标,对产品进行知识产权保护。运营人员往往可以查阅目标市场的相关法规政策以及研究当地市场的知识产权情况,进行海外产品专利注册和商标注册,有效建立产品优势。

1. 注册海外产品专利

知识产权也称为知识所属权,它是人们就其智力劳动成果所依法享有的专有权利,只在有限时间内有效。跨境电商企业常用的知识产权保护手段包括注册外观设计专利和实用新型专利两种。这些手段一般适用于欧美等法律较为健全的目标市场里售卖情况较好的商品,可以成为这些高销量商品有效阻挡侵权的"护城河"。

2. 注册海外商标

商标表示某商品或者服务标明是某具体个人/企业所生产或提供的商品或者服务的显著标志。在目标市场注册商标,成为品牌的持有者,是有利于卖家建立市场优势的。以亚马逊平台为例,注册商标加入透明计划可以对出售相同产品的 listing 进行投诉、移除,有效防止跟卖。此外,只有品牌持有者商家才可以加入 Amazon Vine ①试用计划,用产品试用招

---

① Amazon Vine 是邀请亚马逊网站上最值得信赖的评论者对新商品发表看法,以帮助其他买家做出明智的购买决策。亚马逊会根据买家针对其在亚马逊上所购商品发表的评价是否深刻,邀请其成为 Amazon Vine 评论者(也称为 Vine 发言人)。参与该计划的卖家可以免费提供商品,以供这组精心挑选的 Vine 发言人为这些卖家提供的商品发表买家评论。

募的方式来增加真实评论。品牌卖家还能够自主上传图文、视频丰富的 A+ 页面①来提升转化率。在东南亚等新兴市场，商标的注册同样重要，因为新兴市场的畅销产品通常更容易被抄袭和仿冒，只有品牌的持有者才能维护自身合法权益，所以注册海外商标几乎已经成为成熟卖家的必选项。

（二）跨境电商产品质量认证

不同国家对于产品有不同的认证要求，并且有不少是强制性的认证。一旦商品的认证不全，将面临被平台强制下架的风险。又或者货物出入关时被海关查验，查实不合规的商品会遭到扣押、销毁等，使卖家财货两失。

产品质量认证也分为强制性和非强制性，强制性认证即是由当地法律法规明文规定商品所必须有的认证标准，是商品在当地市场正常销售必须达到的标准；非强制性认证一般是商品的加分项目，代表商品的标准比法规基本要求还要高，是高端商品的考虑范畴。

1. 北美市场常用质量认证

FDA 认证：FDA（Food and Drugs Administration）是美国的食品药品监督管理局的简称，机构的职责是确保涉及食品、药品或者任何与人体长时间接触的商品，均提交此类认证，否则将会有强制下架的风险。FDA 认证主要涉及的类目有食品（接触材料）、激光产品、医疗器械、化妆品和日用品等。如果有跨境店铺有这些类目商品的，务必要查验制造商是否已经通过了 FDA 认证，以免带来风险。

CPC 认证：CPC（Children's Product Certificate）是美国儿童产品认证，认证提供的证书会列明进/出口商的信息和商品信息、已经做过的相关检测项目以及其依据的法规标准。美国的平台基本上都会要求跨境电商卖家在上线儿童玩具、婴童用品类目产品时同时上传 CPC 证书，没有证书的商品将不能销售。

FCC 认证：FCC（Federal Communications Commission）是美国联邦通信委员会的简称，许多无线电应用商品、通信产品和数字产品要进入北美市场都需要这个认证。听起来感觉只有手机、无线耳机、无限遥控器这类商品才需要做认证，实际上是充电器、加湿器、电风扇、电动牙刷等电子商品都需要做 FCC 电磁兼容测试。跨境电商涉及小家电产品的商家都建议查阅自己的商品清单，是否强制需要 FCC 认证。

2. 欧盟市场常用质量认证

CE 认证：CE 可以说是制造商进入欧洲市场的"护照"。作为欧盟通用的安全标识，它代表着商品符合欧盟《技术协调与标准化新方法》指令，其商品的安全、卫生、环保和消费者保护等一系列指令要求均达到标准。CE 标志的覆盖面非常广，例如燃气炉具、无线电及电信设备、电气设备、医疗器械、航海设备、个人防护设备、玩具等类目都需要进行 CE 认证。凡是通过 CE 认证的产品就可以在欧盟各成员国自由流通，无须再去检查是否符合每个国家的要求，从而实现了一证通用，自由流通。

ROSH 认证：ROSH 是欧盟立法制定的强制性标准，主要用于规范电子电器商品的材料及工艺标准，跨境售卖到欧盟的家电商品如冰箱、洗衣机、空调、电熨斗、电吹风、计算机、手机等都需要通过材料的 ROSH 认证，以表示其商品有利于人体健康及环境保护。

---

① 亚马逊 A+ 是亚马逊平台的一个增值服务，允许卖家在原来商品详情页的基础上添加更多关于商品的详情描述、特点、优势等内容，以帮助买家更好地了解商品。通过使用亚马逊 A+，卖家可以提供更专业、高质量的商品详情页，提高转化率和销售额。

项目三　跨境电商店铺建设

任务二　跨境电商店铺信息编辑

一、任务导入

在确定了产品定位和选品后，跨境电商企业就可以考虑店铺装修的材料，为入驻平台作准备了。店铺装修材料主要包括文字资料、图片和视频的资料。文字主要是企业的介绍或者其他的文字宣传。图片包括店铺横幅、店铺页面的宣传图，以及其他以图片形式呈现的宣传资料。视频主要是指企业的宣传视频等。只有把这些都准备好，根据店铺定位上传合适的文案、图片和视频，企业才能更好地宣传店铺和产品。

二、学习目标

知识目标：能概括企业文案编辑的方法和技巧；理解图片运用的基本原则。
能力目标：能根据所学知识，独立编辑企业文案。
素质目标：培养精益求精和创新的职业精神。

三、学习任务

根据企业特点和宣传重点编写英文企业介绍。
根据图片运用的基本原则，选择合适的店铺宣传图片。

四、完成过程

资料阅读一

企业文案（简介）是跨境店铺向买家介绍自己企业与产品的文字信息，在 B2B 店铺较为常见。例如，在国际站中，企业文案一般在 Company Overview 模块。

企业文案用于向买家介绍自己企业的业务、成就，以及经营理念。通过企业简介，客户可以了解企业的产品特点、研发宗旨、企业愿景等。如果企业愿景和追求能获得客户的认可，那么企业就能获得更多的好感，与客户产生共鸣，从而提升询盘转化率。

引导问题 1：请阅读下面西门子公司的企业简介，归纳企业简介文案强调的内容。

> **企业简介**：
> "We are a technology company focused on industry, infrastructure, transport, and healthcare. From more resource-efficient factories, resilient supply chains, and smarter buildings and grids, to cleaner and more comfortable transportation as well as advanced healthcare, we create technology with purpose adding real value for customers.
> 来源：https://www.siemens.com/sa/en/company/about.html

资料阅读二

店铺图片包括店铺横幅、活动图,以及其他宣传图片等。图片的好坏直接影响买家对店铺的印象。质感十足的图片能给买家留下好的印象,为成交打下坚实基础。如图3-9和图3-10所示为某两个跨境店铺的横幅。

图 3-9　灯饰店铺横幅

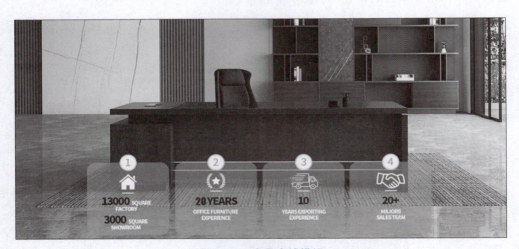

图 3-10　家具店铺横幅

引导问题 2:请通过思考和讨论,并查阅相关资料,概括图片应该如何突出店铺的定位;图片色彩的搭配特点;图片文字字体的选择和排版的特点。

学习资源
微课:跨境店铺信息编辑　　　课件:跨境店铺信息编辑

五、学习评价

实训任务　企业简介（店铺介绍）编辑

1. 任务布置

班级：	实训小组：
任务背景	作为跨境电商团队，你们打算入驻一个平台，并开设店铺和装修店铺
任务要求	请根据店铺的定位、品类和面向的客户、愿景等内容，写一段英文介绍，不少于 100 个单词
任务目标	（1）能独立完成店铺（企业）英文介绍的编辑； （2）能灵活借助各种 AI 翻译软件进行辅助； （3）培养独立完成任务、独立解决问题的职业能力

2. 任务实施

实施步骤	具体内容	人员分工

指引：
（1）如果是 B2C 店铺，根据入驻平台的特点，参考同行进行编辑，内容可包括店铺特点、产品特点、品牌特点、提供的服务、发货和配送时间、各种优惠秒杀活动等；
（2）如果是 B2B 店铺，可以参考阿里巴巴国际站或其他批发型网站进行编辑，内容应包括企业的历史、业务、理念、愿景、创新等

说明：以小组为单位，每个小组选出一个组长，组长组织大家思考和讨论，在教师的辅助下，确定任务实施的步骤和具体做法，分工合作，填写此表。在此表的指引下，完成任务，最终结果以实训报告的形式呈现

3. 任务评价

被评价人员	
评价方式	教师评价、小组互评
评价说明	评价内容分为学习表现和成果表现。 学习表现分数占总分的 40%，其中教师和学生评价各占该项分数的 50%。教师观察每一组成员的学习表现，做好记录，作为该项的评分依据。 学生互评取平均分。 成果表现分数占总分的 60%，由教师负责

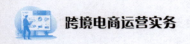

续表

评分说明	每项评分满分为 20 分。 10 分及以下表示改善空间很大； 12~13 分表示基本合格； 14~15 分表示不错，但还有一定的改善空间； 16~17 分表示良好； 18~20 分表示优秀				
总分（学习表现×40%+成果表现×60%）：					
1. 学习表现					
表现					分数
学习积极性与参与度					
表现主动学习、精益求精的精神					
小组互评					平均分：
教师评分					
该项分数=小组互评×50%+教师评分×50%					
2. 成果表现					
表现					分数
店铺简介能有效说明店铺定位					
店铺简介能有效说明品牌和产品特点、企业的创新等					
店铺简介英文表述良好，无语法错误					
教师评分					
教师评语：					

六、相关知识点

（一）B2B 店铺企业文案的写作

1. 企业文案的内容

B2B 店铺的企业文案具体包括企业简介，如企业名称、成立时间等；企业的业务与优势，如主营业务、产品工艺、行业地位、经验、公司规模、价值、获奖等，以及最重要的是企业经营的理念，包括企业愿景、目标、追求等，争取与海外买家产生共鸣。

不同类型的企业，强调内容有所不同。生产制造型企业要强调生产经验、车间面积、设备数量等。高新科技型企业可以强调前沿科技水平、研发团队实力等。而外贸型企业，虽然没有厂家的价格优势，但可以强调丰富的经验、知名的合作对象和周到的服务。

2. 企业简介写作技巧

企业的文字简介，要着重强调企业的历史、主营业务、认证、创新与研发理念、海外市场和客户等，争取获得买家的好感。同时还要符合英语的写作习惯，没有语法上的错误。

参考例子：

GuangzhouABC Information & Technology Co., Ltd. is located in Guangzhou, Guandong, P. R. China. We are specialized in R&D, manufacturing and sale of mobile phones and PC peripheral products such as power banks, cell phone data cable, car chargers, wireless chargers, etc. We have more than 100 employees, including 35 engineers with rich experience and 65 skilled workers. Since foundation, we have obtained ISO 9001, ISO 2000, CE, RoHS, FCC international quality certificates, and SGS authentication.

With the principle of "Technical innovation, Quality integrity" and the pursuit of excellence and sustained improvement, we become one of the leading experts in the portable power supply field. Our products sell well at home and abroad, including Europe, North America, Japanese, Korea, the Middle East, Southwest Asia, and Russia. In order to make progress and further develop our company, we actively promote cooperation with domestic and overseas partners.

We believe that a passionate, innovative and well-trained team will be able to establish mutually beneficial business relationships with you soon. Please feel free to contact us for more details.

（二）店铺图片选择原则

在跨境电商中，特别是 B2B 业务中，许多买家没有直接到企业工厂了解，店铺图片和文字介绍成了企业给买家的第一印象。因此质感十足的图片、能充分展示企业和产品卖点的图片有助于提升买家的好感，也能侧面反映企业的实力。

作为运营人员，需要和美工共同创作店铺横幅、宣传等图片。在确定图片时，要遵循以下原则：

1. 符合店铺的定位

图片一定要符合店铺的定位，如果是工贸一体型企业，入驻 B2B 网站，可以在图片中展示企业的工匠精神、设计师理念、企业认证、企业合作伙伴、企业服务、新产品的卖点等。如果是 B2C 店铺，销售的是运动服饰、户外服饰和休闲服饰的，则店铺的宣传图片可以出现模特正在户外运动、户外旅游等的场景，以增强品牌的专业性和产品的丰富性，如图 3-11 和图 3-12 所示。

图 3-11　户外运动宣传图片

图 3-12　户外旅游宣传图片

2. 突出文字主题

图片的内容一定要和图片文字展现的主题相符，要突出主题。如果是某个时期的促销推广主题横幅，可以通过文字和图片的搭配，突出促销活动的时间、促销力度、各种服务、促销产品等，如图 3-13 所示。如果是介绍企业的，则可以突出企业的历史、提供的定制服务、优势等，如图 3-14 和图 3-15 所示。

图 3-13　主题促销宣传图

图 3-14　企业产品宣传图

项目三　跨境电商店铺建设

图 3-15　企业定制服务宣传图

3. 图片颜色的使用要符合消费者的欣赏习惯

一般来说，一幅图片的大面积用色不超过 3 种，超过 3 种会造成色彩纷繁杂乱的视觉效果。另外，图片的背景色与主体颜色应该协调，如图 3-16 所示，这是阿里巴巴国际站化妆品展的推广图片。画面颜色主要是粉红、偏白色和黑，主体眼影盒主要是黑色和粉红色，背景用了粉红色，整个画面颜色协调，字体清晰，令人赏心悦目。

图 3-16　阿里巴巴国际站-化妆品活动选词图

图片来源：阿里巴巴国际站

4. 字体颜色、大小与排版

字体颜色与图片颜色要有对比，主标题一般可用粗体，让人一眼看到文字内容。另外，主标题字体比副标题大，以便更好地衬托主标题。在文字排版方面，约定俗成的做法是文字左对齐或者居中，这样更符合大众的观赏习惯。

七、拓展知识

(一) AIGC 生成式人工智能 (Artificial Intelligence Generated Content) 工具的应用

1. 跨境电商 AI 图片和视频编辑工具的意义

跨境电商企业在不同国家多个站点都有开通店铺的，一般不能混用图片。因为不同的站点，消费者的喜好和关注点不相同，图片上的文字也不能相同。此外，很多国家和地区的文化和民族不同，出于尊重等考虑，跨境店铺最好还是使用当地相貌的模特出镜展示商品，这样售卖的效果比较好。

以往跨境店铺美工人员为了拍摄图片、美化图片、抠图等都需要花费很多心血和金钱，目前 AI 工具的出现，极大地方便了跨境电商从业者，美工可以在工具的辅助下，快速地做出富有感染力的产品图和宣传图，方便地更改场景和人物，完成图片的制作。一般的运营人员也可以借助 AI 工具，进行简单的图片编辑。曾经为了针对不同的市场做出不同的图片和视频需要花费大量的人力、物力、财力，现在技术进步了，利用工具就可以完成。

2. 千面一键打造商品"千站千面"

"千面 AI 模特"软件里有不同肤色、种族的 AI 模特。例如，服装类的商品只需拍摄好商品主图后，将拍摄的主图导入软件中，再选择需要的模特进行适配，就能获得当地模特的上身效果图，如图 3-17 和图 3-18 所示，而这仅需传统模特拍摄的几十分之一的价格。对于衣服鞋帽的卖家来说，不仅能省钱，还省去了选择模特、沟通档期、拍摄、修片的时间。

图 3-17 千面 AI 模特-软件示例

软件不仅支持更换模特，还可以渲染不同的颜色，同款多色仅需要拍摄一次商品，当商品推出新色的时候,使用 AI 软件进行渲染就可以获得新颜色的模特上身图,极大便利了卖家的推广和上新工作。

图 3-18　千面 AI 模特-瑜伽服更换模特示例

3. ZEG—跨境电商 3D 图片和视频工具

ZEG AI 可以用于生成高质量的产品照片和视频,非常适合个人卖家走高端路线。当卖家拍摄了商品的平面图以后,将普通的平面图拖入 AI 界面,它可以自动生成可旋转的 3D 模型,同时可以融合 3D 模型与背景库里的背景。如图 3-19 所示,跨境电商运营人员拍摄了番茄酱的图片后,图片导入 AI 界面,就能和背景库里的西红柿场景融为一体,一键生成一个商品的场景图。在产品页的详情介绍中,用场景图来进行营销推广,比白底平面商品图更能提升转化率。

图 3-19　ZEG-首页-一键生成商品场景图

任务三　跨境电商店铺的开通

一、任务导入

跨境电商企业在准备了店铺文案和图片等素材后，可以在跨境电商平台开通店铺，并上传相关文字、图片和视频，丰富店铺页面。跨境店铺运营人员要熟悉店铺开通所需的资料和流程，把所有资料准备好后进行店铺开通的操作。

二、学习目标

知识目标：概括部分跨境电商平台店铺注册的流程和所需的材料。
能力目标：能在跨境电商平台上注册店铺，上传店铺信息，有效宣传店铺。
素质目标：在学习和实训中培养主动学习、不断增值自我的意识。

三、学习任务

熟知店铺开通流程和所需资料，准备店铺开通的资料。
在真实平台或仿真软件中进行店铺开通操作。

四、完成过程

资料阅读

不同跨境电商平台店铺的入驻要求各不相同，有些需要国内电商平台运营的流水，有些则不需要；有些要求是企业营业执照，有些则规定个体户也可以申请。另外，每个平台入驻的步骤也不相同，开通时需要提交的资料也不一样。

以阿里巴巴国际站为例，店铺开通需要填写的信息包括如图 3-20 所示的内容。

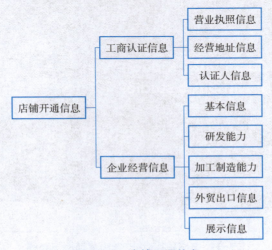

图 3-20　店铺开通信息

（1）工商认证信息，包括营业执照信息、经营地址信息和认证人信息等。
（2）企业经营信息包括以下几点。
① 基本信息，包括企业简介、主营业务、其他业务等。
② 研发能力，包括专利、证书、认证、商标的证明等。
③ 加工制造能力，包括工厂面积、生产线、产值、研发人员数量、质检人员数量等。
④ 外贸出口信息，包括销售额、外贸市场和占比、出口方式、是否有海外办事处、备货期、交货术语、接受货币、付款方式等。
⑤ 展示信息，包括公司标志、形象展示图、公司详细信息、视频、展会信息等。

引导问题1：请结合上述内容，查阅相关资料，概括阿里巴巴国际站入驻的条件和流程。

引导问题2：请以小组为单位，查阅相关资料，确定某个主流的跨境平台的入驻条件和入驻流程。

学习资源

微课：阿里巴巴国际站店铺开通之工商认证信息填写操作

微课：阿里巴巴国际站店铺开通之公司经营信息填写操作

阿里国际站店铺的开通

五、学习评价

实训任务　跨境店铺开通

1. 任务布置

班级：	实训成员：
任务背景	作为创业者，你已经确定了入驻平台和店铺定位。下一步，你将正式入驻某个平台，并提交相关信息
任务要求	请参考学习资源中的课件与微课，在仿真实训软件或真实跨境电商平台中，开通跨境电商店铺，并按照平台要求编辑文字和图片信息
任务目标	（1）根据平台要求完成店铺开通的文字与图片等信息编辑。 （2）文字编辑要突出店铺或企业的优势。 （3）在实训中培养主动学习、精益求精的职业素养

2. 任务实施

实施步骤	具体内容	人员

指引：
（1）店铺开通前，熟悉开通的流程和所需的资料。
（2）根据开通指引完成店铺开通与信息编辑工作

说明：以个人为单位，在教师的辅助下，确定任务实施的步骤和具体做法，填写此表。在此表的指引下，最终完成任务

3. 任务评价

被评价人员	
评价方式	教师评价
评价说明	评价内容分为学习表现和成果表现。 学习表现分数占总分的40%，教师观察每一位学生的学习表现，做好记录，作为该项的评分依据。 成果表现分数占总分的60%，由教师负责
评分说明	每项评分满分为20分。 10分及以下表示改善空间很大； 12~13分表示基本合格； 14~15分表示不错，但还有一定的改善空间； 16~17分表示良好； 18~20分表示优秀

总分（学习表现×40%+成果表现×60%）：

1. 学习表现

表现	分数
学习积极性与参与度	
表现主动学习和奋发图强的精神	
教师评分	

2. 成果表现

表现	分数
信息编辑完整、详细	
英文描述良好，符合国外客户阅读习惯	
文字和图片信息能较好地宣传企业	
教师评分	

教师评语：

六、相关知识点

（一）跨境电商平台入驻的条件和流程

1. 阿里巴巴国际站

（1）加入条件。

阿里巴巴国际站是一个做进出口的电子商务平台，主要是帮助国内企业做外贸批发业务、拓展海外买家。有大陆工商局注册的做实体产品的企业，生产型和贸易型都可以加入。换句话说，由于只允许企业入驻，因此，商家入驻时要提供企业营业执照以及法人身份证等信息。

（2）入驻费用。

阿里巴巴国际站出口通会员基础金额是￥29 800/年，但具体几年起购以及是否有套餐方案，需要咨询客户经理并以客户经理答复为准。金品诚企目前市场价格为￥80 000/年，同样，具体几年起购以及是否有套餐方案，也要咨询客户经理。

（3）入驻流程。

① 在阿里巴巴国际站供应商页面右上方单击"我要开店"按钮，如图3-21所示，根据系统提示操作，提交后会在3个工作日内得到回复。

图3-21 阿里巴巴国际站-开店页面

② 在客户经理的指导下，在阿里巴巴国际站官网注册账号，并填写基本信息。

③ 根据自己的需求和预算，选择合适的会员套餐，并支付相应的费用。

④ 完成支付后，需要进行实地认证，即需要阿里巴巴国际站的客户经理拍摄办公场地的实地照片（不展示给买家，只是确认有具体经营地址即可，不要求美观或者多大规模）。完成后即可自主选择开通时间，正式运营店铺。

七、拓展知识

（一）亚马逊平台

1. 加入条件

亚马逊已向中国卖家开放19个海外站点，能将商品配送至全球200多个国家和地区。在开店铺前,商家需要选定目标站点,明确自己的选品和成本,做好万全的前期准备。

要加入亚马逊平台,商家拥有合法的企业资质,即需要提供公司营业执照。此外,入驻时还需要提供法人代表身份证彩色扫描件、可进行国际付款的双币信用卡,以及可以用于接收付款的银行账户,包括国内银行账户、海外银行账户或者第三方存款账户。

2. 开店费用

(1) 月服务费。

在亚马逊上开店,北美(美国、加拿大)/拉丁美洲(墨西哥、巴西)/欧洲(英国、法国、德国、西班牙、意大利、波兰、瑞典、荷兰、比利时)/日本/澳大利亚/新加坡/沙特/阿联酋 18 大站点每个月的费用是 39.99 美元。入驻新加坡、中东(阿联酋、沙特)及印度 4 大新兴站点,可享限时免月租活动。

(2) 佣金。

亚马逊每个站点不同的佣金各有不同。如表 3-2 所示是美国站点部分品类的佣金。

表 3-2 亚马逊类目佣金一览表

品类	销售佣金百分比	最低佣金/$
服饰与配饰(包括运动装)	17%	0.3
箱包与旅行用品	15%	0.3
鞋靴、手提包和太阳眼镜	15%	0.3
电子产品配件	总销售价不超过 $100 的部分,收取 15%	0.3
	总销售价超过 $100 的部分,收取 8%	
珠宝首饰	总销售价不超过 $250 的部分,收取 20%	0.3
	总销售价超过 $250 的部分,收取 5%	
手机设备	8%	0.3
家居与园艺	15%	0.3
户外用品	15%	0.3
宠物用品	15%	0.3
3D 打印商品	12%	0.3
美妆	总销售价不超过 $10 的部分,收取 8%	0.3
	总销售价超过 $10 的部分,收取 15%	

(3)其他费用。

除了月服务费、佣金外,亚马逊卖家如果使用亚马逊海外仓,还需要支付一定的仓储费、配送费和其他费用等。亚马逊不同站点海外仓费用不同,卖家可以通过官网的物流费用计算器来计算具体的费用。

3. 入驻流程

(1)进入亚马逊全球开店页面(见图3-22)。

图3-22　亚马逊全球开店页面

(2)单击"前往站点注册"按钮,进入亚马逊全球开店-站点选择页面(见图3-23)。

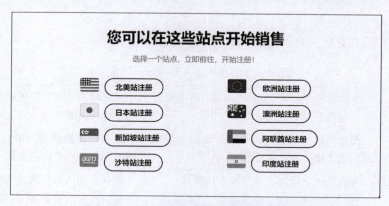

图3-23　亚马逊全球开店-站点选择页面

(3)选择相应的站点注册按钮,进入亚巴逊全球开店-创建账户页面(见图3-24)。
(4)填写法人的姓名拼音、电子邮箱以及密码,并进行邮箱验证。
(5)验证后,填写公司的详细信息和法人信息。
(6)进行账单验证,绑定双币信用卡和收款账户。
(7)完成账单验证之后,填写店铺的信息。
(8)完成地址验证,开通店铺进行运营。

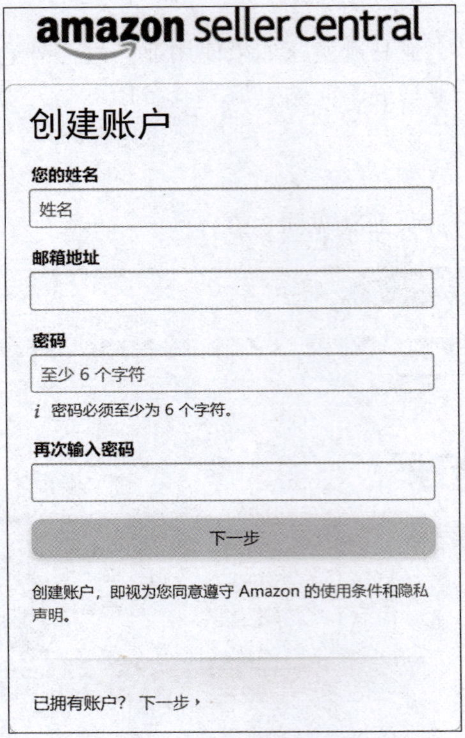

图 3-24　亚马逊全球开店-创建账户页面

（二）虾皮平台

1. 入驻条件

虾皮根据不同的卖家，有不同的入驻要求，如表 3-3 所示。

表 3-3　虾皮平台入驻要求一览表

卖家类型	主营亚马逊/ebay/wish/Lazada/速卖通等跨境电商平台的卖家	主营淘宝/天猫/拼多多/京东等国内电商平台的卖家
企业形式要求	拥有中国内地或中国香港合法企业营业执照或个体工商户营业执照	拥有中国内地或香港合法企业营业执照或个体工商户营业执照
产品要求	符合当地出口要求及当地进口要求	符合当地出口要求及当地进口要求
经营要求	具有一定的跨境电商经验	具有一定的内贸电商经验

2. 开店费用

虾皮平台为了鼓励更多的新卖家入驻，从 2024 年 3 月 1 日起，对首次入驻的卖家，免 3 个月保证金和佣金。入驻后，不同的站点佣金、交易手续费还有其他费用差别较大。如新加坡站点佣金率为 7%，交易手续费为 2%；马来西亚站点佣金率为 11.88%，交易手续费为 2.16%。

此外，如果卖家加入平台的免运（Shopee 为买家在相应站点提供运费补贴，若买家的订单消费金额满足相应站点的物流补贴门槛，买家便可享受平台提供的运费补贴）和返现活动（买家通过领取 Shopee 返现券，在店铺下单后可享受一定比例的 Shopee 币返点。Shopee 币是平台的官方虚拟货币，可在下次购物中抵扣金额），则需要另外支付一定的服务费。

3. 入驻流程

（1）绑定账号。

卖家提供电话和邮箱绑定主账号，主账号用于管理新店申请，和之后所有的店铺运营，同时用于绑定收款账号。

（2）申请开店。

在主账号下按照指引填写入驻信息表单，提交后单击页面左下方的"申请开店"按钮开通无销售权店铺，并发布至少一个商品。

（3）资质审核。

工作人员在 5 个工作日内审核材料，卖家可登录自己的主账号，查看审核进度。如果需要补充/修改材料，需及时补充/修改，避免因为长期没有补充/修改被关闭。

（4）销售权激活。

资料审核通过并成功绑定收款账户后，即可面向买家正式营业。

任务四　跨境电商产品页编辑

一、任务导入

跨境店铺开通后,外贸企业下一步要上传产品。上传的产品数越多,客户通过产品进入店铺的概率就越高,店铺的流量就越多,出单的概率也就越高。在上传产品之前,运营人员需要熟悉产品页包含哪些内容,如何编辑这些内容,以及准备好编辑产品页所需的素材。

二、学习目标

知识目标: 能说明阿里巴巴国际站跨境电商产品页的构成,概括标题关键词的分类和信息来源;具体说明阿里巴巴国际站图片和视频编辑的要求。
能力目标: 具备独立编辑产品页,拟定产品标题、描述详情,选择主图和详情图的能力。
素质目标: 在学习和实践中培养主动探索、追求卓越的职业精神。

三、学习任务

认识产品页的构成部分,掌握产品类目的选择方法。
学习产品标题的编辑技巧,通过各种渠道,确定关键词,编辑产品标题。
在教师的引导下,确定产品页编辑的图片信息,编辑产品详情页。

四、完成过程

资料阅读一

产品页是由文字和图片组成的,展示产品外形、属性、特点、功能,以及企业详情的页面。产品页详细的文字描述和清晰的图片展示可以有效地吸引客户,提高转化率和产品销量。卖家的企业介绍、售后承诺等信息的展示,可以增强消费者对产品和卖家的信心。

以阿里巴巴国际站为例,跨境电商产品页面的构成包括:
(1) 商品类目(见图3-25)。

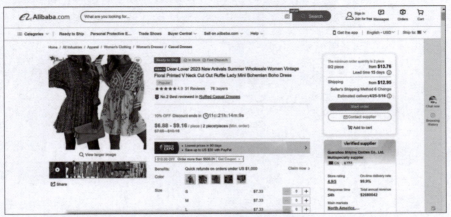

图3-25　产品类目和标题

（2）商品标题（见图3-25）。
（3）商品销售信息（见图3-26）。

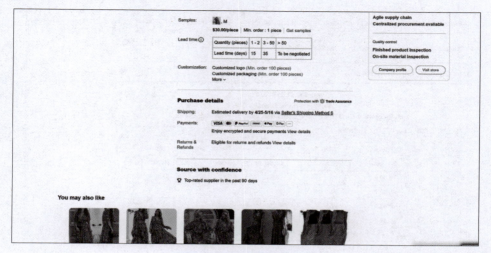

图3-26　商品销售信息

（4）商品属性（见图3-27）。

图3-27　商品属性

（5）物流与包装信息（见图3-28）。

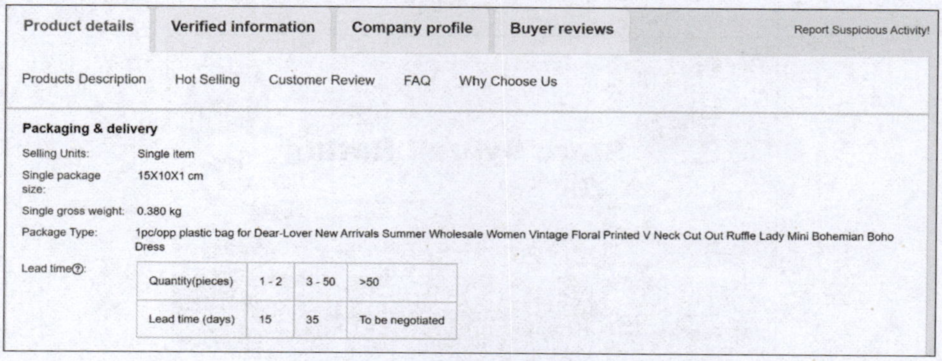

图3-28　物流与包装信息

（6）商品详情描述，包括尺码表、细节图、客户评价和企业介绍等，如图3-29~图3-32所示。

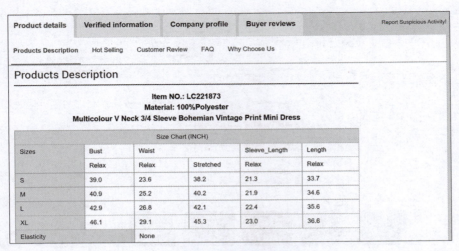

图 3-29　商品详情-尺码表

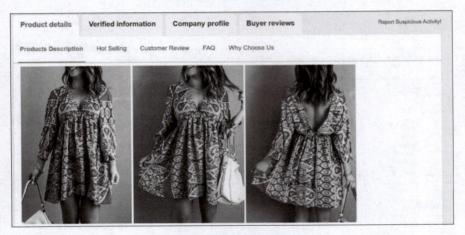

图 3-30　商品详情-细节图

图 3-31　商品详情-客户评价

项目三　跨境电商店铺建设

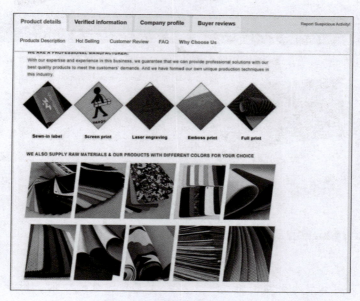

图3-32　商品详情-企业介绍

引导问题1：不同平台，产品页的构成大同小异，请以小组为单位，调研阿里巴巴国际站以外的一个跨境电商平台的产品页，并总结该产品页的构成。

资料阅读二

产品页最上面的文字就是产品类目，如图3-25所示。产品类目是指产品所处的行业及细分类别。类目可以分为一级类目、二级类目和三级类目。一级类目是产品所处的行业，二级、三级类目是产品在行业里的细分类别。

图3-25的产品中，一级类目是服装，二级类目是女士服装，三级类目是女士连衣裙，四级类目是休闲裙。

正确选择类目非常重要。不当的类目，会导致平台的惩罚，也会导致流量减少。例如，把童装放到男士服装的类目，不仅会招来平台惩罚，同时，因为搜索男士服装的客户对童装没兴趣，因此点击量也会较低。

引导问题2：请分析产品上传时，如何选择正确的类目？

资料阅读三

跨境电商产品标题是产品页面上，产品主图旁边，介绍产品名称、展示产品特点、突出产品卖点的简短文字，如图3-33所示。产品标题的好坏，直接影响产品是否能被大量客户搜索到，是否能获得大量客户的点击。

· 105 ·

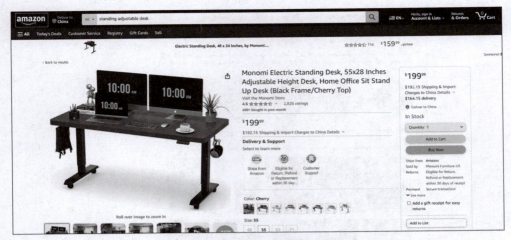

图 3-33 亚马逊商品标题

产品标题由不同类型的关键词组成。这些关键词分别是核心词、属性词和修饰词。核心词，如 standing desk，stand up desk，home office set 是说明产品归类和名称的词。属性词，如 electric，adjustable height，black frame 是反映产品特征的词，买家通过输入产品属性筛选产品的时候，有这类相关词有助于提高曝光率。修饰词，如 2023new，是吸引客户眼球、带来流量的词。

引导问题 3：请分析标题"2024 new beige leisure couch corner sofa bed folding sleeping sofa"中的核心词、属性词和修饰词。

引导问题 4：观察不同跨境电商平台中销量好的产品，结合对关键词的认识，归纳出产品标题的编辑技巧。

资料阅读四

要编辑好的标题，首先，要熟悉产品的特点、属性，其次，还要选对关键词。那么如何确定关键词呢？有哪些途径呢？后台数据是其中一条途径。如在亚马逊平台，可以通过 ABA（Amazon Brand Analytics）服务，了解同一类产品不同的关键词的搜索频率排名，从而可以分析出消费者在搜索该类产品时，使用频率高的关键词，如表 3-4 所示。

表 3-4 搜索词频率排名

搜索词	搜索频率排名
standing desk	824
adjustable desk	7 615

续表

搜索词	搜索频率排名
stand up desk	10 078
adjustable height desk	23 935
standing desk adjustable height	33 487
electric standing desk	37 641
height adjustable desk	48 003
adjustable standing desk	53 162
electric desk	87 558

引导问题 5：请查阅相关资料，并归纳除了后台数据寻找热门关键词外，跨境店铺营销人员还可以通过哪些途径来确定关键词？

资料阅读五

编辑了产品标题后，产品页中主图、视频和详情等的编辑也很关键，这也是产品是否能吸引客户下单的重要因素。

以阿里巴巴国际站为例，产品主图是买家打开产品页面后，最先看到的若干张图片，如图3-34所示。这些图片直观地展示产品，让买家在浏览产品时了解更多的产品细节特征。高品质的图片能更好地提高产品的转化率。

图3-34　商品主图

产品详情包括图片和文字宣传信息，如图3-35～图3-36所示。图片主要展示产品尺寸、细节、优势和包装等。文字信息主要包括产品尺寸、细节、企业宣传、企业FAQ等。视频往往是企业展示自身及产品详情的文字、图片和视频等，买家可以更深入地了解企业和产品的方方面面，增加对企业的信心和对产品的好感。

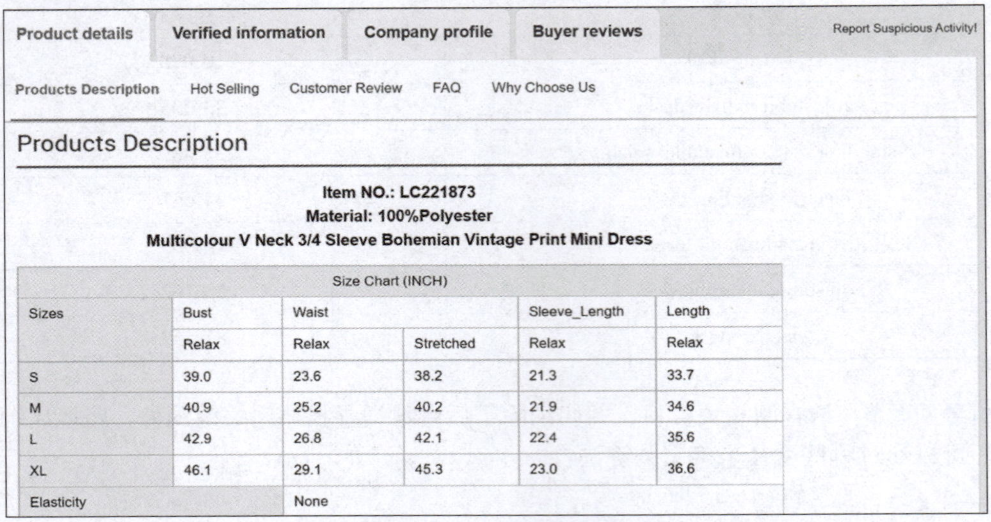

Product details | Verified information | Company profile | Buyer reviews | Report Suspicious Activity!

Products Description | Hot Selling | Customer Review | FAQ | Why Choose Us

Products Description

Item NO.: LC221873

Material: 100%Polyester

Multicolour V Neck 3/4 Sleeve Bohemian Vintage Print Mini Dress

Size Chart (INCH)					
Sizes	Bust	Waist		Sleeve_Length	Length
	Relax	Relax	Stretched	Relax	Relax
S	39.0	23.6	38.2	21.3	33.7
M	40.9	25.2	40.2	21.9	34.6
L	42.9	26.8	42.1	22.4	35.6
XL	46.1	29.1	45.3	23.0	36.6
Elasticity		None			

图 3-35　商品详情-尺码表

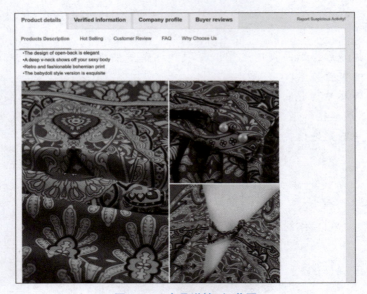

图 3-36　商品详情-细节图

引导问题 6：不同平台的产品详情的内容有所不同，请调研一个跨境电商平台，分析其产品页详情的编辑内容和技巧。

项目三　跨境电商店铺建设

> **学习资源**
>
>
> 微课：如何编辑产品标题
>
>
> 微课：跨境电商产品详情页的编辑
>
>
> 课件：跨境电商产品页的构成
>
>
> 课件：跨境电商产品类目的选择
>
>
> 课件：如何编辑产品标题
>
>
> 课件：跨境电商产品详情页的编辑

五、学习评价

实训任务　跨境店铺产品页编辑

1. 任务布置

班级：	实训小组：
任务背景	作为创业型团队，你打算从国内批发网站如 1688 批发产品后再销售
任务要求	根据之前任务中确定的店铺品类、产品定位和入驻平台，请在国内批发网站上找三款商品，根据产品信息，结合市场调研，编辑该产品的英文产品标题、产品主图、产品详情图和产品详情描述
任务目标	（1）能根据产品的特点、热搜词编辑产品标题。 （2）能根据客户的欣赏习惯和平台特点，选择合适的主图和详情图。 （3）能根据平台的特点进行产品的详情描述。 （4）在完成任务的过程中培养主动探究和精益求精的精神

2. 任务实施

实施步骤	具体内容	人员

指引：
（1）根据批发网站上采集的图片，确定哪些作为主图，哪些作为详情图。
（2）产品主图和详情图的尺寸要符合入驻平台要求。
（3）产品标题的关键词可以参考同行优秀产品的标题关键词

说明：以个人为单位，在教师的辅助下，确定任务实施的步骤和具体做法，填写此表。在此表的指引下，最终完成任务。文字信息以 Word 文档提交，图片信息放在一个文件夹中提交

3. 任务评价

被评价人员	
评价方式	教师评价
评价说明	评价内容分为学习表现和成果表现。 学习表现分数占总分的40%，教师观察每一组成员的学习表现，做好记录，作为该项的评分依据。 成果表现分数占总分的60%，由教师负责
评分说明	每项评分满分为20分。 10分及以下表示改善空间很大； 12~13分表示基本合格； 14~15分表示不错，但还有一定的改善空间； 16~17分表示良好； 18~20分表示优秀
总分（学习表现×40%+成果表现×60%）：	
1. 学习表现	

表现	分数
学习积极性与参与度	
培养刻苦钻研、精益求精和创新精神	
教师评分	

2. 成果表现

表现	分数
关键词能突出产品的优势	
关键词有助引流	
图片能有效提高产品的点击率和转化率	
教师评分	

教师评语：

六、相关知识点

（一）跨境电商平台产品页的构成

不同平台的产品页的构成大同小异，除了阿里巴巴国际站，下面以亚马逊为例，介绍产品页的构成。

亚马逊产品页如图3-37~图3-41所示，包含主图、标题、价格信息、产品优势描述、A+页面、产品详情图、客户评论、产品参数等。A+页面还可以包含丰富的视频、图片等。

图 3-37　亚马逊产品页面主图、标题、价格信息等

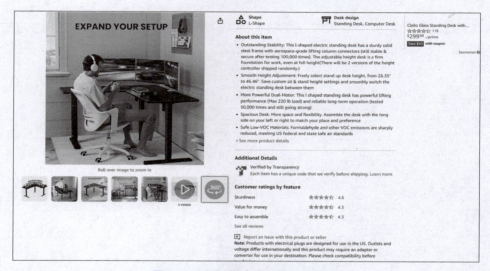

图 3-38　亚马逊产品页面优势描述

图 3-39　亚马逊 A+ 页面宣传图

图 3-40 亚马逊产品评价页

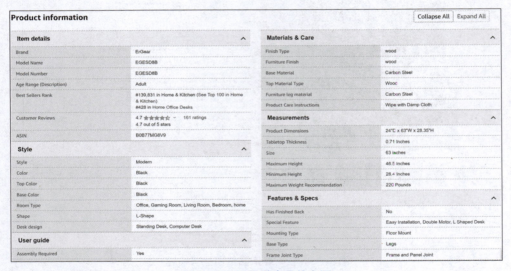

图 3-41 亚马逊产品信息页

（二）产品类目的确定

选择类目的方法有两种，一种是在最大类目下方逐级查找，如果用第一种方法无法找到准确的类目，则可以在搜索框输入产品名，搜索出可能的类目后，选择合适的。比如一款童装连衣裙，可以通过逐级查找的方法确定，如图 3-42 所示，也可以按照第二种方法确定，如图 3-43 所示。

（三）产品标题的编辑

1. 标题关键词

关键词是突出产品信息及销售亮点，买家在搜索时会使用的，包含产品名称、产品特点，以及吸引眼球的词。关键词为什么那么重要呢？因为关键词是买家在使用搜索引擎时

项目三 跨境电商店铺建设

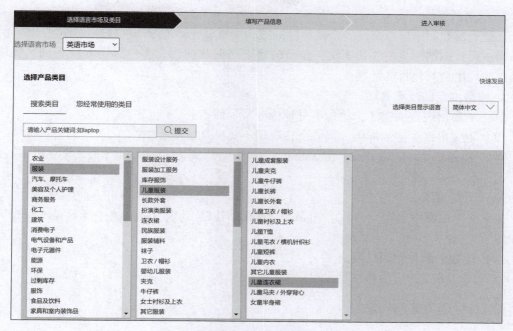

图 3-42 商品类目搜索

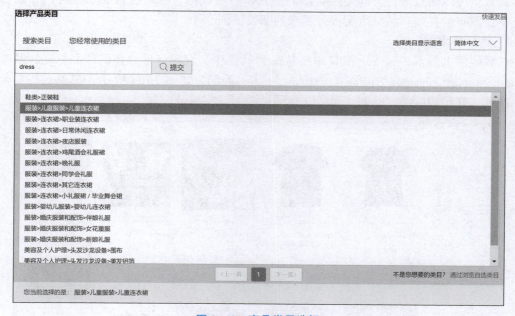

图 3-43 商品类目选择

输入的,能够最大程度地概括买家所要查找信息的词。产品标题与买家搜索的词越匹配,买家查找到该产品的概率就越高。

关键词分为 3 类,分别是核心词、属性词和修饰词。核心词,如 t-shirt,是说明产品归类、名称的词。属性词,如 cotton,是反映产品特征的词,买家通过属性筛选的时候,这类词有助于提高曝光率。修饰词,如 2024new,TikTok,是反映产品风格、吸引客户眼球、带来流量的词。

· 113 ·

2. 标题的结构

通过观察和归纳可以发现，产品标题的结构通常就是"修饰词+属性词+核心词"的组合结构，而且该结构重复 2 到 3 次，如目的是把当前热搜词、客户常用的核心词、展现产品卖点的词语全部包含在标题里。

3. 标题拟定的注意事项

（1）不要出现虚假描述，比如不是纯棉，写了纯棉。

（2）不要出现关键词堆砌，同一个核心词不要反复使用。

例如 Brand new lover's rings beautiful rings newly designed couple rings 可改用 jewelry，gift 等。

（3）不要写成一个句子。

如果一个标题中出现"can"、"does"等助动词以及动词，那么这个标题是不符合写作要求的。

（4）标题中避免使用标点。

（5）遵守英文的语法和书写习惯。

（四）标题关键词的来源

要编辑标题，首先就要选对关键词。那么如何确定关键词呢？有哪些途径呢？跨境店铺运营人员可以通过平台上同类热卖品的标题、后台数据、网站搜索框下拉时的系统推荐词、平台发布的各类产品与市场报告等来判断关键词。

1. 热卖品标题

在敦煌网上搜索 T-shirt，以订单量从高到低排序，发现订单最多的产品标题，基本都有 men，women，designer，printed，fashion，cotton 等词，如图 3-44 所示，说明这些都是顾客热搜词，在销售同类产品时，可以在标题上添加这些词语。

图 3-44 敦煌网-热搜商品

2. 后台数据

每个平台的后台相关数据，都可以作为标题关键词选择的参考。以阿里巴巴国际站为例，后台数据里的进店关键词数据，能说明哪些词可以帮助店铺带来流量，如图 3-45 所示，这些词都可以作为标题关键词的重要参考。此外，通过分析产品关键词数据，如曝光数和点击数，也能了解哪些关键词能为产品带来更多的报告和点击，那么这些词语就可以作为标题的关键词，如图 3-46 所示。

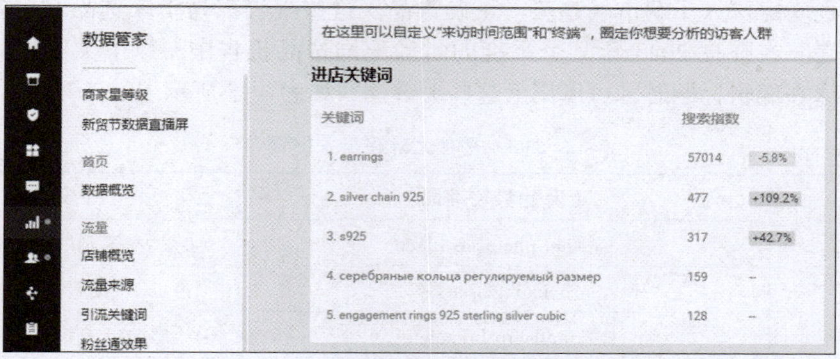

图 3-45　后台数据-进店关键词

词	曝光	点击	外贸直通车曝光	外贸直通车点击	操作
gold plated earrings	217	0	217	0	抢第一 丨 已加入直通车词库
hoop earrings	205	2	185	2	抢第一 丨 已加入直通车词库
gold earrings	177	1	177	1	抢第一 丨 已加入直通车词库
earring jewelry	121	0	121	0	抢第一 丨 已加入直通车词库
earrings for women	103	0	103	0	抢第一 丨 已加入直通车词库

最多展示30个词　1 2 3 4 5 6

图 3-46　后台数据-产品不同关键词数据

3. 平台搜索框

平台搜索框也是寻找关键词的重要途径。打开阿里巴巴国际站主页，我们可以在搜索框里面输入“earphone”这个词，这时就会看到与这个词有关的搜索词，如 bluetooth，waterproof 等，说明蓝牙、防水等是顾客常搜的词汇，如图 3-47 所示。

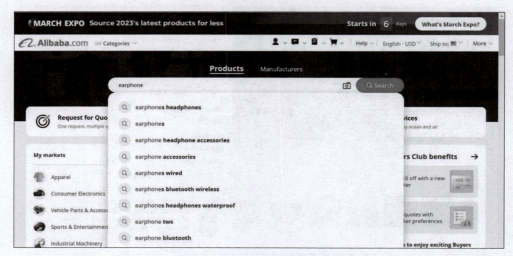

图 3-47　平台搜索框-相关搜索

4. 跨境电商平台报告

不同跨境电商平台定期发布行业选品报告，如虾皮平台每个季度对热销品类都给出选品报告，帮助卖家深入了解市场趋势、正确选品。这些报告都是卖家选品和确定标题关键词的重要参考。在虾皮 2023 年某个季度的时尚配饰选品报告中，以下关键词呈现上升趋势，提示卖家在编辑标题时，可以用上这些关键词，如表 3-5 所示。

表 3-5　平台上升趋势关键词

站点	上升趋势关键词	中文翻译
菲律宾	Custom photo necklace	定制照片项链
菲律宾	3 in 1 glasses	三合一眼镜
菲律宾	Friendship bracelet	友谊手链
菲律宾	Bow hair clip Korean style	韩式蝴蝶结发夹
菲律宾	leather cap	皮制帽

（五）产品描述——以亚马逊为例

在跨境平台上，除了商品标题、图片和视频，还需要学会写作商品的简介（About this item），下面以亚马逊为例，介绍通用的 5 点写作方法。作为跨境电商介绍性文案优化的一种方法，其他平台在做产品详情时也可以参考使用。

1. 精准的使用场景

很多时候客户的投诉和疑问的产生，其实是对于产品的描述没有理解或者理解有误。比如一个保温杯能够保温多久？对于这个问题其实欧美地区的消费者是非常严谨的，不是你说 6 小时以上他们就能接受的，他们需要知道是 6 个半钟还是 8 小时。

如图 3-48 示例中的灭蚊灯，在五点描述中有一点是这么写的：Use the fruit fly trap for indoors close to insect-ridden fruit, plants or trash bin. Turn off the lights for best results.（果蝇诱捕器适用于室内靠近虫害严重的水果、植物或垃圾桶的地方。关灯效果最佳。）

图 3-48　亚马逊平台灭蚊灯商品示例

为什么要这样写呢？因为一个灭蚊电器的使用场景究竟是 indoor 还是 outdoor 对于顾客是非常重要的，并且此类商品在户内户外使用，是遵循完全不同的防水技术要求的，用错场景很可能发生事故，所以在这类型商品的描述里一定要非常精准、明确。如果为了出单模糊处理，最后客户买回家却因为使用不当来退货、差评，就得不偿失了。

2. 突出产品优势

如图 3-48 示例中的灭蚊灯产品的优势是美观且安全。它在描述中使用了口语较为夸张的说法来突出自己的优点：No more ugly traps! Subtle and stylish; easily place in your home, kitchen, or office as a decorative piece. No zapper needed.（别再用丑丑的粘蚊板！低调而时尚，可作为装饰品轻松摆放在家中、厨房或办公室。无须电击器。）

这句描述提醒消费者别再用丑丑的粘蚊板（no more ugly traps）和不需要电击器（no zapper needed）。这么直白的陈述写在商品描述中是很好的，使用口语的模式让消费者迅速理解优点，能更快促成下单。

3. 管理客户期待值

有些卖家可能会觉得商品描述只能写商品的优点，某一些点可能会影响转化，就不愿意写出来，也抱着一种侥幸心理，可能自己感觉的缺点，消费者并不在意。其实卖家是最了解自己商品的，跨境电商物流流程长、费用高，与其等消费者买的时候再发现，或者留下差评，不如在商品描述中正确管理客户的期待。

例如示例产品中明确写出了 Not effective on house flies. Is effective in killing fruit flies, gnats, and mosquitos.（对家蝇无效。对果蝇、蚋和蚊子有效。）在描述中直接说明本产品对家蝇无效，这就是正确的管理客户的期待值，说明商品在捕捉家蝇方面可能会出现的不足，某些场景、情况可能不太适用，这样有助于消费者理性消费、理性了解商品的优缺点，从而减少差评和退货。

七、拓展知识

（一）产品主图排布方法——以亚马逊为例

人是视觉性动物，有研究表明，可视化的信息被人脑接受的速度比文字等普通信息要快 6 万倍，在图片优化后，往往还需要考虑多图应该如何安排图片顺序，既符合平台对于图片的要求，又能够循序渐进地带领客户一步步深入了解你所售卖的商品。

以亚马逊产品主图 6 张图为例，下面为大家说明 6 张图应该如何安排，每一张图应该包含哪些信息，以及部分做图的要求，希望在实操中能够应用。

1. 第一张图片——白底图

第一张图也叫商品主图，主图必须采用纯白色的背景，要求为实拍图，不能用插图、图形等替代。一个重要的原则就是实物（商品）占整张图片比例 85%～90%，因为在琳琅满目的搜索页面里，如果商品占比不够大，是很难脱颖而出的。另外需要注意，一般不能出现商品上没有的文字、图片、水印等，并且图片放大后依然清晰，尺寸建议 1 200 px×1 200 px。

2. 第二张图——场景图

不论是什么商品，都会有它使用的场景，第二张图就是用来添加这部分信息的，以尽快促成顾客下单。场景图需要贴合商品，例如露营商品就可以将商品放在营地中间拍摄，让顾客身临其境，加快消费决策。有一些商品感觉场景较难还原的，例如灭蚊灯商品，很难表达灭蚊的效果和场景，但可以营造家居没有蚊虫的和谐氛围，同时指出商品安全无毒适合有儿童的家庭使用的场景，可以打动相关家庭用户购买，如图3-49所示。

图3-49　商品场景图

3. 第三张图——功能图

以灭蚊灯商品为例，在第三张图里，一般的做法是将商品所有的功能、性能都集成在一起，所以需要应用气泡、线性、排序等设计元素，一次说明清楚产品的功能和特性，在示例图里特别点出商品无毒、无辐射、无化学物，能驱赶蚊虫、苍蝇、飞蛾等，让买家详细了解其特性，帮助决定是否需要购买，如图3-50所示。

图3-50　商品功能图

4. 第四张图——特写图

做第四张图之前卖家可以先问问自己，产品的特点、卖点是什么？把产品与众不同之处给到放大镜头，适当放大其在图片中的比例，让顾客直观地看到商品的特点。

如图 3-51 所示的商品特写图中，对比其他灭蚊商品，特别提供了三挡调节和暗格，三挡调节可以用来调节风力，暗格中可以放置客户喜欢的香薰精油，提升植物驱赶效果和使用愉悦感。这种区别于其他商品的功能，就值得使用特写提醒客户，作为商品的附加值，提升转化率。

图 3-51　商品特写图

5. 第五张图——细节图

如图 3-52 所示的商品细节图可以做成第四张图的补充，就是放大更多商品细节，但也可以做成整个商品内部结构的渲染图，既能体现商品的设计元素，又能凸显其内部设计的科技含量。这样就等于把第四张图作为外部设计的产品亮点，第五张图作为内部结构的亮点展示给客户。

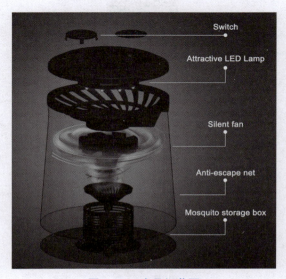

图 3-52　商品细节图

6. 第六张图——尺寸图

在做尺寸图的时候，不仅仅要按照当地常用的单位来标明尺寸（厘米、英寸），最好还要用一些辅助物品，例如当地国家硬币、iphone 手机、家居用品（如图片中的花瓶）等作为参照物来进行制图，这样会让买家更加明确商品尺寸，避免因尺寸问题带来的退货，如图 3-53 所示。同时，第六张图可以展示商品的所有配件以及配件的尺寸（示例图电线也有注明长度），让顾客在场景、特写、内外结构后对产品有一个更完整的了解。

图 3-53　商品尺寸图

学习资源
动画：店铺视觉营销之 BANNER 制作

任务五　跨境电商产品定价

一、任务导入

在产品发布前，除了要编辑产品页，还要对产品进行定价。价格通常会影响产品在搜索结果页的排序。相似的产品，价格低的排名会靠前。价格也会影响点击率，价格越低，被客户点击的概率也越大。价格还会直接影响产品的销量，是买家能否下决心购买的重要因素。因此，跨境店铺运营人员在定价时，要综合考虑产品的成本、定位、市场需求，以及竞争状况，确定合适的价格。

二、学习目标

知识目标：概括跨境电商产品成本的构成；理解跨境电商产品的定价方法和定价策略。
能力目标：能运用所学知识对跨境电商产品 B2B 产品和 B2C 产品进行定价；能根据不同产品的特点，使用不同的产品定价策略。
素质目标：在学习和实践中培养主动学习和自我增值的职业素养。

三、学习任务

掌握产品成本的构成。
通过市场调研，并结合企业自身的情况，灵活运用不同的定价策略，对跨境店铺产品进行定价。

四、完成过程

资料阅读一

尽管跨境电商企业在竞争者分析时已经做过详尽的调研，但在产品定价前，还要对竞争者相似产品的定价和行业最新发展进行必要的研究，因为市场需求不断变化，行业也日新月异。此外，企业还要结合自身的供应链进行分析，准确判断自己定价的优势和不足。调研分析后，企业才可以结合产品定位和自身的优势，选择合适的定价策略，确定有竞争力的价格。

引导问题1：请结合所学知识，分析企业在产品定价前，还需要对企业内部哪些方面进行调研？企业哪些方面会影响产品的定价？

资料阅读二

产品成本是影响价格的重要因素。
不同类型的企业，产品的成本的构成也不同。贸易型的企业，产品成本主要包括采购成本、国内费用和跨境运输费用等。生产型企业的产品成本包括原材料成本、生产成本、国内费用和跨境运输费用等。

引导问题 2：如果你是一个跨境电商企业的运用人员，请分析一下，产品的国内费用包括哪些？

引导问题 3：不同的企业，处于不同的发展阶段，其利润水平是不一样的。不同的平台，其面向的市场不一样，当地客户的购买力水平也不同，同类产品的利润也差别较大。请分析对于一家初创企业来说，确定利润时要考虑哪些因素？

资料阅读三

如果 B2B 卖家在网上展示商品，在贸易磋商和签订合同后，通过海运大批量出口，那么可以通过传统的 FOB、CIF、CFR 等贸易术语的报价方式。如果卖家是小额度的销售，往往可以设置一个 FOB/FCA 价格，后续让买家根据需要来选择运输方式及相应的运费。

引导问题 4：请结合所学知识，写出 FOB、CFR、CIF 报价的公式。

资料阅读四

B2C 产品价格分为上架价格（商品在上传的时候所填的价格）和成交价格（用户在最终下单后所支付的价格）。成交价格等于上架价格减去各种折扣，如优惠券等，所以运营人员在确定上架价格时要稍微把利润定得高一点，这样顾客在使用优惠券下单后，才不至于利润太少甚至亏本。计算价格时，要考虑商品成本、国内运费、国际运费、平台佣金、汇率、折扣等价格组成部分。

以贸易商采购货物后、再销售商品为例：

$$上架价格 = \frac{(采购价 + 国内运费 + 国际运费 + 其他费用) \times 汇率 \times (1 + 利润率)}{(1 - 折扣率) \times (1 - 平台佣金费率)}$$

其他费用包括商品打包费、产品图片编辑人工费、商品认证费等。

引导问题 5：某贸易商在 1688 批发网站批发 100 件商品，价格和国内运费如图 3-54 所示，商品每件重 50 克，加上包装每件约 65 克，运往马来西亚国际运费每件约为人民币 1.6 元，其他费用每件约为 1 元，在某平台上销售，佣金率、提现费率等一共约为 18%，折扣率为 20%，预期净利润率定为 10%，如 1 元等于 0.6472 马来林吉特，求该产品的上架价格（林吉特价格）。

项目三 跨境电商店铺建设

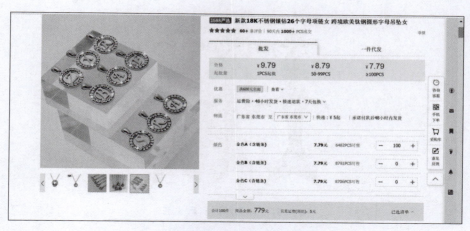

图 3-54　1688 商品案例

资料阅读五

跨境电商企业确定了定价方法后,还要采取必要的定价策略。跨境电商定价策略往往有分类定价策略、组合定价策略和新产品定价策略。按照分类定价策略可把店铺商品分为引流款、常规款和利润款。

组合定价策略,往往是把客户经常一起买的商品,价格高的和价格低的放在一起销售,设置一个组合优惠价,吸引顾客购买。

引导问题 6：请思考引流款、常规款和利润款的商品分别有什么特点?

引导问题 7：一家面向东南亚市场的跨境电商店铺有三款儿童游泳衣产品,第一款品质一般,款式如图 3-55 所示。第二款品质较好,款式如图 3-56 所示。第三款款式特别,如图 3-57 所示。请分析哪一款作为引流款,哪一款作为常规款,哪一款作为利润款较为合适?

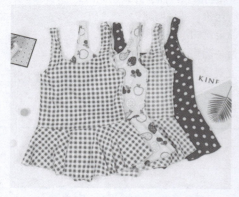

图 3-55　儿童游泳衣款式一

图 3-56　儿童游泳衣款式二

图 3-57 儿童游泳衣款式三

学习资源

微课：跨境电商产品定价	微课：跨境电商 B2B 产品定价	微课：跨境电商 B2C 产品定价	课件：跨境电商产品定价

五、学习评价

实训任务　制定跨境电商产品定价策略

1. 任务布置

班级：	实训小组：
任务背景	作为创业团队，你们是贸易型的企业，主要通过向工厂采购后再进行销售的方式进行盈利
任务要求	（1）根据前面任务确定的销售品类和产品定位，请给店铺的产品进行分类定价，分别选择一款引流款、常规款和利润款产品，并说明原因。 （2）选择其中两款产品进行组合定价，并说明原因。 （3）推出一款产品，说明新产品定价的策略和原因
任务目标	（1）灵活运用分类定价、组合定价和新产品定价策略。 （2）在任务完成过程中培养独立解决问题的职业素养

2. 任务实施

实施步骤	具体内容	人员分工

续表

指引：
说明定价策略和原因时可以参考入驻平台中同行相似产品的定价策略来说明
说明：以小组为单位，每个小组选出一个组长，组长组织大家思考和讨论，在教师的辅助下，确定任务实施的步骤和具体做法，分工合作，填写此表。在此表的指引下，完成任务，最终结果以实训报告的形式呈现

3. 任务评价

被评价人员	
评价方式	教师评价、小组互评
评价说明	评价内容分为学习表现和成果表现。 学习表现分数占总分的40%，其中教师和学生评价各占该项分数的50%，教师观察每一组成员的学习表现，做好记录，作为该项的评分依据。 学生互评取平均分。 成果表现分数占总分的60%，由教师负责
评分说明	每项评分满分为20分。 10分及以下表示改善空间很大； 12~13分表示基本合格； 14~15分表示不错，但还有一定的改善空间； 16~17分表示良好； 18~20分表示优秀

总分（学习表现×40%+成果表现×60%）：

1. 学习表现

表现				分数
学习积极性与参与度				
具有主动学习、自主探究的精神				
小组互评				平均分：
教师评分				
该项分数=小组互评×50%+教师评分×50%				

2. 成果表现

表现	分数
能准确进行分类定价并说明原因	
能选择关联产品进行组合定价并说明原因	
能准确分析新产品定价的原因	
教师评分	
教师评语：	

六、相关知识点

（一）跨境电商产品定价——市场调研

最终定价前，企业还需要对同类产品主流价格区间等进行调研，着重分析市场上不同档次同类产品的价格，以此找出客户对产品的心理价格，进行更准确的定价。一款网红玩具在马来西亚 3 000 多万人口的市场，销量普遍是几千甚至上万，如图 3-58 所示，说明在毛绒产品品类里，这款产品是非常有市场的，然后我们看到价格普遍在 15 林吉特到 25 林吉特，说明此价格区间是客户比较容易接受，也相对较好销售的价格。

图 3-58　虾皮平台马来西亚站点-某婴儿玩具搜索页 1

这款产品除了传统的仙人掌造型外，还新出了许多不同的造型，如图 3-59 所示，如鸭子造型、鲜花造型等，因此对于卖家来说，及时捕捉市场趋势、及时上新是竞争的关键。

图 3-59　虾皮平台马来西亚站点-某婴儿玩具搜索页 2

项目三　跨境电商店铺建设

（二）跨境电商产品定价——企业内部调研

跨境电商买家进行企业内部调研可以分析自身的优势和不足。比如 B2B 卖家拥有自己的厂房设备、产品证书、产品专利，提供贴心的定制服务，曾合作过知名企业等，都可以获得潜在客户更好的印象，以更高的价格出售产品。对于 B2C 卖家来说，热卖品多，店内同类产品销量好、评价好，都可以作为优势，提高价格。

此外，还可以分析企业供应链和财务状况，如果是生产型企业，因为有成本优势，可以降低价格以获得更多订单。如果是贸易型企业，则可以通过大量采购产品，降低单位成本，以提高竞争力。如果企业资金有限，则可以在自身能承受的范围内，通过贷款等方式进行融资筹措资金，扩大生产和采购。

（三）跨境电商产品的成本

1. 商品成本

不同类型的企业，商品成本的构成也不同。贸易型企业，商品成本主要包括采购成本、国内运费、产品的认证费用、包裹打包费用、企业的运营费用等。生产型企业，商品成本则包括原材料成本、生产成本、产品的认证费用、包裹打包费用以及企业的运营费用。贸易型企业，在批发网站采购商品，那么根据批量的不同，商品采购和国内运费的成本也不一样，采购得越多，单位成本越低。总的来说，无论是哪种企业，商品成本低，同时保证质量，就是竞争的关键。

2. 推广成本

推广成本往往包括跨境电商平台广告费、秒杀活动的费用，以及联盟营销的佣金。如一家新开的店铺，往往没什么流量，那靠什么来提高产品曝光，以及出单呢？往往就是靠参加秒杀活动，但很多时候秒杀活动里的价格都是非常非常低的，甚至低于跨境的运费。比如在虾皮菲律宾网站，经常有 1 比索的秒杀活动，这个价格对于客户是非常有吸引力的，但是菲律宾的跨境运费最低也要 23 比索，因此参加秒杀活动商家是要亏本的，那么亏的金额，也属于是推广成本。

3. 其他成本

除了上述的成本外，跨境物流成本如跨境物流、海外仓租金和打包费、平台佣金和年费，以及提现费用，都是定价时需要考虑的成本。比如敦煌网实行"阶梯佣金"政策，订单金额越高，佣金率越低，鼓励卖家尽量增加销售额。提现费用是指从收款的第三方支付机构提现到本国银行账户的手续费，如现在知名的第三方支付机构有派安盈，提现费为 2%；连连国际提现费 0.7% 等，都是要考虑的因素。

（四）商品利润的确定

定价需要考虑的一个最关键的因素是利润。利润如果定高了，有可能会在竞争中处于下风，如果定低了，有可能降低利润率。利润的设定，要参考市场与同行，以及平台的定位。

同样是 2023 夏天 T-shirt，在亚马逊售价普遍较高，如图 3-60 所示，而在速卖通售价普遍较低，如图 3-61 所示，因为平台定位不同，主要的人群也不同，因此确定利润时，不仅要考虑成本，更要充分考虑平台定位、产品定位，以及竞争。

图 3-60　亚马逊 T 恤搜索页

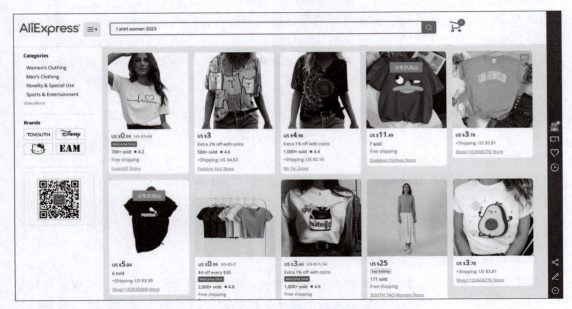

图 3-61　速卖通 T 恤搜索页

（五）B2B 产品的定价

1. 定价方法

如果 B2B 卖家只是在网上展示商品、贸易磋商、签订合同，然后通过海运大批量出口的，那么可以通过传统的 FOB、CFR、CIF 等贸易术语的报价方式来签订合同。上述报价的计算公式如下：

FOB 价＝产品含税成本－出口退税＋国内费用＋预期利润

CFR 价＝产品含税成本－出口退税＋国内费用＋预期利润＋海运费

CIF 价＝产品含税成本－出口退税＋国内费用＋预期利润＋海运费＋海运保险费

其中，国内费用可以包括运费、广告、商检、认证等。如果卖家是小额度的销售，通过空运出口的，往往可以设置一个 FOB 或者 FCA 价格，后续让买家根据需要来选择运输方式及支付相应的运费。

2. 定价策略

首先，跨境电商企业在报价单上要避免价格战。一个客户，往往会收到多条报价。如果进行价格战，势必会造成利润减少或者无利润，而且价格过低，容易给客户留下产品质量不高的印象。其次，企业要了解顾客，尽量配合客户消除他们的顾虑。比如客户对市场需求有顾虑，因此给予较低的起订量能鼓励他们购买。最后是强调自己产品的优势，适度让利，促成交易。卖家一方面要强调自己产品的优势，同时也要适度给予折扣，让顾客经过比较后，还是感觉我们的报价最实际，这样更容易获取订单。

（六）B2C 产品的定价

1. 上架价格

B2C 产品价格分为上架价格，即商品在上传的时候所填的价格，以及成交价格，即用户在最终下单后所支付的价格。成交价格等于上架价格减去各种折扣，如优惠券等，所以在确定上架价格时要稍微把利润定得高一点，这样顾客在使用优惠券下单后，才不至于利润太少甚至亏本。计算价格时，要考虑商品成本、国内运费、国际运费、平台佣金、汇率、折扣等价格组成部分。以贸易商采购货物后，再销售为例，上架公式如下：

$$上架价格 = \frac{(采购价 + 国内运费 + 国际运费 + 其他费用) \times 汇率 \times (1 + 利润率)}{(1 - 折扣率) \times (1 - 平台佣金率)}$$

1 件商品的上架价格，首先先算成本，成本等于采购价加国内运费加国际运费再加其他费用的和，其他费用一般包括商品打包费、产品图片编辑人工费、商品认证费等。用总成本乘以人民币兑外币的汇率，比如乘以人民币对美元的汇率，那就是成本的美元金额了，然后再加上利润，那就是成本加利润的价格了，但这个价格还不是上架的价格，因为价格除了所有的成本和利润外，还要包括折扣优惠，以及平台的佣金，因此算出成本加利润的美元价格后，还要除以 1 减折扣率，再除以 1 减平台佣金率，这才是这个产品的上架价格。

2. 定价策略

（1）分类定价策略。

所有卖家都可以采用分类定价策略（见图 3-62），如把店铺产品分为引流款、常规款和利润款。引流款一般是成本较低、价格较低、在客户搜索中曝光较高、点击率较高的产品。常规款一般是品质较好、市场需求大、价格中等、性价比较高的产品。利润款一般是款式有点小众、市场需求不大、喜欢的客户愿意高价购买、利润较高的产品。跨境店铺一般需要把 20% 的产品作为引流款增加店铺流量，把 60% 的产品作为常规款提高销量，20% 的产品作为利润款获取高额利润。

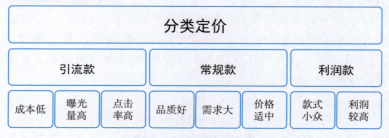

图 3-62 分类定价策略

(2) 组合定价策略。

组合定价策略是把客户经常一起买的商品，价格高的和价格低的可以放在一起销售，给个组合优惠价，吸引顾客多买。如买手机的客户经常会一起买蓝牙耳机，如图 3-63 所示，因此给与组合优惠价，就能引导客户一起购买。

图 3-63　组合定价商品

七、拓展知识

（一）跨境电商产品的海外税收

跨境电商产品涉及的海外税收主要包括目的国的关税和增值税。

1. 关税

按一般贸易出口的跨境电商货物和出口到海外仓的货物，在进口国海关报关时，需要按照当地法律征收关税。不同的国家和地区、不同的产品种类，关税各有不同。

2. 海外增值税

增值税（Value Added Tax，VAT）是指在进口国（地区）销售货物或提供服务，或将货物从境外进口到境内，进口商代国家税务局向消费者收取的分税金。是否缴纳增值税需要根据各国的增值税起征点、是否在当地有库存等条件而定。

全球不同地区的增值税规定较为复杂，跨境电商创业的卖家需要认真总结各个国家对于税务的合规要求，以便在定价时加入海外增值税的测算，更好地控制整体费用，获得销售利润。

（1）欧洲。

欧洲增值税（VAT）是欧洲国家针对消费支出收取的税费。欧洲国家/地区之间的商业交易、进口和货物流动都需要缴纳欧洲增值税（VAT）。截至目前（2024 年）英国依然是脱欧的状态，所以欧盟和英国站的卖家一般需要分开注册欧洲增值税（VAT）税号。

欧洲增值税有 2 个要求：第一是根据仓储地判定是否需要注册，即自发货卖家无强制要求注册 VAT，如果使用亚马逊物流（FBA）或使用欧洲海外仓的卖家必须注册 VAT。第二是向企业买家销售商品，必须注册 VAT。

（2）日本。

自 2023 年 10 月 1 日起，由日本国税厅推行的日本消费税（JCT）新政"合规发票留存制度"正式生效。政策落地后，有税务抵扣需求的消费者（如企业采购者）需要提供带有卖家JCT注册号的合规发票,才可申请税务进项抵扣。日本站点一般都是亚马逊卖家,简而言之,申请JCT注册号是卖家合规运营的必备条件之一。

(3)中东地区。

依据阿联酋/沙特当地法规的要求,如果跨境电商企业在当地有仓储,并通过当地物流服务(例如亚马逊物流服务)向阿联酋/沙特当地居民销售商品,那么就触发税务义务。企业需要在第一笔当地物流订单销售的30天内注册当地的VAT。阿联酋的增值税税率为5%,沙特为15%。如果未及时注册VAT税号、未及时申报和缴费,可能会产生罚金。

目前针对中东地区,卖家也可以采取非本地仓库发货,或者是采取阿联酋自由贸易区FBA项目进仓。从保税仓发货不会触发当地的VAT义务,无须承担注册、增值税的费用。新手卖家选择这种模式开拓市场会更好一些。

(4)不需要缴纳VAT的地区。

美国是世界上为数不多的没有增值税税种的国家。所以,美国站的跨境卖家在注册店铺时,是不用缴纳税收的(用美国公司注册店铺的除外)。美国站对亚马逊商品征收的是消费税,这个消费税是由买家来承担的。所以美国站的卖家基本不用担心美国税收的问题。澳洲站点的政策与美国站点类似。

值得一提的是如果是希望拓展墨西哥市场的卖家,可以把发货地选择在美国,实现不触发墨西哥的本地税务义务,节省巨额墨西哥税务。

学习资源	
 课件:跨境电商企业创业税务 **知识1——纳税种类、所得税和退税**	 **课件:跨境电商企业创业税务** **知识2——纳税种类、所得税和退税**

任务六  选择跨境物流

一、任务导入

在产品上架前,部分平台要求卖家除了要在后台编辑产品页、设定价格,还要设置好运费模板。运费模板是根据货品数量、重量、目的地、运输方式等因素来自动计算运费和送达时间的后台工具。在发布商品之前设置好运费模板,买家下单时,系统自动根据产品重量、体积、目的地和选择的物流方式,显示出运费和送达时间,省去了卖家因为不同产品、不同目的地而频繁修改运费的麻烦。如图 3-64 和图 3-65 所示,买家采购 10 件商品,单击物流方式修改"Change"按钮,就可以选择不同的物流方式。

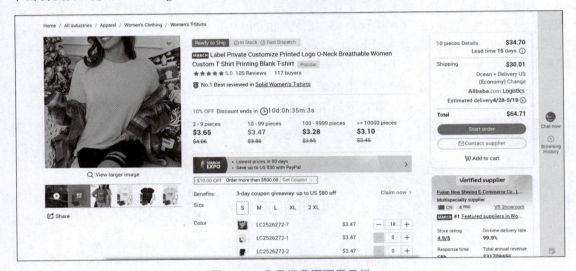

图 3-64 商品运费页面显示栏

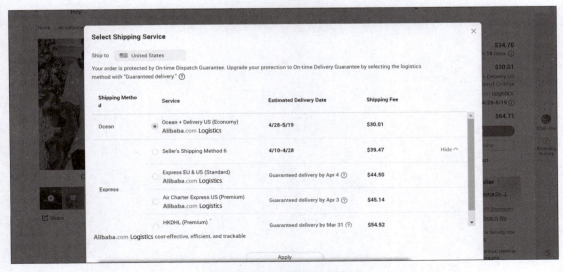

图 3-65 商品运费页面选择项

另外一部分平台则要求卖家在定价前根据产品的重量和目的地计算出运费,然后把运费包含在上架价格中。

无论是设置运费模板,还是把运费包含到上架价格中,对于卖家来说,都需要熟悉不同跨境物流方式的特点、费用和时效,这样才能高效管理跨境物流环节。

对于一些销量高、体积大、重量大的商品,许多跨境卖家选择把商品先放到海外仓库,以便减少客户从下订单到收货的时间,同时节省跨境物流费用。为了更高效地利用海外仓,选择哪些商品进入海外仓也是卖家必须认真思考的问题。

二、学习目标

知识目标:能描述不同类型跨境物流的特点;概括海外仓的流程、费用、特点和选品方法。

能力目标:能根据产品的特点,结合平台要求,选择合适的跨境物流方式;能根据销售情况,进行海外仓产品的选择。

素质目标:在学习和实践中培养自主探究以及独立解决问题的职业素养。

三、学习任务

根据产品特点和目的地,选择合适的跨境物流。
结合产品特点和市场需求,选择适合进入海外仓的商品。

四、完成过程

资料阅读一

跨境物流可以分为邮政物流、商业快递、专线物流。

邮政物流是国家邮政系统提供的跨境物流配送方式,网络基本覆盖全球,通关能力强,而且价格相对便宜。中国邮政航空小包是邮政物流中使用最广泛的一种。优点是经济,能送达全球各大邮政网点,缺点是运输时间较长。

中邮小包寄送的商品质量不能超过 2 kg;非圆筒型的货物,长+宽+高必须小于等于 90 cm;禁止寄送带有危险性、爆炸性、放射性、易燃性的物品;鲜活的动植物以及易腐烂的商品也不能邮寄。

中邮小包挂号的费用计算方法为:

$$标准资费 \times 实际质量 \times 折扣 + 挂号费 8 元$$

引导问题1:请查阅相关资料,找出中邮小包寄送全球不同地区的时效和标准资费。

引导问题2:某跨境电商卖家,要发送充电宝到德国,运费折扣为9折,包裹重0.5 kg,长、宽、高为 30 cm×20 cm×10 cm,请判断此件包裹是否可以使用中邮小包运输?

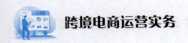

资料阅读二

中邮小包因为通达全球，费用低廉，一直都是跨境包裹寄送的首选，但是其运输时间比较长，时效性不高，难以适应跨境电商的快速发展。因此中国邮政为了推动跨境电子商务市场的发展，为中国跨境电商卖家量身定制了一款全新的经济型国际邮递产品服务——E邮宝。E邮宝同样限重2 kg，但物流时效比中邮小包优。目前该业务提供发向美国、加拿大、英国、法国和澳大利亚等多个国家和地区的包裹寄递服务。

引导问题3：请查阅相关资料，找出E邮宝寄送美国和英国时效和标准资费，并比较其与中邮小包在时效和资费上的区别。

资料阅读三

商业快递是企业提供的跨境快递物流服务，特点是时效高、运费也较高，但通关快、丢包率低、可实时跟踪，因此适合寄送文件、合同等机密资料，以及时效性要求高的产品。全球著名的四大商业快递主要有联邦快递、UPS、DHL和TNT。

引导问题4：请查阅相关资料，分别调研与分析四大商业快递到美国的配送时效和资费。

资料阅读四

邮政物流相对便宜，但时效性总体不高；商业快递虽然时效高，但价格却相对昂贵。这些快递方式都只能满足了部分买家的需求。那么有没有一种速度相对较快，但价格又实惠一点的，性价比高的物流方式呢？

答案是有的。这种方式就是专线物流。专线物流，指物流公司用自营、合作专车或航空等资源，运送货物至指定目的地的一种物流配送方式。物流公司一般在目的地有自己的分公司或合作网点。专线物流的费用和派送速度均介于商业快递和邮政物流两者中间，送达时间基本固定，同时能保证通关便利。

引导问题5：请查阅资料，找出一条我国到美国市场的专线物流，分析其时效、服务和资费等。

项目三 跨境电商店铺建设

资料阅读五

不同类型的跨境物流,从我国发货,通过空运等方式把货物送达海外顾客,时间最快也要4~7天。如果在运输旺季,货物量较大,或者海关抽查等情况,时间还会更长,这样就会导致海外客户购物体验下降。

海外仓是卖家在国外设立的仓库,为买家提供仓储、分拣、包装、派送等项目的一站式跨境物流服务。卖家先将货物通过海运或空运等方式,把货物运输到国外仓库,当买家有需求时,卖家马上通知仓库发货。

海外仓的费用包括:海运/空运跨境运费+海外仓储及处理费等+当地配送费。

引导问题6:海外仓发货和国内发货相比,有什么优点和缺点?

引导问题7:什么产品适合放在海外仓呢?

学习资源	
 微课:认识跨境物流	 课件:认识跨境物流

五、学习评价

实训任务 跨境物流总结

1. 任务布置

班级:	实训小组:
任务背景	在产品页编辑前,往往需要根据不同跨境物流的资费和特点,设置包邮价格以及不同的运费模板
任务要求	请根据所学内容,归纳不同物流类型的例子,概括其提供的服务、特点、物流时效、费用以及适用范围
任务目标	(1)熟悉不同类型的跨境物流服务。 (2)分辨不同类型物流的区别,概括不同类型物流的特点。 (3)在任务完成过程中培养自主学习、主动探究的职业素养

2. 任务实施

跨境物流类型	例子	特点	物流时效	费用概况	适用范围
邮政物流					
商业快递					
专线物流					
海外仓储					

说明：
每种跨境物流类型找出 2~4 个企业例子，并填写相关内容，以个人为单位完成上述表格。

3. 任务评价

被评价人员	
评价方式	教师评价
评价说明	评价内容分为学习表现和成果表现。 学习表现分数占总分的 40%，教师观察每一位学生的学习表现，做好记录，作为该项的评分依据。 成果表现分数占总分的 60%，由教师负责
评分说明	每项评分满分为 20 分。 10 分及以下表示改善空间很大； 12~13 分表示基本合格； 14~15 分表示不错，但还有一定的改善空间； 16~17 分表示良好； 18~20 分表示优秀
总分（学习表现×40%+成果表现×60%）：	

续表

1. 学习表现	
表现	分数
学习积极性与参与度	
具有团队合作、独立探究的精神	
教师评分	
2. 成果表现	
表现	分数
能准确归纳不同类型的跨境物流的特点	
能概括不同的跨境物流类型的时效和费用	
能说明不同的跨境物流类型的适用范围	
教师评分	
教师评语：	

六、相关知识点

（一）邮政物流

1. 中邮航空小包

中国邮政航空小包，是中国邮政开展的一项国际、国内邮政小包业务服务，是一项经济实惠的国际快件服务项目。可寄达全球230多个国家和地区的各邮政网点。

中邮航空小包分平邮和挂号两种，挂号是可以受理查询的。中邮小包的优点是经济，能送达全球各大邮政网点。缺点是运输时间较长。

（1）寄送要求。

中邮小包寄送的商品质量不能超过2 kg。非圆筒型的货物，一般长+宽+高不能大于90 cm，禁止寄送带有危险性、爆炸性、放射性、易燃性的物品；鲜活的动植物以及易腐烂的商品也不能邮寄。

（2）计费公式。

中邮小包挂号的费用计算方法为：

$$标准资费 \times 实际质量 \times 折扣 + 挂号费$$

在这里，如果不增加8元的挂号费，就无法查询包裹状况。中邮小包运费收费起重为50 g，轻于50 g按50 g算。

（3）配送时效。

送亚洲一般需要5~10天，到欧美主要国家7~15天，其他地区和国家7~30天。

（4）资费。

如表3-6所示是中小航空小包到部分国家的资费。全球分为10个区域，不同区域费用不一样，亚洲和欧洲部分地区资费相对较低，南美洲部分地区相对较高。

表 3-6 中邮航空小包资费表

区域	国家	资费标准/元·kg^{-1}	挂号费
1	日本	62	8
2	新加坡、印度、韩国、泰国、马来西亚、印度尼西亚	71.5	8
3	奥地利、克罗地亚、保加利亚、斯洛伐克、匈牙利、瑞典、挪威、德国、荷兰、捷克、希腊、芬兰、比利时、爱尔兰、意大利、瑞士、波兰、葡萄牙、丹麦、澳大利亚、以色列	81	8
4	新西兰、土耳其	85	8
5	美国、加拿大、英国、西班牙、法国、乌克兰、卢森堡、爱沙尼亚、立陶宛、罗马尼亚、白俄罗斯、斯洛文尼亚、马耳他、拉脱维亚、波黑、越南、菲律宾、巴基斯坦、哈萨克斯坦、塞浦路斯、朝鲜、蒙古、塔吉克斯坦、土库曼斯坦、乌兹别克斯坦、吉尔吉斯斯坦、斯里兰卡、巴勒斯坦、叙利亚、阿塞拜疆、亚美尼亚、阿曼、沙特、卡塔尔	90.5	8
6	俄罗斯	96.3	8
7	南非	105	8
8	阿根廷、巴西、墨西哥	110	8

（5）其他国家邮政小包。

除了我国内地的邮政物流以外，还有其他地区和国家的邮政物流，也在跨境配送市场上占据一席之地。如新加坡小包，因为与全球 200 多个国家建立业务联系，可运带电的产品，时效快，因此也较为受欢迎。

2. 中邮航空大包

中邮大包以航空方式为客户提供中国至世界各地区的包裹运输服务，主要针对质量较大的货物，可寄达全球 200 多个国家。对时效性要求不高而质量稍大的货物，可选择使用这种方式发货。

中邮大包的优点是价格相对较低，而且能通达 200 多个国家，没有偏远附加费，同时清关能力也强。

（1）寄送要求。

中邮大包的配送质量不能超过 30 kg，部分国家不超过 20 kg。

中国邮政大包最小尺寸限制为：最小边长不小于 0.24 m、宽不小于 0.16 m。

中邮大包禁止寄送爆炸性、易燃性、腐蚀性、放射性、毒性等危险物品，容易腐烂的物品等。

（2）资费计算。

运费=（首重运价+续重运价×续重质量）×折扣费率+挂号费。

首重为 1 kg，续重不足 1 kg 按 1 kg 计算，比如续重是 1.4 kg，则按 2 kg 计算。

（3）配送时效。

送亚洲一般需要 4~10 天，到欧美主要国家 7~20 天，其他地区和国家 7~30 天。

3. 国际 E 邮宝

（1）寄送要求。

包裹质量限制在 2 kg 以内，俄罗斯 3 kg 以内，以色列、英国 5 kg 以内。

非圆筒货物最大尺寸：单件邮件长、宽、厚合计不超过 90 cm，最长一边不超过 60 cm。

非圆筒货物最小尺寸：单件邮件长度不小于 14 cm，宽度不小于 11 cm。

不接液体、粉末、电池、药物、刀具、易燃易爆等违禁物品。

（2）配送时效。

正常情况 7~10 个工作日到达目的地，俄罗斯、乌克兰、沙特 7~15 个工作日。特殊情况如黑色星期五、节假日、政策调整、偏远地区等 15~20 个工作日到达目的地。

（二）商业快递

如前面资料中提到，全球著名的商业快递主要有联邦快递、UPS、DHL 和 TNT。

FedEx 联邦快递总部位于美国。位于白云机场的亚太转运中心已于 2008 年 10 月投入运营，适用于美国、南美等地区的快递服务。

UPS 美国联合包裹快递公司是世界上最大的快递承运商与包裹递送公司，1907 年成立于美国西雅图。适用于美国、加拿大、南美、英国、日本等地区的快递服务。

DHL，敦豪公司与中国外运股份有限公司于 1986 年 12 月 1 日在北京成立合资企业——中外运敦豪国际航空快件有限公司。这家公司主要提供西欧、北美等地的快递服务。

TNT 是一家国际快递业务公司，总部在荷兰，于 1988 年在中国大陆开设国际快递业务，目前拥有 26 家直属运营机构以及 3 个全功能国际口岸，服务覆盖中国 500 多个城市。

（三）专线物流

如前面资料中提到，专线物流的费用和派送速度均介于商业快递和邮政物流两者中间，送达时间基本固定，同时能保证通关便利。专线物流有中欧班列、无忧专线等，它们成为邮政小包、E 邮宝、商业快递很好的补充。

1. 中欧班列

中欧班列是由中国铁路总公司组织，按照固定车次、线路、班期和全程运行时刻开行，运行于中国与欧洲以及"一带一路"共建国家间的集装箱等铁路国际联运列车。

中欧班列铺划了西、中、东 3 条通道中欧班列运行线：西部通道由国家中西部经阿拉山口（霍尔果斯）出境，中部通道由国家华北地区经二连浩特出境，东部通道由中国东北地区经满洲里（绥芬河）出境。

中欧班列不仅是中国的名片，更是多国经济文化纽带。自开通以来，中欧班列不仅缩短了货物运输时间，降低了物流成本，还加强了我国与"一带一路"国家之间的贸易往来和经济联系。它为沿线国家和地区的经济发展带来了新的机遇，进一步拉近了各国之间的距离，为沿线国家和地区的人民提供了更多的交流和互动机会，促进了人文交流和文化融合。

2. 无忧专线

无忧专线是阿里巴巴国际站推出的官方物流服务，由菜鸟网络打造的运维与服务为一体的 B2B 跨境运输服务，致力于为供应商提供一条稳定低价、舱位保障、服务确定的中美专线产品。

使用该服务的供应商需要把包裹自行寄到深圳仓库，后续报关和物流服务由物流企业进行，配送到美国时效为 5~7 个工作日，覆盖美国大部分地区。

（四）海外仓配送

海外仓是卖家在国外设立的仓库，为买家提供仓储、分拣、包装、派送等项目的一站式的服务。卖家将货物通过海运、快递（头程运输）等方式运输到国外仓库，当买家有需求时，卖家通知仓库发货，如图 3-66 所示。海外仓的配送大幅缩短了从下单到送达的时间，提升了客户的购物体验。

图 3-66　海外仓作业流程

目前越来越多的跨境电商卖家选择海外仓作为物流的配送方式，许多国家和地区都有设立海外仓，如亚马逊 FBA 就是亚马逊提供给卖家的一站式海外仓服务。亚马逊将卖家库存纳入亚马逊全球的物流网络，为其提供拣货、包装以及终端配送的服务，收取相关服务费用。

1. 海外仓模式的费用

海外仓模式的费用首先包括头程运输的费用，即头程运费（海运或空运出口费），这部分如果采用海运大规模运输，会有效降低跨境的物流费用；其次是进口税费、仓储及处理费和当地配送费。因此海外仓费用＝海、空运出口费＋仓储及处理费＋当地配送费＋进口税费。

2. 海外仓的优势与不足

总体来说，海外仓的优点是产品从该国仓库运送到客户手中，缩短了配送时间，提升了购物体验。另外，海外仓更加方便退换货。因为有时候，货物在运输中会出现问题，但是跨境退货涉及的费用较大，有些平台不予退货，卖家只能在没收到退货的情况下，退款给买家，因此造成损失。有了海外仓，卖家就能更好地提供退换货服务。但是，海外仓的货物一旦滞销，也会有库存积压和租金增加的风险。

3. 海外仓选品

海外仓的选品需要非常谨慎。一般来说，体积大、质量大，同时又不适合跨境运输的热销品适合放在海外仓，如母婴品类中的儿童滑板车、婴儿座椅。另外，动销率高、价格较低的热销品，快速消费品如美妆蛋、化妆棉等美妆产品，放在海外仓销售，由于占用体积较小、销售较快，也会较为保险。

七、拓展知识

（一）海外仓的收费流程与结构

熟悉海外仓的费用结构，以及几个大市场仓储物流费用的标准收取，可以更好地开展后续的定价和推广工作。

1. 普通海外仓的收费流程与结构

很多新手卖家第一次创业,认为海外仓收取的仅有仓储费用,咨询完仓储费用后觉得价格合适,就贸然发货了。其实海外仓的费用结构形式多样,如果是本地仓库一般会有如下几种费用:第一,整批货的头程运费(从国内发往国外的运费)和进口税金,这个与一般跨境小包不同,整批次发货是要正规完税进口后才可以进仓。第二,海外仓还需要收取收货服务费、货物上架处理费(按照每件货物收费)、货物仓储费以及当地的快递派送费用。普通海外仓的收费流程与结构如图3-67所示。

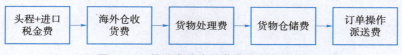

图 3-67　普通海外仓的收费流程与结构

如果计划选择这种本地普通海外仓,一定要了解清楚全部的费用结构,把相关的关税成本包含到价格里面。

费用测算完成后,企业需要确定是否选择本地海外仓的服务,毕竟这部分商品发货过去以后,如果发现不适合当地市场需要退货或者转运第三国,是需要重新进行清关手续的,其手续较为烦琐,价格也不低,容易造成货物和金钱的损失。

2. 海外保税仓的收费流程与结构

除了本地的普通仓库以外,还有另一种形式的海外仓,就是海外的保税仓。如果经当地海关批准,成为海外保税仓以后,其功能和用途,以及所遵循的流程又会有一些不一样。保税仓一般进仓不需要先缴纳关税增值税,订单出仓时再报关,按照个人订单来缴纳行邮税,如图3-68所示。入仓的要求、费用都会比一般海外仓低廉,但保税仓储和订单操作一般偏贵,可以整体查询、对比后再作决定。

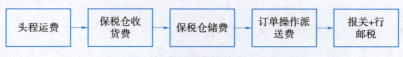

图 3-68　海外保税仓的收费流程与结构

保税仓还有一个较大的优势,就是商品若需要转运到第三国是较为便利的。一般在保税仓可以直接进行转口贸易。以海外保税仓所在地作为第三国,连接买方和卖方,也能作为躲避贸易制裁的一种方式。

以上介绍的海外两种仓储形式,对于每个商家的操作、税率、费用均会有所不同,建议运营人员和创业卖家一定要先了解清楚全部的信息,再作出选择。

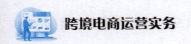

任务七 跨境电商产品发布

一、任务导入

跨境电商运营人员掌握了如何编辑产品页,确定了产品标题、价格和跨境物流方式后,可以开始在店铺发布产品,获取更多的流量。

二、任务目标

知识目标:能概括产品发布的流程和步骤。
能力目标:具备独立发布产品的能力。
素质目标:在学习和实践中培养独立解决问题的职业素养。

三、学习任务

准备产品发布的素材。
在真实平台或仿真软件中进行产品发布的实践操作。

四、完成过程

资料阅读

产品发布是跨境店铺开通后一项非常重要的工作,也是后续产品营销的基础。以阿里巴巴国际站为例,产品上传时需要选择产品类目,填写产品标题、关键词、属性和规格、交易信息、物流信息以及产品的详情介绍等。

因此,运营人员要事先准备好各种素材,如图片、文字信息、视频等,然后根据平台的提示,逐一把上传所需的素材、编辑相关的内容,检查无误后,正式提交,等待平台审核通过后正式发布。

引导问题1:以阿里巴巴国际站产品发布为例,请结合所学知识及调研分析,归纳产品发布时要准备哪些图片素材、文字信息、视频素材。

学习资源

微课:阿里国际站
产品发布演示(1)

微课:阿里国际站
产品发布演示(2)

课件:跨境电商产品
发布实训指南

五、学习评价

实训任务　跨境电商产品发布

1. 任务布置

班级：		实训小组：	
任务背景	\multicolumn{3}{l	}{店铺开通后，准备好产品上传的图片和文字资料，可以进行产品的发布}
任务要求	\multicolumn{3}{l	}{请参考学习资源中的产品发布演示，在仿真实训软件或真实平台中，发布产品，详细编辑产品页}
任务目标	\multicolumn{3}{l	}{（1）掌握跨境电商产品发布的具体操作方法。 （2）能根据平台指示或者ERP软件进行产品发布。 （3）在任务完成中培养主动探究、精益求精的职业素养}

2. 任务实施

实施步骤	具体内容	人员分工

指引：
根据平台发布产品的要求，准备好产品页文字和图片资料，进行产品发布

说明：以个人为单位，在教师的辅助下，确定任务实施的步骤和具体做法，填写此表。在此表的指引下，最终完成任务

3. 任务评价

被评价人员	
评价方式	教师评价
评价说明	评价内容分为学习表现和成果表现。 学习表现分数占总分的40%，教师观察每一位学生的学习表现，做好记录，作为该项的评分依据。 成果表现分数占总分的60%，由教师负责
评分说明	每项评分满分为20分。 10分及以下表示改善空间很大； 12~13分表示基本合格； 14~15分表示不错，但还有一定的改善空间； 16~17分表示良好； 18~20分表示优秀
总分（学习表现×40%+成果表现×60%）：	

续表

1. 学习表现		
表现		分数
学习积极性		
具有主动学习、精益求精的工匠精神		
教师评分		
2. 成果表现		
表现		分数
英文标题能准确概括产品属性和卖点		
产品介绍全面，能概括客户关心的细节		
产品图片信息能较好地反映产品细节和优势		
教师评分		
教师评语：		

六、相关知识点

（一）产品发布的准备资料

在阿里巴巴国际站，产品发布一般包括类目的选择，标题、关键词、属性、交易信息、物流信息、详情的文字编辑，以及产品主图和详情图的上传，如表3-7所示。因此，店铺运营人员要在发布产品前，把以下材料准备好，以便可以快速发布产品。

表3-7 阿里巴巴国际站产品发布的准备材料

文字资料	图片和视频资料
标题（需要自己拟定） 产品属性（在后台选择或输入） 商品销售信息（单价、阶梯价格） 产品包装信息（包装材料、包装尺寸） 产品物流信息（不同数量的发货期） 产品详情描述（产品说明、参数表、企业实力说明、包装、运输、FAQ等）	产品图片（主图的6张图、产品细节图、反映产品优势的图片、产品规格等）。 产品详情图片（产品细节、材质、适用场景、工厂、车间、展会、证书等）

七、拓展知识

（一）产品上架相关规则

每个跨境电商平台都有自己的产品上架规则，如果卖家违反了规则，轻则导致产品发布不成功，重则会导致店铺被扣分，因此跨境电商运营人员在发布产品前，应该熟悉产品上架规则。

下面以虾皮平台为例，介绍产品违反上架的相关规则。

1. 劣质刊登

虾皮平台劣质刊登情况如图 3-69 所示。

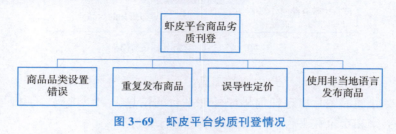

图 3-69　虾皮平台劣质刊登情况

（1）商品品类设置错误。

如果卖家把商品放到错误的品类，第一次被平台发现，该商品将会被系统下架。若卖家修改后仍为错误品类，该商品将被系统删除并产生相应的惩罚被扣分。若卖家第三次上传该商品仍为错误品类，该商品将被系统删除，卖家将获得 1 分额外的惩罚计分。因此，选择正确的品类是产品发布的关键。

（2）重复发布产品。

重复发布是指将各项信息完全相同，或者重要属性完全相同或高度相似的产品在同一店铺或同一卖家不同店铺进行多次刊登。虾皮平台要求刊登的产品之间必须有显著的区别，如图片、标题、属性、描述等区别，否则商品将被平台删除并给予店铺罚分。

遇到平台认定重复发布产品，卖家应该通过修改图片、标题、属性、描述后重新上架，避免再次被认定重复上架。切记不能通过将同款产品以不同价格分别刊登、将同款产品微调名字后分别发布、将同款产品以不同规格和价格分别发布等方式重复发布，此类做法无法逃过平台的"法眼"。

（3）误导性定价。

平台出现过一种情况是卖家单独列出商品附件的价格，由于产品附件远比商品的价格要低，因此很容易以赢取更多的曝光量。如卖手机的页面，应该设置为手机卖 500 美金，手机+手机壳卖 510 美金，而不是手机 500 美金，手机壳 10 美金，因为后者属于误导性定价行为。

（4）使用非当地语言发布商品。

若商品描述中大于 50% 的词汇使用的都是非当地官方语言，相应商品将会被删除并产生罚分。如巴西市场的描述和图片中的问题可以是英文和葡萄牙文，但决定不能出现中文，一旦出现中文，商品发布后会被删除并产生罚分。

2. 禁止刊登

（1）各国禁售商品。

虾皮平台跨境卖家禁售商品包括各国禁止网上销售的商品、需要当地认证的商品以及因海关原因禁止销售的商品，如图 3-70 所示。如中国台湾地区规定很多母婴品类的商品要获得当地 BSIM 认证，所以如果没有这些认证而又上架了商品，将会被直接删除。

（2）同一商品 ID 下更换不同商品。

虾皮平台每个商品有一个唯一 ID 编号。平台不允许在同一个商品页面把原来商品 A 的图片和描述更改成商品 B 的图片与描述，因为这种做法会导致原本关于商品 A 的评分及评价显示为商品 B 的评分及评价，误导买家。

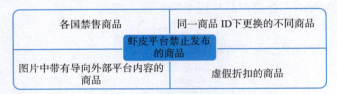

图 3-70　虾皮平台禁止刊登情况

（3）图片中带有导向外部平台内容的商品。

虾皮平台禁止商品图片出现任何导向外部平台的信息，如二维码、手机号、外部平台链接等，以免买家和卖家在平台以外的其他渠道进行交易。

（4）虚假折扣的商品。

有些卖家在销售节日前设置比原来更高的价格，然后在销售节日当天以折扣价（折扣价＞原价）卖出，这种做法完全是不诚信的行为，会遭到平台的惩罚。

3. 侵犯知识产权或假冒产品

假冒/侵权商品指的是完全模仿现有品牌的产品，包括但不限于：

（1）现有品牌商品的假货或复制品。

（2）特定品牌从未制造的商品。

（3）未经商标所有人许可，在商品本身、包装或任何商品相关宣传材料上含有特定品牌的注册商标。

（4）未经商标所有人许可，商品具有与特定品牌相似的特征。

一旦商家发布以上违反知识产权的商品，平台惩罚非常严重，如图 3-71 所示：若当季度卖家店铺假货/侵权商品的罚分累计大于或等于 3 分，卖家店铺将被冻结 28 天；若当季度卖家店铺假货/侵权商品的罚分累计大于或等于 6 分，卖家店铺将被永久冻结；若卖家店铺重复刊登假货/侵权商品会导致店铺被冻结，甚至可能导致名下所有的店铺被冻结或无法申请开新的店铺。

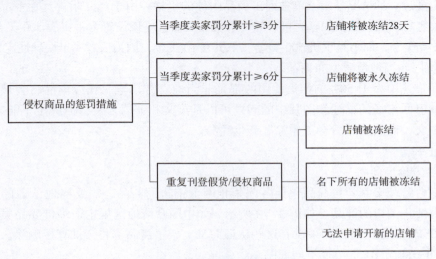

图 3-71　侵权商品惩罚措施一览

因此，跨境店铺运营负责人和运营人员要树立知识产权保护意识，不要做出侵害他人权益的事情，避免影响店铺的正常运营。

（二）ERP 软件采集和编辑产品

跨境电商 ERP（Enterprise Resource Planning）是跨境电商店铺管理全流程的系统，功能涵盖产品采集、产品批量编辑、产品发布、店铺数据分析、订单管理、货代管理、产品采购、仓储管理、客服管理等。现在许多跨境店铺的运营人员采用跨境电商 ERP 软件，如妙手、芒果店长、马帮、店小秘等，进行产品编辑、发布以及批量管理。

以妙手 ERP（见图 3-72）为例，我们介绍一下如何通过 ERP 软件批量编辑产品页。

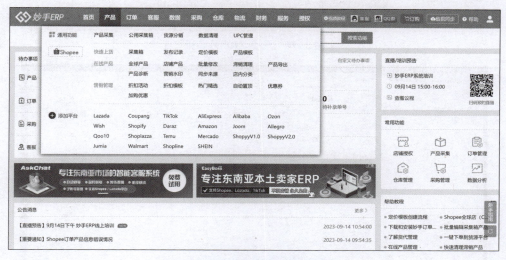

图 3-72　妙手 ERP

首先，跨境电商卖家通过在浏览器上安装插件，可以把国内批发或零售型平台上的产品页（见图 3-73）所有信息采集到软件上，再进行二次编辑，如图 3-74~图 3-75 所示。

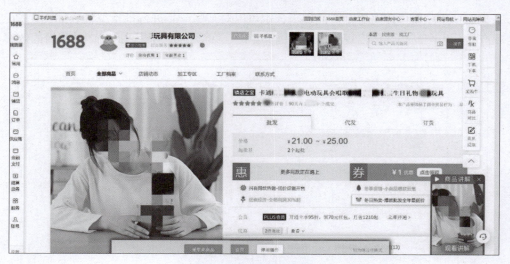

图 3-73　1688 产品页

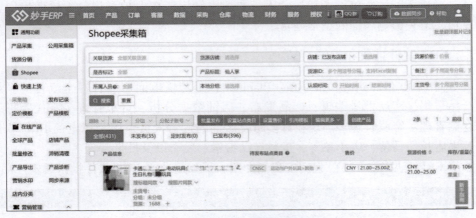

图 3-74　妙手 ERP 采集箱

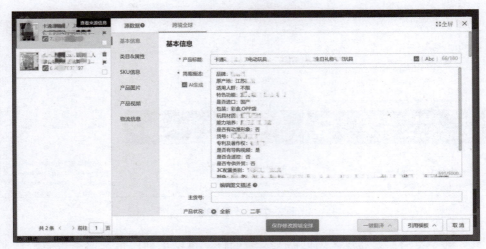

图 3-75　妙手 ERP 二次编辑页

采集后,卖家既可以对单个产品编辑,也可以对某些产品进行批量编辑。如图 3-76 所示的两款产品,当产品描述中出现相同的店铺介绍时,可以同时编辑,提高产品编辑的效率。

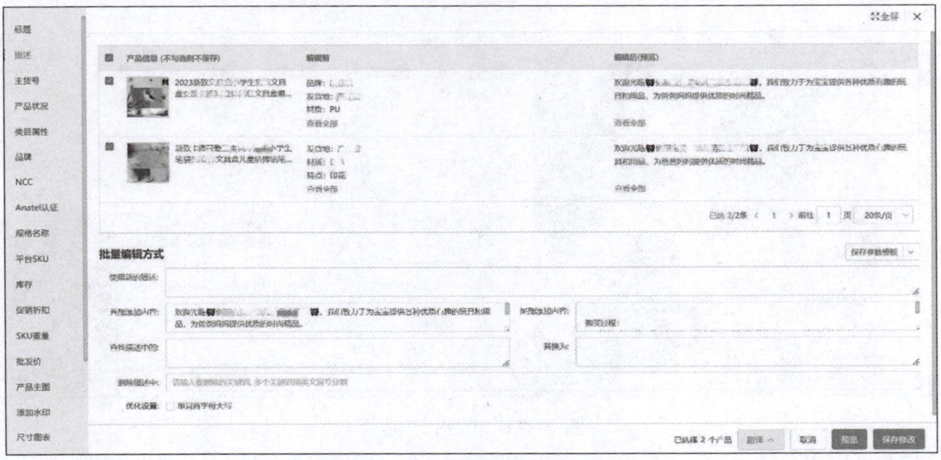

图 3-76　妙手 ERP 批量编辑

 拓展案例与点评

精细化选品和精准的市场洞察——
0基础小白晋升大卖的故事[1]

近年来运动时尚的健康理念成为全球消费者关注的话题，瑜伽运动日益流行，瑜伽服饰的需求也随之被推动。全球瑜伽服饰市场预计在2021—2025年将增长138.1亿美元。

女装向来是虾皮平台的热销类目之一，不仅海外消费者需求旺盛，国内丰富的女装供应链，也为卖家出海提供了货源支撑。

在体量庞大的女装品类脱颖而出，日出千单、爆单大卖，这是每个新手卖家的愿望。义乌时尚品类超级大卖家，通过深耕瑜伽服饰垂直类目、精细化选品与深耕目标市场，实现最高日单量突破3 000单。

他是如何实现的呢？2021年10月，虾皮成为该大卖家入门跨境电商的首个平台。虾皮平台主要布局高速发展的东南亚和拉美市场电商市场。经过新手孵化，该大卖家逐步熟悉虾皮平台运营操作，不断填补知识盲区，迈过了起步阶段。他的创业团队从0到1建立了跨境店铺，经过短短8个月的运营，店铺在平台2022年5月5日大促中实现爆单大卖，随后最高日单量突破3 000单！

精细化选品和精准的市场洞察成为两把利剑

问及爆单的经验，该大卖家认为选品是第一步，也是最重要的一步。他表示选择主营类目并非一味关注平台热销品，也需要结合自身所长、所在地区的产业带优势作长远规划。

选择瑜伽服饰类目，一来是因为经过市场分析，他发现在虾皮平台主营瑜伽服饰类目的竞争较小，而本身市场需求相当大。"在国外，瑜伽服饰慢慢走向生活场景，将运动和休闲相结合。"该大卖家向我们讲述消费者对瑜伽服的理念转变，"不仅在运动时穿，平时生活中也能穿搭。"二来是瑜伽服饰类目可以借助公司的瑜伽服饰产品供应链优势。该大卖家表示，自己所在公司生产的瑜伽服饰此前主要出海欧美市场，产品匹配欧美消费者需求。而经过调查，巴西市场的人文，包括当地人的审美偏好、身材、行为习惯都接近欧美，因此在巴西市场更能发挥产品优势，开花结果。

谈及精细化选品的经验，该大卖家坦言离不开对市场趋势的捕捉，这也是他爆单的秘诀之一。正是4月中旬的虾皮平台市场周报及前台数据，让该大卖家关注到巴西市场对保暖产品的需求陡增，及时上新保暖款瑜伽裤，才有了5月的爆款爆单。此外，除了市场分析，该大卖家也会通过Instagram、Facebook等社媒渠道关注当地网红动态，了解最新消费趋势。

市场选择：充分调研洞察当地，深耕蓝海巴西市场

入驻虾皮平台9个月来，该大卖家以巴西市场为首站，如今已经开通所有市场。但在他的生意经里，巴西市场有着难以撼动的地位，更是未来持续深耕的目标市场之一。

早在开店之前，该大卖家便做好了充分调研，"看重巴西市场首先在于它的经济水平及人口基数，决定了这是一个不小的市场。"该大卖家解释说，巴西市场拥有2.14亿人口，至少在这样的市场容量里，能够达到他想要的目标。

---

[1] 根据虾皮平台卖家故事（https://shopee.cn/edu/blog/126）编辑。

在巴西市场的瑜伽服饰赛道上,该大卖家在做市场调研时发现,相比成熟的欧美市场竞争较大,巴西市场的瑜伽服饰类目经营方兴未艾,正处蓝海,机遇无限。

在抓住当下机遇的同时,该大卖家也定下了未来的规划方向。"今年的目标是在巴西市场再次深耕。"他说,"每个人的精力非常有限,团队也是。"要做得出色,就得聚焦一个目标。吃透瑜伽裤类目之后,他希望围绕女性瑜伽服饰,拓展并垂直运营更多类目,在保持原有精品路线的基础上,为消费者带去更多选择。

店铺定位:走精品路线,做品牌规划

打开该大卖家的店铺界面,瑜伽裤展示图整齐地传递出运动性感的产品风格。这是该大卖家始终坚持的精品店铺路线,"消费者得对我的店铺有一定认知。"要在同行中脱颖而出,抓住当地消费者的心,明确的店铺定位不可或缺。无论是精细化选品,还是未来深耕瑜伽服饰类目,都围绕店铺定位展开,以此积累粉丝,为爆单奠定基础。

产品形成整体统一的风格,这也是该大卖家探索品牌规划的第一步。"品牌是一定要去做的,我们现在正在探索中。"这个积累的过程并非一蹴而就,他清晰地认识到做品牌应该建立在市场需求之上,"一定要明确我要在巴西市场做什么样的品牌,不能单纯为了做品牌,而忽视了市场的需求。"

在虾皮平台出海探索的道路上,尽管已经成为大卖,但是该大卖家依然保持谦虚,在时间的积累中沉淀经验。他深知不管做任何行业,都需要时间和经验才能够成功。"我相信跨境电商的市场空间非常大,只要我们付出时间,一定能够得到我们想要的结果。"这也是他想跟新手卖家所说的。

案例点评:成为平台大卖家是每一位跨境电商创业人员的最大心愿。故事中创业者从0基础小白到爆单的卖家,离不开其坚定不移地朝着目标奋斗前进,以及不断钻研选品和市场、作品牌规划、精益求精的精神。他的故事给了有志从事跨境电商行业的新手前进的方向和动力。

项目四
跨境电商产品推广与数据优化

当企业开设了跨境店铺，上传了产品信息后，要通过各种平台营销工具，对产品做推广，这样才能增加产品的曝光量和点击率，提高销量。

不同跨境电商平台提供的产品推广工具并不相同，但基本上都会有平台活动和广告。这两类营销工具的出发点都是提高产品的曝光率，因为网络销售的第一步是让顾客看到产品，然后才有后续的浏览产品页，以及下决心购买。

除了上述两类营销工具外，海外社交媒体作为企业和客户日常交流和寻找商机的重要渠道，也是跨境电商企业进行产品推广的重要阵地。此外，随着直播电商的发展，越来越多的跨境店铺也通过跨境直播卖货，提高店铺的流量和知名度。

如何采用上述不同的营销方式进行产品推广，是跨境电商运营人员的工作重点。毕竟再好的产品，乏人问津也是无法卖出去的。在进行跨境店铺产品推广的同时，运营人员还要密切关注效果，通过营销数据监测，发现问题、找出原因、解决问题、优化数据。这样才能更好地把产品和服务呈现在客户面前，并取得持续的成功。

素养点1：融入跨境电商中成功企业的案例，增强文化自信和制度自信。
素养点2：实训任务的评价中融入刻苦钻研、勇于创新等职业素养的考核内容，培养爱岗敬业、精益求精的职业精神。

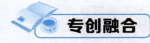

1. 实训任务中要求以跨境电商创业企业的角度进行直播渠道选择、广告投放设置，培养跨境电商创业型企业的成本控制思维。
2. 拓展AI工具辅助海外设计媒体软文写作，助力新质生产力人才培养。

任务一　跨境电商产品推广

一、任务导入

产品推广有助于增加产品的曝光量和点击率，提高转化率。跨境店铺产品推广的方法有很多，不同平台的方法略有差异，一般都有平台活动、站内广告推广、站外广告推广、直播推广等。跨境电商营销人员要熟悉店铺入驻平台的各种营销工具的规则，并能根据营销目的，灵活运用各种营销工具进行产品推广，提高产品的曝光和销量，获取客户的忠诚度。

二、学习目标

知识目标：能概括跨境电商店铺产品常用的推广方法。
能力目标：能根据推广目标，选择合适的产品，进行平台活动推广、搜索引擎广告推广；能在搜索引擎广告中正确选择关键词并确定点击出价。
素质目标：培养主动探究、精益求精的职业精神。

三、学习任务

根据活动的特点，选择合适的产品进行活动推广。
根据产品的特点，结合市场调研，给搜索引擎广告选择关键词和确定点击出价。

四、完成过程

资料阅读一

跨境电商平台活动是产品推广的主要渠道之一。平台活动是指跨境电商平台给予入驻商家在一段时间内，在固定版位免费展示其商品的一系列活动。

以阿里巴巴国际站为例，平台每年固定有不同类型的活动，如图 4-1 所示。第一类是平台大促，如 3 月新贸节、9 月采购节这种大促活动。这类活动是全年最受平台关注的活

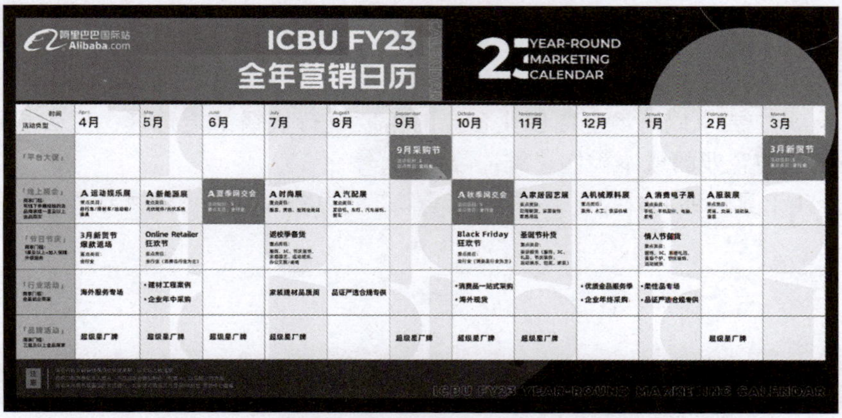

图 4-1　阿里巴巴国际站全年的营销日历
来源：阿里巴巴国际站

动,也是促销力度最大的活动,基本上所有行业都参与。第二类是线上展会,如夏季网交会、运动娱乐展等,这类活动一般是某个品类卖家的专场活动;第三类是节日活动,如圣诞节补货、返校季备货等,这类活动一般针对某些节假日等开展热卖活动;第四类是行业活动,这类活动主要是针对一些行业和服务进行推广。第五类是品牌活动,这类活动主要是帮助卖家提高品牌知名度,几乎每个月都有开展。

引导问题1: 请观察上图的各类平台活动,结合所学知识,归纳跨境电商平台活动的作用。

引导问题2: 请根据不同活动的类型,分析和归纳什么产品适合参加平台活动。

资料阅读二

跨境电商的产品广告分为站内广告和站外广告。站内广告是指跨境电商企业在跨境电商平台上投放的广告,受众是进入平台的客户。不同的跨境电商平台,有不同类型的站内广告,一般常用的有搜索引擎广告和横幅广告等。站外广告是指跨境电商平台为入驻的企业在平台以外的其他网站,如海外社交平台等上投放的广告,受众是进入社交平台的客户,客户单击广告后,会被引到跨境电商平台的企业店铺。

搜索引擎广告是指跨境店铺根据自己产品的特点等,确定相关的产品关键词,并自主定价投放的广告。例如,当买家输入店铺投放的关键词搜索产品时,绑定了关键词的相应产品就会展示在特定的位置上。当买家单击该产品,平台就会对卖家进行扣费。

以阿里巴巴国际站的搜索引擎广告——外贸直通车为例,如果某店铺卖家把"summer dress"作为本店某件裙子的付费推广关键词,当海外买家想买夏装连衣裙,并在搜索框输入"summer dress"这个词时,那么这条裙子就会展示在搜索结果页相应的直通车展示位上,当买家单击这条裙子时,平台就会对店铺进行扣费。

引导问题3: 请根据搜索引擎广告的特点,思考并归纳这种类型的广告对于对跨境店铺产品推广有什么作用?

资料阅读三

搜索引擎广告中的选品、选择关键词和点击出价很重要,一旦选品不好,关键词不恰当,或者点击出价太低,会导致浪费广告费且没有订单的后果。

以虾皮平台的产品为例,我们看看如何进行搜索引擎广告的选品、选择关键词和点击出价。

儿童书包在虾皮中国台湾站点有一定的需求,市场上的产品普遍在400台币左右,如图4-2所示。

图 4-2　虾皮平台部分儿童书包产品

如图 4-3 所示的这款书包，由于外形可爱有趣，又是立体造型的，比较受中国台湾儿童和家长的喜爱，价格在 400 台币以下，性价比很高，推出后没有进行广告推广也有一定的销量，但还可以进行搜索点击广告推广，进一步提高销量。

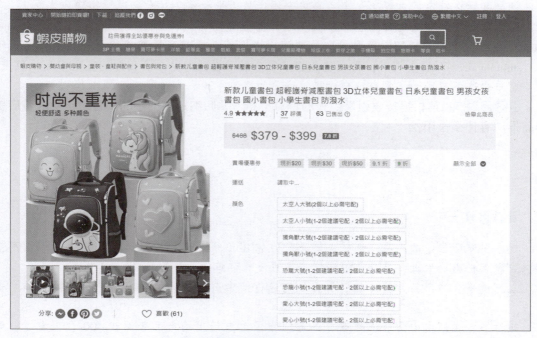

图 4-3　虾皮平台某儿童书包产品页

项目四　跨境电商产品推广与数据优化

　　该产品经过搜索引擎推广后的成效如图4-4所示，在2022年12月16日至12月25日圣诞销售旺季，共10天的推广，仅花费约89台币，却获得了1 200台币的销售金额。这些都说明广告中选品、选关键词还有点击出价都是合适的。广告推广关键词和出价如图4-5所示。

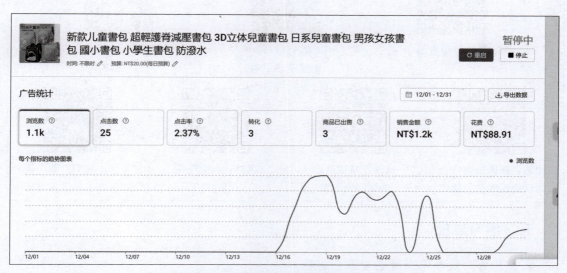

图4-4　虾皮平台某儿童书包产品广告数据

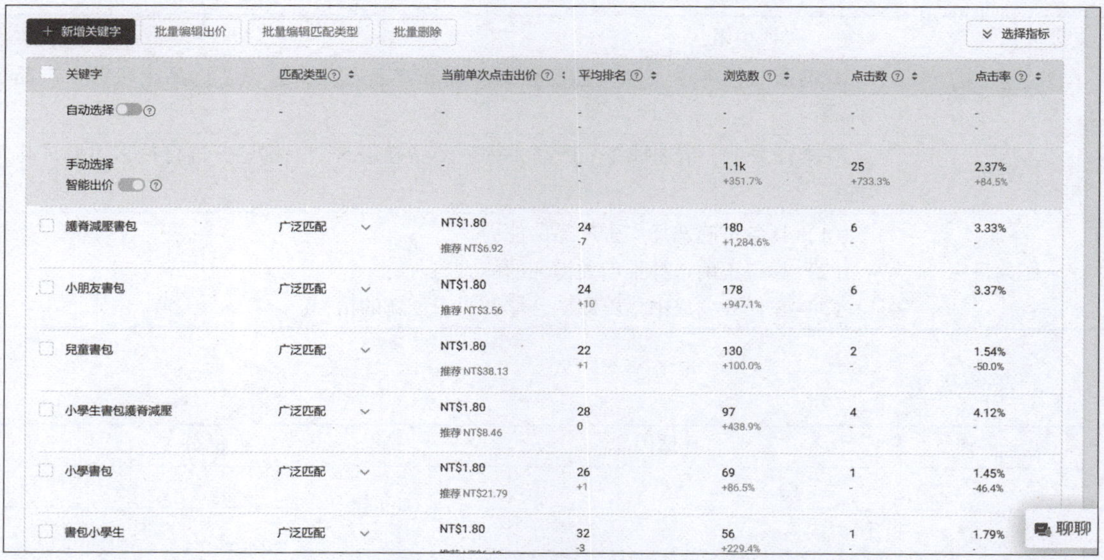

图4-5　虾皮平台某儿童书包产品广告关键词数据

　　引导问题4： 请根据案例图片所示，思考和归纳搜索引擎广告选品、关键词选择和点击出价的方法和技巧。

· 155 ·

学习资源

动画:外贸直通车

微课:认识跨境电商平台活动

微课:跨境电商广告推广

微课:搜索引擎广告如何选品和选关键词

课件:认识跨境电商平台活动

课件:跨境电商广告推广

课件:搜索引擎广告如何选品和选关键词

五、学习评价

实训任务 跨境电商搜索引擎广告推广

1. 任务布置

班级:	实训小组:
任务背景	在前面的任务中,你们已经根据店铺和产品定位,进行了选品,编辑了产品标题
任务要求	在本任务中,请选择 2 个产品,每个产品确定 5 个关键词,进行搜索引擎广告推广
任务目标	(1) 具备正确选择广告产品的能力。 (2) 具备正确选择推广关键词的能力。 (3) 在任务完成中培养团队合作和勇于创新的精神

2. 任务实施

实施步骤	具体内容	人员分工

指引:
(1) 可从竞争者选品、市场需求等角度,说明具体选择某两款产品的原因。
(2) 可参考同行产品、热卖品的关键词,结合自己产品的属性,确定推广关键词

说明:以小组为单位,每个小组选出一个组长,组长组织大家思考和讨论,在教师的辅助下,确定任务实施的步骤和具体做法,分工合作,填写此表。在此表的指引下,完成任务,最终结果以实训报告的形式呈现。完成任务后,每组委派一名组员进行口头汇报,与其他团队分享报告成果

3. 任务评价

被评价人员	
评价方式	教师评价、小组互评、组间互评
评价说明	评价内容分为学习表现和成果表现。 学习表现分数占总分的40%，教师和学生评价各占该项分数的50%。教师观察每一组成员的学习表现，做好记录，作为该项的评分依据。 学生互评取平均分。 成果表现分数占总分的60%，教师评分占该项分数的70%，组间互评占该项分数的30%，其中组间互评取平均分
评分说明	每项评分满分为10分。 6分及以下表示改善空间很大； 6~7分表示基本合格； 7~8分表示不错，但还有一定的改善空间； 8~9分表示良好； 9~10分表示优秀

总分（学习表现×40%+成果表现×60%）：

1. 学习表现

表现					分数
学习积极性与参与度					
具有刻苦探究、勇于创新的精神					
小组互评					平均分：
教师评分					
该项分数=小组互评×50%+教师评分×50%					

2. 成果汇报表现

表现					分数
汇报时站姿端正，面向观众					
汇报语速适当，声音洪亮					
汇报语言简练，思路清晰					
能根据市场选择合适的广告产品					
能根据产品特点和市场热搜词，确定广告关键词					
汇报条理清晰，逻辑分明					
汇报PPT字体大小合适，形象生动					
汇报PPT图文并茂，语句通顺					
教师评分					
组间评分					平均分：
该项分数=教师评分×70%+组间互评×30%					
教师评语：					

六、相关知识点

（一）平台活动

1. 平台活动的作用

通过平台活动，卖家可以推广新产品，提高新产品的曝光量、点击率和转化率；还可以通过活动产品的引流，提高店铺流量，增加其他产品的曝光，获得更多的店铺粉丝，为将来的销售获取更多回头客；对于库存积压的产品，可以通过活动降价来减少库存，回笼资金；同时，参加活动也可以根据产品的销售情况，进一步优化选品和推广策略。所以对于卖家来说，平台活动是一个低成本高回报的产品展示机会，卖家应该尽量争取多上活动。

2. 平台活动的选品

跨境电商卖家可以根据活动的定位，结合店铺产品的情况进行选品。行业活动适合选择销量高的产品，新发明、有专利、新工艺的产品，这样既能保证活动产品的出单量，又能推广新产品，突出企业研发上的优势。而各种折扣活动，如 Weekly deals，可以选择成本低的产品和积压库存的产品，通过打折引流及时去库存。折扣活动也可以选择新产品，通过低价让新产品迅速进入市场，了解市场需求。大促活动选品的原则类似，可以选择销量高的产品保证单量，选择库存产品来去库存。而节庆活动则一定要选择季节新品、节日特色产品，这样才能和活动主题一致，如圣诞节的推广活动则需要考虑圣诞装饰类的产品。品牌活动则是以推广品牌产品、提高品牌知名度、获取品牌好感为主。

3. 平台活动准入要求

平台活动可以帮助卖家提高产品的曝光量和销量。然而每个平台对参加平台活动的店铺都是有要求的。首先，参加活动的产品必须与平台活动的主题相符，如虾皮平台的开学季活动，一般要求是开学的文具、书包等用品。其次，店铺的扣分必须符合规定，如果店铺因为违反平台规则、侵犯知识产权、延迟发货等被扣分过多，则会被限制活动。

以阿里巴巴国际站的新贸节为例，准入条件包括：①卖家是否续交平台入驻费；②商家星等级是否达标；③产品主营类目是否与活动要求一致；④是否使用信保订单；⑤违规分值和次数是否达标；⑥是否存在各种违规违法情况；⑦是否存在知识产权纠纷；⑧是否存在禁售商品；⑨特殊产品是否取得许可等。因此卖家在经营过程中，要注意店铺运营规范，减少违规的情况，增加商家的星等级，争取上活动的机会。

（二）搜索引擎广告——外贸直通车

1. 外贸直通车定义

搜索引擎广告是跨境店铺进行广告推广时常用的站内广告。阿里巴巴国际站的外贸直通车就是搜索引擎广告的一种。外贸直通车推广，是按效果付费的广告模式。当海外买家搜索一个关键词，如果某店铺把该关键词作为本店某个产品的付费推广词，那么该产品就会在搜索结果页相应的直通车展示位上被展示，当买家单击该产品时，平台就会对店铺进行扣费。

2. 外贸直通车广告的展位

那么直通车展位在哪里呢？根据阿里巴巴国际站的规则，不同的终端，位置有所不同。

以 PC 端为例，有顶级展位的情况下，阿里巴巴国际站搜索结果第一页的 2~6 的位置；没有顶级展位的情况下，搜索结果第一页的 1~5 的位置，如图 4-6 所示。此外，还有阿里巴巴国际站搜索结果第一页下方，根据不同的买家偏好，最多 7 个广告位，最少 3 个广告位，如图 4-7 所示。

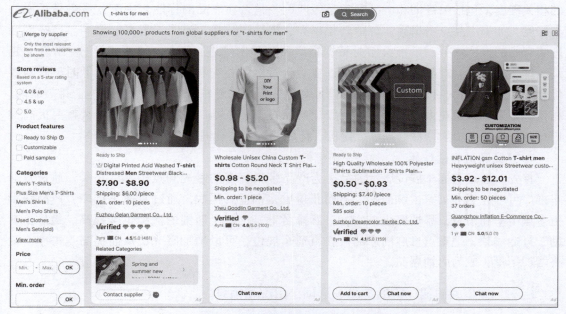

图 4-6　阿里巴巴国际站直通车产品 1

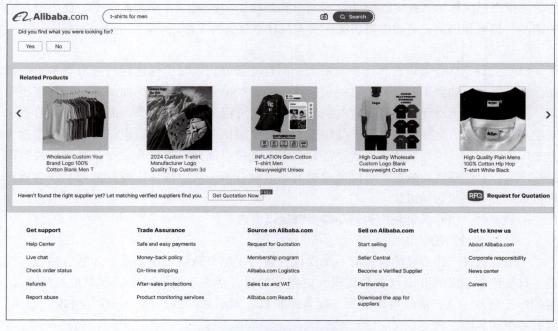

图 4-7　阿里巴巴国际站直通车产品 2

3. 外贸直通车广告的排序

产品在直通车展位中越靠前，曝光机会就越多。那么如果不同的店铺都为自己的产品设置了同一个关键词来投放广告时，客户搜索该关键词时，哪个产品可以排在直通车展位靠前的位置呢？

外贸直通车中影响排名的因素主要有两方面：推广评分和出价。推广评分主要取决于产品的信息质量，如产品页面介绍是否详细，是否有足够的主图和详情图；关键词和产品的相关程度，包括关键词和产品品类是否匹配，是否在产品的标题之中等，最后是买家的喜好度，如果产品点击率高，订单转化率高，售后评分高，说明买家喜好度高。这些都会影响产品的推广评分。系统会实时根据推广评分和出价进行调整，"推广评分×出价"越高，排名越靠前。产品的推广评分可以在后台营销中心查看，当推广评分太低时，就需要优化产品进行编辑，优化关键词和标题提高分数，也需要花更多的费用，才能让排名靠前。相反，如果不希望花太多的费用就可以让产品在直通车推广中排名靠前，那么就要提高推广评分，这就需要卖家做好选品、定价、标题编辑、关键词选择等工作。

4. 外贸直通车的作用

首先，通过直通车展位展示商品，为产品带来更多的曝光和点击率。其次，通过直通车推广可以让更多买家了解商品，从而获得更多询盘。再次，通过直通车推广，产品获得更多点击率和销量，哪怕停止推广，自然排名上升，整个店铺的流量也会提高。最后，有助于打造爆款，把重点推广的产品放在直通车展位，可以增加曝光，从而提高点击率，最终增加销量，成为店铺爆品。

（三）CPC 关键词广告的选品、选词、出价和预算

CPC（Cost Per Click）关键词广告是指客户搜索产品后，单击产品页时商家才付费的广告。阿里巴巴国际站、速卖通的外贸直通车和虾皮的关键词广告都是此类型。此类型广告的选品、选词和出价是跨境电商店铺运营人员日常重要的工作之一。

1. 选品

CPC 关键词广告可以选择市场需求大，同行卖得好，同时价格比同行更有竞争力的产品。新品发布后如果不打广告也有一定销量，说明产品是有需求的。如果客户好评率也很高，同时在价格上有优势，有一定的利润空间，则可以考虑选择此类产品作为爆款打造的对象来投放广告。此外，店铺新产品刚上市，需要测试市场反映的，也可以作为这类搜索点击广告的产品。当通过测试发现产品有需求，就可以加大广告投入。商品经过一段时间的推广后，会慢慢沉淀数据，可以通过对商品数据分析，从中选择比较好的商品作为重点进行推广，打造成店铺爆款。

一般来说，CPC 关键词广告选品需要满足以下四点。

（1）客单价高的产品。

一般在选择广告商品的时候有一个误区，认为一定要价格低的商品，才适合做推广引流。其实广告考虑的并不仅仅是流量，更重要的是考虑广告是否盈利。客单价高的产品，哪怕广告费多一点，依然可以盈利，而客单价低、利润微薄的产品，一旦广告投入过大，就有亏损的风险。

（2）新奇的商品、有品牌效应的商品。

新奇的商品一般差异化比较明显，上市后容易引起客户的关注，增加新鲜感。如果是客单价较高、有一定性价比的产品，作为广告品进行推广，成功的概率很大。

(3) 多变体的商品。

多变体的商品是指一个商品有多种款式或颜色。如一款过家家儿童玩具,有粉红色和蓝色的,有充电版和电池版,有不同的小动物,变体较多。此类商品因为款式多样,因此能满足更多不同喜好的消费者,作为广告品,一般较容易获得订单和回报。

(4) 广告转化率高的商品。

广告转化率计算的是广告点击量与实际购买转化之间的比例。

$$广告转化率 = (实际购买转化数/广告点击量) \times 100\%$$

例如,某店铺广告在一个月内获得了 100 次点击,并且有 10 次点击导致了实际的购买转化,那么广告转化率为:广告转化率 = (10/100)×100% = 10%。

广告转化率越高,说明产品广告效果越好,因此可以作为重点广告产品继续推广。

2. 选词

在选词方面,可以参考平台推荐的搜索量大的词。搜索量大意味着许多顾客都在找此类特征的产品。此外,可以从消费者的视角进行选词,如小学生家长买书包时,会输入"护脊减压书包"这样的关键词,说明"护脊减压"这种产品属性是消费者非常重视的。

在选择关键词时还要考虑和产品的相关度。如"小学生护脊减压书包"这个关键词比"儿童书包"这个词的点击率要高,因为前者与产品的匹配度高,概括了产品的使用人群和特点。因此,当顾客输入这个关键词搜索时,结果页面显示的都是其希望购买的商品,点击率自然也高。所以选择关键词时,除了要考虑搜索热度、消费者视角,还要考虑关键词和产品的匹配度。

3. 出价

选品不好而盲目出价,会导致浪费广告费,而选品好但每次点击的预算太低,也会影响产品的曝光量。因此在广告投放前,要先考虑好出价的问题。

资金足够的企业、平台的大卖家可以采用平台推荐出价,哪怕推荐价格再高,也去跟进,这样做的好处是保证推广产品的排名在搜索页第一页的前 5 位。对于中小卖家来说,可以根据资金的情况,以及推广目标,设置比推荐出价要低的价格,以及固定一日或一周的预算来控制总成本。

对于有差异化,也有价格优势的产品,可以选择高一点的点击价格,迅速提高曝光量和点击率。此外,大品类词,如"儿童书包"这类,不建议出太高的价格,因为搜索"儿童书包"的客户在结果页看到非常多风格不同的同类产品,但并非每一款都是其寻找的,因此大品类词虽然搜索量高,但点击率往往不高。

最后,卖家根据广告预算和成效调整出价,如经过广告推广,产品排名在第一页的 10~20 名,为了排名靠前,可以增加出价,而如果已经在第一页的前 10 名,则可以保持出价,或者如果希望减少预算的话,可以降低出价,每次调整在 10% 左右。

4. 广告预算的设置

每个平台的广告都需要设置预算。很多新卖家因为经验不足,总是出现不敢设置预算,或者设置过低、过高的情况。其实在设置预算的时候,最好先观察一下商品的转化率,没有转化率的新品,可以通过预测转化率来设置预算,商品广告活动预算的反推公式为:

$$CPC \text{ 广告活动预算}(每日) = (1/转化率) \times 最高竞价$$

例如在系统中设置最高竞价为 2 美元,商品的转化率为 10%,那么每日的广告活动预算 =(1/10%)×2 = 20 美元,即目前的情况每日设置 20 美元预算即可。这种设置的逻辑是保证广告每天至少被点击 10 次,预计售出 1 单,如果出现数据与预设不符的情况,就需要调整。

在设置完预算后,有时结果与预设不符。我们希望的是一天平均地花掉 20 美金,但是实际上总是会出现广告投不出去（整日费用花不完）或者是早早就花完了一天的费用（早上 7 点前花完），这时候要参考广告投产比来看，如果广告投放盈利情况好，可以直接提升预算，如果一般的情况，则先考虑分时投放，把预算放在当地时间早上 7 点以后投放。

如果出现投不出去（整日费用花不完）的情况，则需要考虑的是广告出价是否太低，选词是否不精准，或者选词太少，出现投不出去的情况，并根据情况，进行关键词和出价的调整。

七、拓展知识

（一）阿里巴巴国际站其他推广方式

1. 橱窗推广

（1）橱窗推广的特点。

橱窗的概念来自实体店，我们在实体店外，透过玻璃看到的展示，就是橱窗展示位。跨境电商店铺橱窗是店铺里专门展示产品的一个区域。橱窗推广是国际站的一种营销方式。在阿里巴巴国际站的店铺里，首页 Top picks 的产品是橱窗产品，如图 4-8 所示。国际站出口通服务包含给予店铺 10 个橱窗展示位，金品诚企服务给予店铺 40 个橱窗展示位。

图 4-8　阿里巴巴国际站某店铺橱窗产品

（2）橱窗推广的优势。

实体店里橱窗的产品能被客户一眼看到，起到特别宣传的效果。在阿里巴巴国际站店铺中，橱窗产品有什么优势呢？首先，添加到橱窗的产品，在同等条件下获得搜索优先排名。比如两条连衣裙都是广告宣传的产品，其他条件也都相同，顾客搜索"dress"时，在

项目四　跨境电商产品推广与数据优化

搜索结果页面上，橱窗产品排在非橱窗产品前面。其次，橱窗是店铺的首页推广专区，橱窗产品可以提升曝光量和推广力度。最后，橱窗展示比较灵活，相对于活动，店铺可以自主更换橱窗展示产品，掌握主打产品推广的主动权，而参加活动的产品不能随意更换，有较多的限制。

（3）橱窗推广的规则。

橱窗的产品，在同等条件下获得搜索优先排名，此外，橱窗产品还有以下两条的排名规则。一是同一店铺的橱窗，在搜索结果页中，一页只会出现一次；二是同一店铺的橱窗，不会连续出现三页，这些规则都是为了公平，也是平台规则之一。

（4）橱窗推广的选品。

首先，店铺要选择销量大、转化好的产品，因为这样的产品可以增加订单，带来更多的流量。其次，店铺还可以选择新产品，以此增加新品的曝光和流量，提高转化率。

2. 顶级展位

在阿里巴巴国际站平台，还有另外一种更能提高曝光量的搜索引擎广告——顶级展位广告。什么是顶级展位呢？当企业为某个产品绑定了某个关键词推广，如"summer dress"后，当客户搜索"summer dress"时，该产品出现在搜索结果的第一页的第一位，这个位置就是顶级展位，这种搜索引擎广告就是顶级展位广告。这类展位一般带有专属皇冠标志。由于顶级展位产品曝光量巨大，因此顶级展位的产品关键词不是采用出价的方式，而是采取竞价方式获取。

竞价每月有固定的时间，企业竞价成功的关键词投放周期为1年。由于费用较高，顶级展位适合实力比较强的企业，以及产品的市场预期较好，曝光后能获得较多点击和询盘转化的情况。

3. 问鼎

阿里巴巴国际站还有一种搜索引擎类型的广告是问鼎。问鼎是客户在进行关键词搜索时，企业的广告展现在搜索结果页的顶部。如买家输入关键词进行搜索，如"t-shirt"时，企业广告出现在搜索结果页的顶部，而且每页的同样位置都有广告的展示，如图4-9所示。

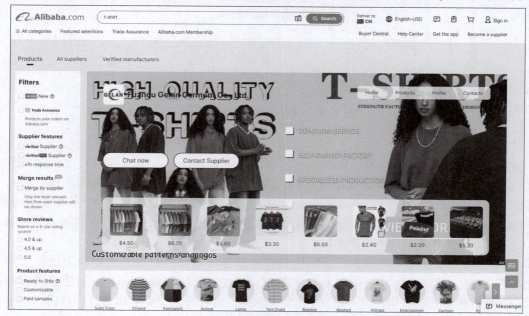

图4-9　阿里巴巴国际站问鼎广告示例

这是一种帮助树立企业优质品牌形象的竞价广告，也就是说问鼎广告的关键词也是通过竞价方式获取。这类广告一般适合有一定实力，希望提高品牌知名度的企业。

学习资源			
微课：认识橱窗推广	课件：认识橱窗推广	微课：跨境电商广告推广	课件：跨境电商广告推广

（二）联盟营销广告

如果跨境店铺不满足于平台的流量，可以选择联盟营销广告，把平台以外的流量引入店铺，增加店铺的访问量。什么是联盟营销广告呢？这是指企业把广告放在联盟营销合作伙伴提供的网站（如社交平台、比价网站、网红微博等）上，并按照营销实际效果支付费用的广告。

1. 虾皮联盟营销

虾皮联盟营销（Shopee Affiliate Marketing Solution，Shopee AMS），是平台通过和众多的第三方联盟伙伴及 KOL（Key Opinion Leader），为品牌和店铺进行推广。品牌和店铺可与联盟网络以及合作伙伴进行合作，利用网络达人的意见来提高品牌声誉，有效传递品牌，提高转发。卖家只需为成交的有效订单支付佣金，无成交不需付费。

（1）联盟营销渠道。

虾皮联盟营销合作伙伴超过 250 万家，包括网红达人、社交媒体、返利平台、比价平台、内容平台等，如图 4-10 所示。

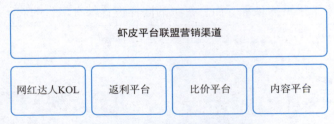

图 4-10　虾皮平台联盟营销渠道

（2）联盟营销流程。

当卖家需要进行联盟营销广告投放时，可以在后台自行设置或者报名官方代运营设置联盟营销活动。当 KOL 看到卖家的活动时，会根据市场需求，选择有潜力的产品，针对产品创造相关的产品推荐文字、图片或者视频等内容。买家如果点击 KOL 内容后下单购买，卖家就根据订单金额，按约定的佣金率进行佣金支付。虾皮联盟营销流程如图 4-11 所示。

（3）如何获得联盟营销伙伴的推广。

跨境电商卖家如果希望联盟营销广告能带来销量的增加，首先，需要联盟伙伴了解并高度认可产品，这样才能获得他们的大力推荐。其次，跨境店铺运营人员需要通过提高产品在 KOL 中的曝光度，提高产品的可信度，让 KOL 相信产品的质量和功效。最后，通过提高佣金率提高 KOL 推广店铺品牌和产品的意愿。

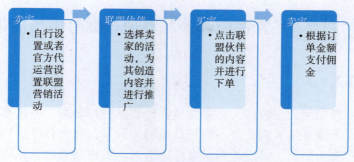

图 4-11　虾皮联盟营销流程

① 提高产品在 KOL 中的曝光度。

跨境店铺可以通过提高产品在平台的曝光度，如参加各项活动、进行广告推广的方式让 KOL 在网页中能快速查看到产品。另外，对于店铺主推的产品，可以通过提高销量和排名，让 KOL 对产品产生深刻的印象。

② 提高产品的可信度。

除了通过销量来增加产品的可信度，跨境店铺运营人员还可以主动寄送样品、增加产品的好评来增强 KOL 对商品的理解和熟悉程度，提高他们推广商品的信心。

③ 提高销售佣金率。

跨境店铺可以通过提高整体店铺的联盟营销佣金率来吸引更多的 KOL 帮忙推广产品。也可以针对粉丝较多的 KOL，以及广受欢迎的产品来增加一定的佣金率，鼓励 KOL 推广产品，提高联盟营销广告带来的效果。

学习资源
文档：跨境电商广告的基本框架

任务二　跨境电商产品营销数据分析与优化

一、任务导入

产品推广了一段时间后，营销人员需要对营销数据进行分析。分析产品数据可以总结产品推广的经验，发现不足，优化产品推广的策略。例如，分析自然推广产品的页面浏览量、访客数和订单等，可以了解产品在没有广告情况下的市场表现，从而可以总结出关键词、主图、价格和详情页这几方面的经验与不足，作进一步优化。分析广告产品的曝光率、点击率和转化率，可以判断广告的成效，广告的投入产出比，可以审视广告选品、关键词投放、出价是否合理，是否需要作进一步的优化等。

二、学习目标

知识目标：理解产品数据分析的各项指标的作用。
能力目标：能根据产品相关数据指标，分析店铺和产品的推广成效，并提出营销优化的建议。
素质目标：培养爱岗敬业、刻苦钻研的职业精神。

三、学习任务

根据店铺的数据，分析产品推广的整体成效。
提出产品推广策略优化的建议。

四、完成过程

资料阅读一

店铺数据分析，有利于店铺运营者对店铺某段时间的店铺访客数、产品的曝光量、点击量等有一个具体清晰的认识，能帮助运营者分析店铺整体的推广成效，找出不足，优化推广策略。以阿里巴巴国际站为例，后台的数据概览就是店铺某段时间推广效果的量化反馈，如图4-12所示。

店铺访问人数是指访问供应商店铺页面以及产品详情页面的用户，当日重复的是去掉的。店铺访问次数是指访问供应商店铺页面以及产品详情页的总数。

搜索曝光次数是指产品信息或公司信息在搜索结果列表页或类目浏览列表等页面被买家看到的次数。当买家搜索一个词"手机"，若买家停留在搜索结果页第1页，则第1页所有展示的产品曝光量都计算为1次。如果买家没有翻看后面的结果页，则第2页及以后的所有产品的曝光量为0。

搜索点击次数是指卖家产品信息或公司信息在搜索结果页被买家看到后并点击的次数。询盘人数指在卖家店铺页或产品页面，对卖家成功发起有效询盘的买家数量，当日重复的去掉。询盘个数是买家针对店铺的产品信息和公司信息发送的有效询盘，不包含系统垃圾询盘等。TM咨询人数是指在供应商店铺页面，通过TradeManager与供应商联系的买家数，包括全部终端和全部国家。

项目四　跨境电商产品推广与数据优化

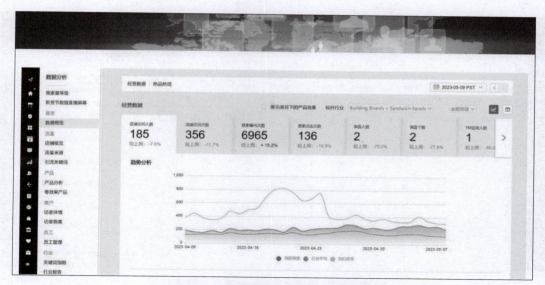

图 4-12　阿里巴巴国际站后台店铺数据

引导问题 1：如图 4-12 所示，店铺访问人数和访客次数较上周减少，有可能是什么原因造成的？如何解决？

资料阅读二

产品数据指标和店铺数据指标总体类似，但产品分析的数据更加详细。以阿里巴巴国际站为例，通过产品数据（图 4-13 和图 4-14），运营人员可以看到产品不同关键词的曝光量、点击量、询盘量、订单数和商机转化率等情况，直观地了解产品推广的成效，以及问题的所在，为产品关键词、主图、价格等的优化获取了重要的参考。

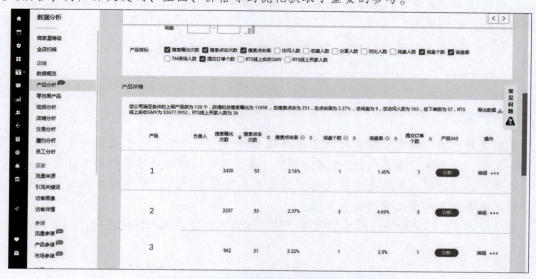

图 4-13　阿里巴巴国际站后台产品分析数据

· 167 ·

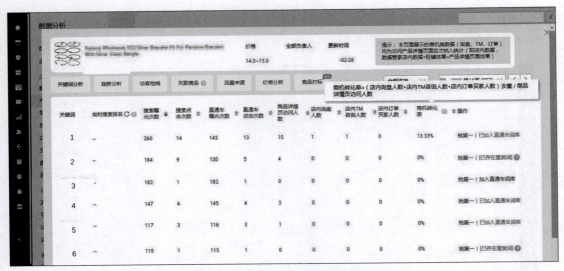

图 4-14　阿里巴巴国际站某产品数据

引导问题 2：如果一个跨境电商店铺的某个产品的搜索曝光次数低，会是什么原因造成呢？该如何解决？

引导问题 3：如果一个跨境电商店铺的某个产品有一定曝光量，但点击次数低，是什么原因造成的？如何解决？

引导问题 4：如果一个 B2B 跨境电商店铺的某个产品有点击量，但询盘量低，是什么原因造成的？如何解决？

资料阅读三

在阿里巴巴国际站中，零效果产品指持续 15 天或 15 天以上，商品详情访客数、收藏数、分享数、比价数、询盘、TM 咨询、批发订单、信用保障订单等数据都为 0 的产品。

这种产品对店铺的影响是比较大的，若有较多零效果产品，则店铺整体的信息质量不高，整体的曝光量和点击量也会非常低。

引导问题 5：如果跨境店铺有零效果产品，运营人员应该如何优化这些产品页面？

项目四 跨境电商产品推广与数据优化

学习资源
微课：跨境电商产品营销数据分析　　课件：跨境电商产品营销数据分析

五、学习评价

实训任务　跨境电商店铺营销数据分析

1. 任务布置

班级：	实训小组：
任务背景	在前面的任务中，你们已经开设了店铺并发布了产品。产品经过一段时间的推广后，得到了相关的营销数据
任务要求	本任务中，请根据下表分析店铺10个上架产品的推广情况，并给出优化产品数据的建议
任务目标	（1）分析产品的推广数据。 （2）总结不同产品的推广成效，并提出优化推广的建议。 （3）在完成任务中培养主动探究、精益求精的精神

产品	是否搜索广告	搜索曝光次数	搜索点击次数	搜索点击率	访问人数	收藏人数	提交订单个数
Product 1	Y	1 906	45	2.36%	75	3	6
Product 2	Y	1 789	58	3.24%	79	3	5
Product 3	Y	899	16	1.78%	228	2	4
Product 4	Y	728	32	4.40%	37	0	0
Product 5	N	225	5	2.22%	76	7	1
Product 6	Y	222	0	0.00%	1	0	3
Product 7	N	176	10	5.68%	15	2	0
Product 8	Y	95	0	0.00%	0	0	2
Product 9	N	55	2	3.64%	3	1	2
Product 10	N	16	2	12.50%	3	1	0

2. 任务实施

实施步骤	具体内容	人员分工

指引： 　特别关注投放广告后效果不佳的产品，以及没有投放广告但推广效果较好的产品，分析这两类产品如何优化
说明：以小组为单位，每个小组选出一个组长，组长组织大家思考和讨论，在教师的辅助下，确定任务实施的步骤和具体做法，分工合作，填写此表。在此表的指引下，完成任务，最终结果以实训报告的形式呈现

3. 任务评价

被评价人员	
评价方式	教师评价、小组互评
评价说明	评价内容分为学习表现和成果表现。 学习表现分数占总分的40%，教师和学生评价各占该项分数的50%。教师观察每一组成员的学习表现，做好记录，作为该项的评分依据。 学生互评取平均分。 成果表现分数占总分的60%，由教师负责
评分说明	每项评分满分为20分。 10分及以下表示改善空间很大； 12~13分表示基本合格； 14~15分表示不错，但还有一定的改善空间； 16~17分表示良好； 18~20分表示优秀

总分（学习表现×40%+成果表现×60%）：				
1. 学习表现				
表现				分数
学习积极性与参与度				
具有主动观察、发现问题、解决问题的精神				
小组互评				平均分：
教师评分				
该项分数=小组互评×50%+教师评分×50%				

续表

2. 成果表现	
表现	分数
能准确分析推广表现好的产品	
能对存在问题的产品进行分析并提出优化建议	
语言简洁，语句通顺	
教师评分	
教师评语：	

六、相关知识点

（一）产品数据优化的重要性

店铺和产品数据分析是指为了提高产品销量，增加店铺和品牌知名度而对数据加以详细研究和得出结论的过程。在日常工作中，各种数据分析能够帮助店铺运营者进行判断和决策，以便采取适当营销策略与行动。店铺数据分析有以下两个作用。

1. 洞悉用户

熟悉客户的需求，确定客户的主要来源国，了解客户的购买行为。

2. 预测趋势

帮助店铺预测产品需求趋势，提前进行备货，合理优化企业资源。

（二）店铺数据指标的分析与优化

1. 店铺访客数

访客数是指在一定时期内网店各页面的访问人数，同一访客多次访问只会被记录一次。该指标通常可以用来反映网络营销的效果。店铺访客数的下降往往是店铺流量减少的反映。一般店铺的访客数可以从后台获取，如果遇到无法获取的情况，可以根据已有的订单数/转化率进行反算，店铺的访客是店铺好坏最直观的数据，一个店铺如果没有流量，后面的内容都无从谈起。

当店铺访客数减少时，跨境店铺运营人员要考虑是否因为淡季、推广不足等原因造成的。如果是，可以通过加大活动的参与力度、产品的广告推广力度来提高整体访客数。此外，运营人员要及时调整产品详情页。如卖玩具的店铺，在六一儿童节前可以在标题加上"儿童节礼物""交换礼物"等关键词，增加产品的曝光量；还要根据市场的变化、客户欣赏习惯的改变优化产品图片。最后，竞争的激烈程度也会影响整体的流量。如果平台的卖家在短时间内快速增加，那么底层店铺分到的流量就会更少，所以当访客数减少时，要从竞争的角度来判断，从长期来说，如何进行产品优化和保持竞争优势。

2. 店铺访问次数

店铺访问次数指网店或者商品详情页在一定时间内被访问的次数。该指标通常可以用来反映网店或商品详情页对用户的吸引力。如果是店铺访问次数降低,则要通过加大产品曝光量、优化主图、设置更具竞争力的价格、加大新品发布频率等的方法来优化。

3. 客户平均停留时长

平均停留时长是指来访店铺的所有访客总的停留时间与访客数之比。访客停留时间越长,说明网店黏性越高,访客价值转化的机会也就越大。要增加客户的平均停留时长,可以通过优质的产品,吸引力十足的产品视频、图片,完善的产品页信息,客服人员详细的解答,各种优惠券等方式留住客户。同时,产品的高销量和好评,也是吸引客户进一步了解产品的重要因素。因此,做好售后服务和好评管理,是增加新客户页面停留时长的关键。

(三) 产品数据指标的分析与优化

1. 曝光量低的原因与优化

搜索曝光次数是指产品信息或公司信息在搜索结果列表页或类目浏览列表等页面被买家看到的次数。如果产品发布后曝光量低,说明产品没有展现在客户面前。从店铺角度来说,有可能是因为店铺整体流量低,系统默认店铺不受欢迎,在客户搜索时,没有把产品展现在结果页最前面的位置。从产品本身的角度来说,原因可能是关键词覆盖度不够、所用关键词热度低,以及没有使用付费广告,这些都会导致产品排名靠后。解决的办法是标题中覆盖更多买家会用的关键词,并且使用有热度的关键词,同时开通搜索引擎广告,这样就可以积累更多的点击和销售数据,提升排名。

2. 点击率低的原因与优化

搜索点击率＝搜索点击数/搜索曝光数×100%

高曝光,但点击量低,说明点击率低。原因有可能是关键词不精准,比如销售手机,但标题中只有"手机",没有相关的参数,那么就会导致部分买家即使通过搜索看到该产品,也不会点击,因为产品并非买家所寻找的。也有可能是因为主图不够吸引人,价格过高,或者最低起订量太高等原因。针对点击量低的情况,运营人员可以提高关键词和产品的匹配度,参考优秀同行的主图设计,根据竞争情况调整价格,以及降低最低起订量等,来进一步优化产品的数据。

3. 高点击、低询盘的原因和优化

在 B2B 店铺中,询盘转化率＝询盘人数/店铺访问人数×100%

如果有了点击量,但是没有最终转化成询盘,那说明询盘率低。最有可能的原因就是详情页不够吸引人,产品信息无法打动客户。针对此种情况,要重点参考优秀同行的详情页,优化高点击低询盘产品的详情页,以此来提高询盘的转化率。

(四) 阿里巴巴国际站零效果产品的优化

零效果产品指持续 15 天或 15 天以上,商品详情页访客数、收藏数、分享数、比价数、询盘、TM 咨询、批发订单、信用保障订单全部数据都为 0 的产品。

这种产品对店铺的影响是比较大的。若产品为企业的主打产品,零效果会打击运营人员操作的积极性。若有较多零效果产品,店铺整体的信息质量也就不高,进而会影响产品的权重,对于整体的曝光也就不利。

那么如何优化零效果产品呢?若是主推产品,建议供应商重新编辑产品信息,让其更专业、更丰满后再次上架。同时,将主推产品设置为橱窗/P4P 产品,让产品有更多的展示

机会。若非主推产品：建议优化后观察效果。

七、拓展知识

（一）跨境店铺相关数据指标的优化

店铺实操中，除了上述的店铺访客数、店铺访问次数、客户平均停留时长、曝光数、点击率、询盘转化率外，跨境电商运营人员需要掌握订单转化率、客单价、加购率、退款率、店铺动销率等指标，以便在进行数据分析时能发现问题、解决问题。

1. 订单转化率

订单转化率＝订单数÷访客数×100%

订单转化率越高，说明客户进店后成交的比例越大。如果订单转化率降低，往往可以考虑产品的市场需求是否正在减少；产品价格是否高于同行，因为如果产品成本降低后没有及时降价，有可能就会出现价格高于同行的情况；产品的页面介绍是否吸引人；产品好评度是否高，如果好评度不高，会很大程度影响订单的转化率，因此发货时做好产品质量监控、认真打包产品、提供完善的售后服务是店铺积累口碑的关键。

2. 客单价

客单价＝销售额÷订单数

客单价是反映一个市场购买力的其中一个重要指标。如在虾皮平台中，一般中国台湾站点客单价是最高的，显示出当地较高的购买力。对于店铺运营人员来说，客单价是越高越好的。如果客单价降低了，需要考虑是否是销售额整体减少了。如果是这种情形，应该加大活动和广告投入，增加产品的曝光，也可以通过完善产品页面来提升产品的吸引力。

3. 加购率

加购率＝加购数÷访客数×100%

加购率是指把店铺产品加入购物车的客户数与店铺访客数的比例，这也是数据分析的一个基础指标。加购率反映出客户对店铺产品的整体喜爱度。如果店铺加购率低，那么运营人员需要从选品上进行优化。除了选品外，产品价格、产品页的描述也会影响加购率，所以运营人员要定期检查加购率，以便了解店铺的出单能力。

4. 退款率

退款率＝退款订单数÷总订单数×100%

退款率是影响系统给与店铺评价的重要指标。如果店铺的退款率超过一定比例，在很多平台会被扣分，因为退货退款严重影响了客户的购物体验。因此，定期检查店铺的退款率有助于优化整体的产品和库存结构。如果店铺的退款率高，有可能是产品本身质量方面的劣势，也有可能因为包装原因导致货物在物流运输期间损坏，也有可能是打包人员的疏忽导致错件、少件的情况，对于质量不佳，或者不方便跨境运输的产品，可以下架处理。对于是因为疏忽原因造成的，则需要提高订单处理的效率，避免类似情况再次发生。

5. 店铺动销率

店铺动销率＝近30天有成交的商品数÷店铺总商品数量×100%

店铺动销率是反映一个店铺产品商品是否滞销的指标。如果店铺动销率低，说明产品滞销，那么可以把滞销商品做清仓活动，如让动销率高的商品和动销率低的商品进行销售（买 A 产品赠 B 产品，或者 A 产品和 B 产品一起购买，打 9 折等），让压在滞销品的资金尽快周转，使店铺生态更加健康。

（二）广告推广的优化

在本项目任务一中，已经通过实例介绍了关键词搜索广告的选品、选词和出价。接着，我们继续介绍在广告投放中，如何不断地根据推广情况，优化营销效果。跨境店铺运营人员在关键词广告推广的工作中，常常需要修改关键词的匹配方式来提升精准营销的效果；需要提升或者降低竞价来更好地推广产品；需要调整日常的预算以便资金得到最高效的使用。

1. 选词匹配方式的优化

在广告推广的时候，如何选择关键词匹配方式是一个关键问题。关键词匹配方式往往有精准匹配、广泛匹配和词组（短语）匹配三种。选择不当会造成流量和商品所处的发展阶段不匹配，要么就是产品推广不出去，要么就是费用浪费太多。

（1）精准匹配。

精准匹配是指只有当买家搜索的词组与商家设定的关键词完全一致时，广告才会出现的关键词匹配方式。例如：假设商家投放的关键词为"连衣裙"，而买家搜索的是"夏天连衣裙"，这时广告就不会显示。

（2）广泛匹配。

广泛匹配是指买家的搜索词组包含商家所出价的关键词的相关规格时，广告将显示在搜索页面中的关键词匹配方式，即使买家的搜索词里不包含商家竞价的关键词。例如，假设商家投放的商品搜索广告关键词是"连衣裙"，而买家们搜索了"夏天连衣裙""短袖连衣裙""纯色连衣裙""女装"等，这时广告就会出现。

（3）词组匹配。

亚马逊广告中的词组匹配是指搜索词必须包含商家设置的广告关键词中的确切词组，但允许词组前后有其他关键词的一种匹配方式。这种匹配方式介于广泛匹配和精准匹配之间，提供了一定程度的灵活性和精准度。例如商家的投放关键词是"万圣节服饰"，而买家搜索的关键词是"万圣节服饰热销款"，这时广告就会出现，如表 4-1 所示。

表 4-1　亚马逊 CPC 广告的不同匹配方式

匹配模式	竞价关键词	前台搜索关键词
精准匹配	连衣裙	连衣裙
广泛匹配	连衣裙	夏天连衣裙、纯色连衣裙
词组匹配	万圣节服饰	万圣节服饰热销款

（4）关键词匹配模式的选择。

关键词匹配模式的选择需要考虑店铺、产品的实际情况。跨境电商运营人员刚开始可以产品曝光量 1 000~2 000 作为一个等级，根据数据的变化来选择，如果数据流量还未达到等级就着急收紧费用更换匹配方式，容易造成新品曝光不足的问题。而到了成熟期，流量较大，就需要更换方式，使用精准匹配收紧流量，做到精准营销，使产品效益最大化。如表 4-2 可以作为一个通用型的选择方式加以参考。

表 4-2　不同适用场景和店铺阶段的关键词匹配方式

匹配方式	精准匹配	词组（短语）匹配	广泛匹配
适用场景	争取广告排位、控制费用	部分精准、提升效益	拓展关键词、确保曝光量
店铺阶段	流量大、后期	中期	初期

2. 广告竞价策略的优化

（1）竞价模式。

目前在投放的各类推广中，系统都会给出其推荐的价格，所以在商品的广告竞价中总是存在着三种状态，直接使用系统推荐的价格、比系统推荐的价格低、比系统推荐的价格高。以亚马逊平台为例，有选择动态竞价——仅降低，动态竞价——仅提升，动态竞价——提升和降低。这三种模式让首次接触平台的卖家摸不着头脑，看到自己的推广数据也不知如何进行下一步优化。

（2）创业阶段广告竞价策略的优化。

新卖家在新品期往往比较迷茫，不知如何设置，但其实新品是较为简单的，可以直接按照系统推荐价格设置。个人创业卖家做亚马逊的话直接选择"仅降低"的方式，因为在新品期更多的是希望实现关键词的收录，以及进行拓词测试，且个人卖家经费不多，选择"动态竞价——仅降低"就可以实现新品收录、拓词、测试产品的目标。

（3）店铺上升阶段广告竞价策略的优化。

在新品阶段过后，需要参考经费预算、商品的广告盈利水平、商品转化率来判断如何选择竞价模式。盈利水平高、转化率高的商品，一般可以判定为一个优秀的商品，在经费足够的情况下选择高于推荐竞价 1.5～2 倍水平出价，这样能提升商品的排名和流量水平，争取较大销量。

店内转化率很低的商品，卖家需要考虑，是否要提升广告来"挽救"销量。这种情况建议在调整广告之前先研究商品的售后数据，例如退单率是否超过同类商品，将差评内容进行分析，考虑商品本身是否有问题，是否不被当地顾客接受。如果是商品本身的问题，建议控制广告费用、尽早清货下架，更换其他商品。

3. 广告预算的优化

当面临站内广告费用过早花完的情况，就需要及时判断广告预算是否需要调整。广告费用总是会有浪费的部分，但通过数据的分析和优化，跨境店铺可以让广告浪费更少、成效更大。

广告转化率（实际购买转化数/广告点击量×100%）是判断商品是否能获得消费者青睐的标准，而广告投产比（广告支出/广告总销售额×100%）是广告是否能带来盈利的标准。通过两个标准的计算和分析就可以判断出商品广告是否要继续，广告预算是否应该调整。

一般来说转化率高、投产比低的商品，说明销量高、投入低、有盈利，值得继续投入，反之则考虑停止广告。也会有一些商品可能转化率高、但是盈利水平低，这时就需要考虑商品是否需要提价，或者降低广告投入来平衡盈亏，如表 4-3 所示。

表 4-3　不同广告转化率的优化操作

转化率	投产比	优化操作	备注
高	低	增加预算	广告效果好，增加广告订单
	高	预算不变	降低广告出价，提升商品价格，提升盈利水平
低	低	调整分时预算	将广告时间和预算调整到目标客户主要的上网时段，争取提高转化率
	高	减少预算	长期不盈利的广告要果断停止投放

项目四 跨境电商产品推广与数据优化

任务三 跨境电商海外社交媒体营销

一、任务导入

社交媒体指人们彼此之间用来分享意见、见解、经验、经历和观点的平台,主要包括微博、微信、博客、论坛、播客等。无论是 B2B 跨境电商店铺,还是 B2C 跨境电商店铺,都会利用海外社交媒体进行产品的营销推广,发布图片、话题和短视频,扩大产品知名度,对店铺进行引流。

二、学习目标

知识目标:能熟练描述不同社交媒体的特点;理解主流社交媒体影响的基本方法;能概括选择社交媒体的影响因素;理解 AI 软件编辑软文的方法。

能力目标:能根据不同的海外社交媒体的特点,选择合适的社交媒体;能根据推广目标,制定社交媒体推广策略,编辑简短的产品介绍软文,选择合适的推广图片。

素质目标:在实训中提高信息素养,培养追求卓越的品质。

三、学习任务

根据产品特点和营销目标选择合适的海外社交媒体。
在海外社交媒体上进行产品推广。

四、完成过程

资料阅读一

海外社交可以帮助店铺寻找采购商、获取商机、推广产品、进行品牌推广。外贸企业用得比较多的社交媒体网站是 Facebook,如图 4-15 所示。Facebook 是美国的一个社交网络服务网站,创立于 2004 年 2 月,总部位于美国加利福尼亚州。至 2023 年,Facebook 全球日活跃用户数量超过 20 亿,在美国、欧洲、印度、东南亚等地区用户最多。

图 4-15 Facebook 社交媒体

Facebook 企业公共主页（见图 4-16）包括位置显示、时间显示、相关服务、私信、帖子、收件箱、招聘和用户评论等功能，是发布广告等商业信息，与用户建立联系的页面。个人主页供用户个人使用，可发布照片、动态、帖子等众多内容，分享自己的生活。通过关注客户的个人主页，外贸人员可以了解客户家庭、兴趣等情况，有助于增加对客户的了解，并在贸易磋商中迅速拉近与客户的距离。

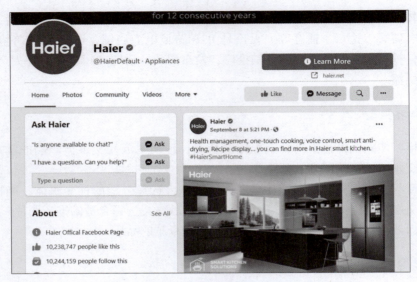

图 4-16　Facebook 企业公共主页

引导问题 1：跨境电商企业在 Facebook 上建立公共主页后，如何提高公共主页的曝光度，以便更好地通过公共主页推广品牌和产品？

资料阅读二

除了公共主页外，跨境电商企业还可以通过 Facebook 群组、Facebook 广告、Facebook Marketplace、KOL 联合营销等方式推广产品，如图 4-17 所示。

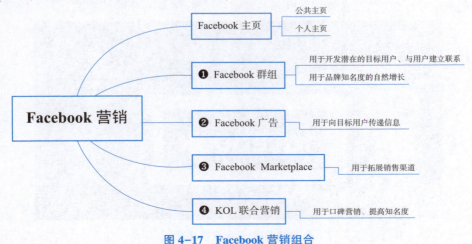

图 4-17　Facebook 营销组合

Facebook 群组是用户为了共同的业务而建立的社区。同一个行业的买家和卖家，通过加入同一个群组，可以进行业务交流，寻找商机。企业加入行业相关群组后，可以通过在群里发布帖子来提高产品知名度，把潜在客户引流到店铺。

引导问题 2： 跨境店铺在 Facebook 群组上发帖子推广产品，可以包含什么内容？怎样发帖子才能更好地推广产品，而又不引起反感呢？

资料阅读三

我们来看看另外一个海外热门的社交媒体——Instagram。Instagram 是一款运行在移动端上的社交应用，以一种图片、短文字的方式与他人进行互动与交流。Instagram 更强调互动性和趣味性，一般以文案结合图片、视频进行信息发布，其中"文案+单张图片"是主要的发布形式，如图 4-18 和图 4-19 所示。通过关注 Instagram 其他人，特别是海外同行卖家与买家，可以了解海外消费者的喜好与消费特点，也可以引流。

图 4-18 Instagram 某产品图片

图 4-19 某产品介绍

截至 2022 年 1 月，印度、美国、巴西、印度尼西亚、俄罗斯、土耳其、日本、墨西哥、英国和德国是全球 Instagram 用户最多的 10 个国家。根据 2022 年全球数字报告显示，Instagram 平台中广告可触达的潜在消费者群体总数有 14.8 亿；同时，Instagram 用户主要以 18 至 34 岁人群为主，其中 18 至 24 岁年龄段消费者占使用 Instagram 总人数的 30.1%，25 至 34 岁年龄段消费者占 Instagram 总人数的 31.5%，Instagram 对年轻消费者的影响力和吸引力更强。通常来说，Instagram 推广更适合时尚、科技潮品等以年轻消费者群体为目标用户的企业，如中国企业 SHEIN 在 Instagram 平台上拥有超过 74 万种主题标签使用次数，Instagram 的#sheingals 标签下已有近 100 万个帖子，网红们热衷于在此打卡，如图 4-20 所示，拓展了较大的粉丝社区，具有较好的营销表现。

图 4-20 Instagram 某达人照片

引导问题 3：在 Instagram 上做产品营销，获得关注是关键的一步，获得的关注越多，产品被浏览的机会就越大。请查阅资料，并结合所学知识，思考如何可以增加其他人的关注？

资料阅读四

YouTube 是一个可以让用户下载、观看及分享影片或短片的视频网站，如图 4-21 所示，成立于 2005 年。YouTube 影片内容包罗万象，涵盖个人影片及电视节目片段、音乐录像带等。YouTube 每月活跃用户高达 20 亿，每日活跃用户约 3 000 万，共有约 5 000 万用户在 YouTube 上创建视频，用户分享的视频数量约 50 亿。

图 4-21 YouTube 页面

引导问题 4：外贸企业推出新产品，拍摄了短视频在 YouTube 上推广。如何能让该视频在短时间内被搜索到？被目标群体搜索到后，如何能吸引他们点击短视频进行观看，并停留一定的时间？

学习资源
 微课：跨境电商产品海外社交媒体营销　　课件：跨境电商产品海外社交媒体营销

五、学习评价

实训任务　海外社交媒体软文编辑

1. 任务布置

班级：	实训小组：
任务背景	在前面的任务中，你们已经通过广告的方式进行了产品推广。目前，你们的创业型企业已经逐渐步入正轨，除了平台推广外，你们还希望通过社交媒体推广
任务要求	近期，你们的企业要推广一款新的产品，并希望在某个海外社交媒体进行推广，请选择合适的社交媒体、合适的推广图片，并为图片配一段简短的英文介绍
任务目标	（1）能根据推广目标，选择合适的社交媒体。 （2）能根据目标市场，选择合适的推广图片。 （3）能根据产品特点和目标市场，运用 AI 软件，编辑合适的推广软文。 （4）在任务完成中培养勇于创新、精益求精的职业精神

2. 任务实施

实施步骤	具体内容	人员分工

指引：
（1）选择一个合适的海外社交媒体。
（2）产品要选择任务 1.1 中已经确定的品类。
（3）产品图片可选择 3~6 张。
（4）选择一个 AI 软件，根据产品卖点，确定推广软文

说明：以小组为单位，每个小组选出一个组长，组长组织大家思考和讨论，在教师的辅助下，确定任务实施的步骤和具体做法，分工合作，填写此表。在此表的指引下，完成任务，最终结果以实训报告的形式呈现

3. 任务评价

被评价人员	
评价方式	教师评价、小组互评
评价说明	评价内容分为学习表现和成果表现。 学习表现分数占总分的 40%。教师和学生评价各占该项分数的 50%。教师观察每一组成员的学习表现，做好记录，作为该项的评分依据。 学生互评取平均分。 成果表现分数占总分的 60%，由教师负责
评分说明	每项评分满分为 20 分。 10 分及以下表示改善空间很大； 12~13 分表示基本合格； 14~15 分表示不错，但还有一定的改善空间； 16~17 分表示良好； 18~20 分表示优秀

总分（学习表现×40%＋成果表现×60%）：

1. 学习表现

表现				分数
学习积极性与参与度				
具有刻苦钻研、精益求精的精神				
小组互评				平均分：
教师评分				
该项分数＝小组互评×50%＋教师评分×50%				

2. 成果表现

表现	分数
内容能概括产品特点和卖点	
图片内容能迅速打动客户	
推广文案语言通顺、没有语法错误、具有感染力	
教师评分	
教师评语：	

六、相关知识点

（一）产品在 Facebook 上的推广

1. 公共主页推广

公共主页是发布广告等商业信息，与用户建立联系的页面。企业在 Facebook 公共主页发布产品信息、企业信息等，可以帮助提升品牌和产品的知名度，同时帮助店铺引流。

要通过公共主页来提升品牌和产品的知名度，企业首先要推广公共主页，提高公共主页的曝光度。推广 Facebook 公共主页可以通过创建广告、尝试不同类型的贴文内容、将贴文分享到相关的小组等方式来实现。

(1) Facebook 公共主页赞广告。

Facebook 公共主页赞广告也是 Facebook 公共主页增粉广告。为某个公共主页点赞后，点赞者会自动关注该公共主页，并且可以在点赞者的动态中，他们可以查看该公共主页的更新。这是快速提升公共主页粉丝数或品牌营销力的重要方法。

(2) 公共主页贴文推广。

根据目标受众的偏好，在公共主页上创建有特色的视频、图文等帖子也是提高公共主页曝光度的方法。一些点击量好的帖子还可以转发到企业加入的群组，以便让同行进一步了解企业及产品。因此，跨境电商运营人员需要总结不同贴文的客户触及效果，对于效果好的内容，可以通过转发、广告等方式放大触及效果，吸引更多的粉丝。

2. 群组推广

Facebook 群组是用户为了共同的业务而建立联系的社区。比如同一个行业的买家和卖家，通过加入同一个群组，可以进行业务交流，寻找商机。企业可以通过在群里发布帖子来推广产品，通过发布产品相关的帖子或发起话题，可以增加企业和产品的知名度，提高与群内其他用户的互动，加深潜在客户对自己的认识。

那么怎样发帖子既能更好地推广产品，又不引起反感呢？首先，帖子一定要与群组的业务相关，如果帖子的内容跑题，可能会被移出群组。其次，高质量的帖子，可以联系群主帮忙发帖。当然这就需要事先与群主多沟通，让群主认可自己的企业和产品。最后，还要多关注群里的更新，及时做出品论，增加活跃度，从而让更多成员认识自己的企业。

3. 广告推广

许多创业型企业在有了一定的资金实力后，除了站内推广，还会在海外社交媒体上投放广告。

Facebook（下称"FB"）因为有超过 15 亿的日活跃用户，有超过 5 000 万的 B2B 客户，成为很多外贸企业投放广告的首选。在选择投放 FB 广告时，企业首先要确定是自营 FB，还是找专业的企业代运营 FB 推广。两者各有优缺点。自营需要请一名专门的推广人员，也可以让当前的运营人员负责，相对节省费用。代运营企业经验较多，更为专业。企业可以根据实际情况和推广目标，选择合适的方式。

(1) 代运营企业投放广告。

如图 4-22 所示是一家代运营企业为某企业代运营半年的效果。广告主要投放到墨西哥、西班牙、东南亚等地区。可以看出，该企业通过半年的广告投入，获得了一万名以上的精准粉丝，135 条有效询盘，43 万美金意向较大的可跟进项目，实现了提高企业知名度，获得更多流量与询盘的目标。

(2) 企业自主投放广告。

Facebook 是一个以内容输出为主的平台，所以想要获得较好的推广效果，首先广告的文案质量和价值是非常关键的。跨境电商企业通常可以在广告文案中突出可以为客户解决哪些问题以及自己的产品对他们有什么影响，突出主题，解决用户痛点。例如，一个在印度推广行车记录仪的广告，在推广图片中展示司机没有装行车记录仪时因而没有第一手证据的困境，因此很好地引起客户的共鸣，激起客户的购买欲望。

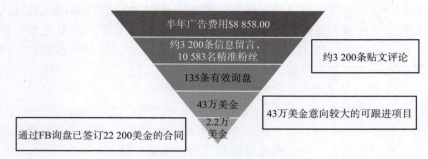

图 4-22　某企业 Facebook 广告效果

其次是避免使用深奥难懂的词汇，口语化、简单的词汇和句子结构更易让客户接受广告要传递的信息，更容易产生共情。

第三是可以借助 emoji 表情图标增加文案的趣味性，或突出关键词，或渲染节日气氛，增强客户的认同感。

4. 其他推广方式

除了上述的推广方式外，Facebook Marketplace 和 KOL 联合营销也是 Facebook 常见的推广方式。

（1）Facebook Marketplace。

Facebook Marketplace 并不是允许交易的线上商城，它更像是一个产品罗列的功能，企业可以通过这一免费功能在 Facebook 上更清晰、更完整地展示产品，从而获得额外的曝光，一定程度上提升销售额。

（2）KOL 联合营销。

KOL 联合营销是指通过平台上的 KOL（Key Opinion Leader）关键意见领袖的平台号召力和影响力，联合开展线上推广。跨境电商企业可以在 Facebook 平台上通过语法搜索、工具查找 KOL，同时通过粉丝数量、帖子数量、点赞和转发数量以及帖子的内容来判断 KOL 是否和企业产品推广需求匹配。如果 KOL 形象、专业度与产品是匹配的，则可以与他们合作，联合推广产品，提高产品知名度和销量。

（二）产品在 Instagram 上的推广

在 Instagram 上推广产品，最重要的是吸引更多的关注者，只有这样，内容才能被更多人浏览。如何吸引关注者呢？这可以通过以下方面实现：

1. 分析目标受众

根据产品特点和营销目标，确定目标群体，然后分析受众的特点，确定帖子的文案内容、图片和视频。

2. 发布能展示吸引眼球的帖子

有吸引力的文案、照片和视频是帖子关键。运营人员可以使用 Instagram 的滤镜和 AI 编辑工具来提高照片和视频的质量，使它们更加引人注目。

3. 使用热门的标签

使用与产品或品牌相关的标签，以便用户可以更容易地找到企业的帖子，使帖子在 Instagram 上获得更多的曝光率。

4. 经常与其他用户互动

企业在与粉丝进行互动的同时，自己的产品也更容易被对方发现。如企业推出了一款新的衬衣,让粉丝投票选出最好看的颜色,从而可以进一步了解粉丝的需求,在备货时有所侧重。

5. 与海外网红合作

企业可以通过网红达人的知名度和影响力,共同推广产品,如发布海外网红使用产品的图片和视频,提高产品的流量、知名度和好评度。

6. 对营销数据进行分析

企业可以通过 Instagram Insights 工具,分析帖子的展示次数、覆盖率和参与度等相关数据,从而找出推广问题所在,制定优化策略,开展更精准的营销。

(三) YouTube 上的推广

在使用 YouTube 进行产品推广时,要采用有吸引力的视频封面图和吸引眼球的视频标题,先把粉丝的注意力吸引过来。然后当粉丝打开视频后,前面 15 秒的内容非常重要,这直接决定了粉丝是否会看下去,并对产品产生印象。同时,为了使视频更容易被搜索到,可以使用付费广告推广,以及进行搜索引擎优化,如果视频里有当地的网红,那么推广的效果就更好。

七、拓展知识

(一) 海外社交媒体选择的考虑因素

海外社交媒体多种多样,企业在选择海外社交媒体时,可以根据目标市场的社交媒体偏好、内容创作的难度、社交媒体的流量等因素来选择,如图 4-23 所示。

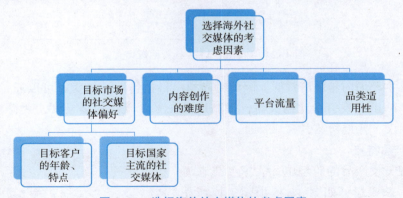

图 4-23 选择海外社交媒体的考虑因素

目标市场普遍采用哪个社交媒体进行社交,或者使用哪个社交媒体搜索产品信息,是企业选择社交媒体的关键。

如 Facebook 虽然是全球日活跃用户超过 20 亿的媒体,但如果是俄罗斯市场推广,则需要考虑俄罗斯本土最受欢迎的社交媒体 VK。又如时尚产品、科技类潮品一般面向年轻消费者,则可以选择广受 18~34 岁年轻消费者欢迎的 Instagram 作为推广渠道。

不同社交媒体平台对内容形式有不同的要求。跨境电商创业型企业需要考虑是否有专门的人员擅长制作文字、图片和视频内容,如果只擅长图片和文字,不擅长视频,则可以暂不考虑 YouTube。

此外，不同平台的特点决定了其适用的品类和场景，例如视觉产品较适合 Instagram。跨境卖家可以根据产品属性，选择较为匹配的社交媒体平台。

（二）AI 工具辅助社交媒体软文写作

随着技术的发展，越来越多人工智能技术应用于跨境电商运营领域，除了前面提到的通过 AI 软件辅助构图，跨境店铺运营人员还可以用 AI 软件辅助进行产品标题和产品描述的编辑、社交媒体软文编辑、邮件营销、视频脚本等，如图 4-24 所示。下面，以 AI 软件辅助 Instagram 软文编辑为例，介绍编辑的技巧与注意事项。

图 4-24　Postme AI 工具其他媒体文案

Instagram 主要面向年轻消费群，因此时尚类、科技类潮品的卖家可以通过在 Instagram 发表产品推广帖子，吸引粉丝的关注，提高产品在平台以外的曝光度，获得粉丝的共鸣，提升品牌知名度，并把粉丝引流到店铺。

1. 熟悉产品特点

一家销售美妆产品的跨境电商卖家要想在海外市场推广一款眼影，如图 4-25 所示，该产品特点如下：

分类：南瓜色、蜜桃色和玫瑰色三种风格，每种风格有 9 种不同的颜色。

质地：珠光、哑光和偏光。

产品介绍：达人教程，有详细的使用步骤。

经过分析可了解，该产品具有不同的风格和颜色，能满足大部分年轻女性的需要。同时由于有详细的达人教程，也适合新手小白自己化妆使用。

图 4-25　某眼影产品图

2. 熟悉社交媒体软文特点——以 Instagram 为例

Instagram 软文以口语互动式为主，语气较为轻松。第一，卖家常通过简洁且富有感染力和号召力的开头先吸引粉丝的注意，鼓励粉丝关注产品、使用产品以便达到与众不同的效果。第二，为了增加互动，软文中会出现"欢迎评论区留言""关注我们""点击链接"等号召性口号，激发粉丝互动，提高帖文的参与度和曝光度。第三，软文中还常常出现各类表情包，如关于口红的帖子会出现口红形状的有趣图标，以便增加粉丝阅读的趣味性和喜悦感。第四，卖家常常使用话题标签 hashtag，目的是让客户通过标签找到自己的软文，提高软文曝光度。第五，软文的末尾常常是一个问句。这样做可以引导粉丝对贴文作出回应，或者引导粉丝马上采取行动，购买产品，提高销量。

3. 确定推广目标

了解了产品特点和熟悉了某个社交媒体的贴文风格后，企业在使用 AI 工具辅助软文编辑前，还要确定推广目标。推广目标可以是讲述品牌故事；可以是介绍产品，讲述产品优势，鼓励购买等。不同的推广目标，决定了不同的软文内容、语气和风格。在 Instagram 中，跨境卖家可以使用有趣、幽默等口语化的语气轻松讲授品牌故事，提高品牌知名度的同时获得更多的共鸣和认可；也可以通过兴奋的带有号召性的语气来介绍产品，鼓励买家立刻行动。

4. 了解 AI 软件的使用

为了提高企业的运营销量，一般使用 AI 软件较为方便。如图 4-26 所示，Postme AI 软件中，只要简单输入产品标题、产品优势，选择语气和语言，即可一键生成文案。

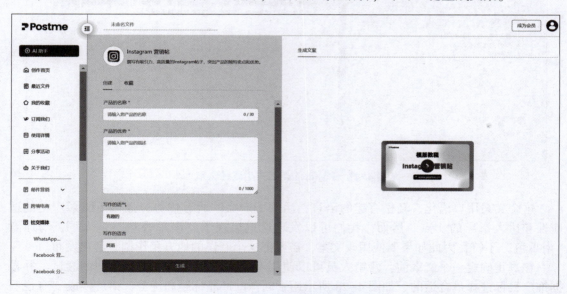

图 4-26　Instagram 营销贴创建页

5. 使用 AI 软件一键生成文案

（1）输入相关内容生成文案。

使用 AI 软件生成文案，首先要在左边创建部分输入产品的名称，在产品优势部分输入产品属性、特点和卖点，然后选择写作语气和语言，之后就可以一键生产中外文对照的文案。

（2）进行不同尝试，选择最优的文案。

以下是眼影产品使用"有趣的"语气后在 Postme AI 工具中生成的文案，如图 4-27 所示。

> "Get ready to slay with our viral 9-shade eyeshadow palette 🌸 From pumpkin spice to peachy vibes to rosy tones, this palette has got you covered! 🌸 Whether you're into shimmer, matte, or metallic finishes, we've got it all in one palette 🌐 Plus, we've got some influencer tutorials to help you amp up your eye game! 🙆‍♀️ 💖#EyeshadowGoals #GlowUpEssentials"

准备好用我们的热门9色眼影盘展现自己吧🌸从南瓜香料到桃红色调再到玫瑰色调，这个眼影盘应有尽有！🌸无论你是喜欢闪光、哑光还是金属光泽效果，我们都在这个盘子里🌐此外，我们还有一些影响者的教程，帮助你提升眼妆技能！🙆‍♀️💖#眼影目标 #光芒新人必备

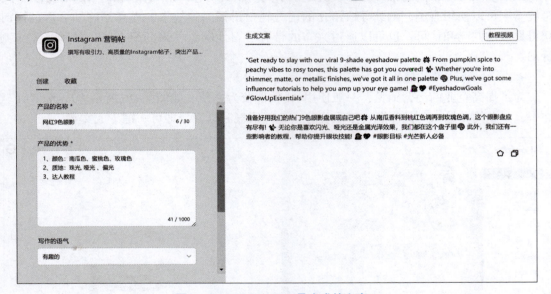

图 4-27 Postme AI 工具生成的文案 1

这个文案用口语化、轻松有趣的语言，涵盖了产品的所有优势，强调了眼影广泛的适应性和达人指导的卖点。然而，我们可以发现这里出现了"南瓜香料"这个词，与原意"南瓜色"不符，因此如果要使用改文案，需要把这个有误的地方稍作调整后再发布。

在真正确定一个文案前，营销人员可以使用不同的写作语气来进行不同的尝试，并根据推广目标选择最合适的。如图 4-28 所示用了同样的产品标题和优势，语气换成"有说服力的"，生成的文案如下：

> "Turn heads with our trending 9-color eyeshadow palette. 🌸 Featuring shades like pumpkin, peach, and rose, with a mix of shimmer, matte, and iridescent finishes. 🌐 Elevate your makeup game with expert tutorials from top influencers. 🙆‍♀️🌸#MakeupGoals #BeautyEssentials"

用我们流行的 9 色眼影盘吸引视线。✨包括南瓜、桃子和玫瑰等色调，结合闪光、哑光和虹光效果。💄从顶级影响者那里学习专业化妆技巧，提升你的化妆技能。💋✨ #化妆目标 #美妆必备

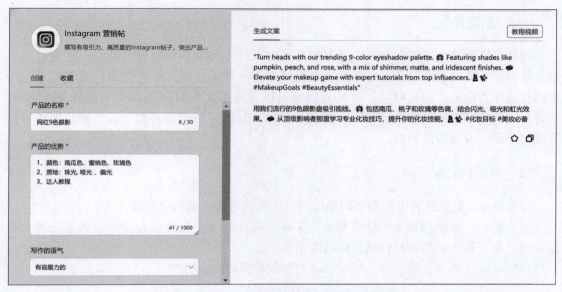

图 4-28　Postme AI 工具生成的文案 2

该文案虽然创建的素材与前面的一样，但使用了不同的语气，整个文案呈现的效果完全不同。第一句特别能唤起女性消费者的共鸣，燃气她们的购买欲望，因为每一位女性都希望通过妆容能够提升吸引力。因此，如果是希望通过文案立即唤起粉丝行动的，第二个文案更为合适。

（3）检查和微调文案。

文案生成后，跨境店铺营销推广人员不能马上"复制粘贴"，应该根据文案的内容做出微调，加入一些热搜词、品牌词作为话题标签，以便粉丝更容易搜索到帖子。

总而言之，跨境电商运营人员使用 AI 辅助工具前，需要熟悉产品特点，熟悉相关社媒文案的写作风格和特点，生成文案后再根据推广目标选择最优文案。切忌完全依赖 AI 工具，而是要在掌握相关技能后再使用 AI 工具进行提高，追求更完善的内容。

任务四　跨境电商海外直播营销

一、任务导入

海外直播营销是指国内企业通过直播方式向海外市场推广和销售产品的一种途径。通过直播视频，消费者可以在电商平台上在线观看产品展示，深入了解产品功能和特点，与主播互动并直接下单购买商品。海外直播也可以让商家在短时间内创造独特的营销场景，与客户进行实时互动，解答疑问，示范商品，第一时间了解市场喜好，打消客户顾虑，提升用户体验，增加粉丝黏性。

二、学习目标

知识目标：概括跨境电商直播的渠道，叙述跨境电商直播的流程和方法。
能力目标：能根据直播的目标和企业实际，选择直播产品并进行定价，确定主播和直播流程，在直播中运用各种营销策略提高销量。
素质目标：培养主动学习、勇于创新和精益求精的职业精神。

三、学习任务

策划直播流程，确定直播前、直播中和直播后的工作任务和推广策略。
确定直播产品，进行合理定价。
确定主播知识与能力要求，选择合适的人选。

四、完成过程

资料阅读一

近些年，随着直播和短视频营销的快速发展，海外直播营销逐步成为外贸企业重要的营销方式之一。如图4-29所示，外贸企业通过多种渠道进行海外直播营销，包括跨境电商平台、社交媒体平台、自建站平台、行业展会直播和合作商平台等。

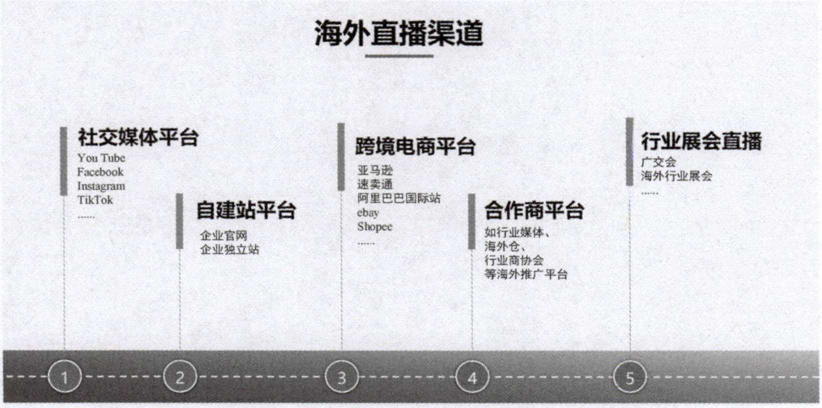

海外直播渠道

① 社交媒体平台：YouTube、Facebook、Instagram、TikTok
② 自建站平台：企业官网、企业独立站
③ 跨境电商平台：亚马逊、速卖通、阿里巴巴国际站、ebay、Shopee……
④ 合作商平台：如行业媒体、海外仓、行业商协会等海外推广平台
⑤ 行业展会直播：广交会、海外行业展会……

图4-29　跨境电商海外直播的渠道

不同的渠道各有特点。第三方跨境电商平台如亚马逊、ebay、Shopee、速卖通、阿里巴巴国际站、虾皮等，都为卖家提供店铺直播功能以及流量扶持措施，鼓励卖家通过直播进一步提高销售量。

社交媒体平台如 Facebook、Instagram、YouTube 等，在平台上进行直播，拥有庞大用户群，辐射人数众多。自建站平台则可以提供更加个性化和独特的直播体验。行业展会直播可以帮助企业将展会的展台、商品、研讨会等内容传递给海外用户，增强企业的信誉度，吸引用户的关注和参与。合作商平台是指境内外的行业媒体、供应链服务商、行业商协会、海外经销商代理商等平台。企业与合作商充分开展直播合作，可以进行产品推广，深入开拓海外市场。

引导问题 1：面对各种直播渠道，跨境电商企业如何选择合适的平台，以获得较为高效的营销效果？

资料阅读二

在选择了合适的海外直播渠道之后，跨境电商企业就要根据海外目标市场的特点以及自身商品的营销目标，有针对性地开展海外直播营销。一般来说，外贸企业开展海外直播营销分为以下四个步骤：直播策划、直播前准备、直播中推广和直播后复盘等，如图 4-30 所示。

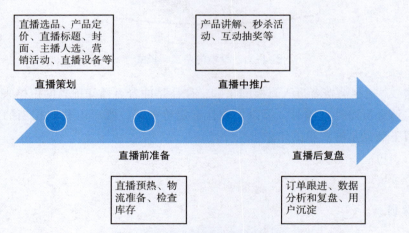

图 4-30 跨境电商海外直播的流程

其中，直播策划是统筹整个海外直播过程的重要步骤。在进行直播策划时，首先要根据直播的目标，确定直播的产品。

引导问题 2：根据你的经验，结合所学的跨境电商产品推广知识，分析跨境电商直播应该选择什么特征的产品。

资料阅读三

根据不同的直播模式（见图4-31），海外直播的定价策略也不一样。如果是商家自播，由卖家自行筹备直播流程，主播可以是商家自己的员工，也可以是AI数字人，这样既可以很大程度地节省成本，产品的价格也更有竞争力。但商家直播也有自身的不足，如果卖家缺乏直播经验，不熟悉营销活动、主播话术等内容，无论是真人直播还是AI数字人直播，都有可能导致直播效果不如预期。

海外达人直播或者机构直播往往更为专业，受众面更广，更有利于吸引流量，但往往需要支付坑位费和佣金，导致商品成本的增加。坑位费也被称为服务费或发布费，是商家为了在主播的直播间展示产品而需要支付的费用。佣金往往是给主播的佣金，根据主播的受欢迎程度有所不同，往往占销售额的20%以上。因此，如果直播效果不佳，销售额不高，商家往往会亏本。

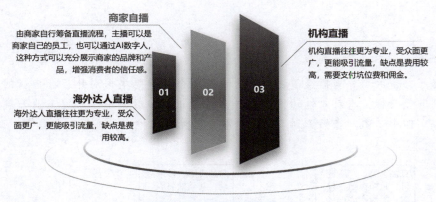

图4-31 跨境电商直播模式

引导问题3：很多消费者进入直播间采购，往往是冲着直播间优惠的价格来的。根据你所学的知识，请分析海外直播时，可以采取什么定价策略，既可以获取相当的利润，又可以给消费者留下商品足够实惠的印象。

资料阅读四

优秀的跨境电商主播可以为店铺带来更大的流量和更高的转换，可以在直播交流中作出更简单更快速的响应。如果是AI数字人进行直播，则要根据产品的特点和直播推广的目标，选择符合形象的数字主播，通过直播前进行相关设置，指引数字主播的行动。

引导问题4：跨境店铺直播时，需要选择具有什么特征的主播？

资料阅读五

直播销售额往往等于"流量×转化率×客单价"。要提高流量和转化率，提升直播的效

项目四 跨境电商产品推广与数据优化

果,直播前和直播中,跨境店铺运营人员都需要进行各种直播推广活动,吸引更多的粉丝和潜在客户关注直播,提高粉丝黏性和直播间的停留时间。

引导问题 5:结合所学知识,请分析在直播前,商家应该如何进行推广以吸引更多的流量?在直播过程中,可以采取哪些促销活动来提高转化率?

资料阅读六

直播流程要在直播前确定下来。确定后,直播策划人员可以把流程写在直播脚本上。直播脚本包括直播活动脚本和产品脚本。直播脚本列明直播主题、场地与道具、主播安排、时间安排、流程、互动内容、人员配合、相关画面等,如表4-4所示,帮助营销人员确定整个流程的开展,控制节奏,确保一切就绪。产品脚本可包括竞争者产品的痛点、自身产品卖点的介绍、用户评价、产品品牌等,以引起客户的共鸣。

表4-4 直播脚本模板

直播主题	
主播	
主播介绍	
内容概要	
互动活动	
直播场地	
道具准备	

直播流程					
序号	时长	主要内容	人员	画面	备注
1					
2					
3					
4					
…					

引导问题 6:根据你观看直播的经验,请分析在直播流程中,可以分为几部分,每部分一般安排多长时间?安排什么活动?

学习资源
课件：跨境电商直播推广

五、学习评价

实训任务　跨境电商海外直播策划

1. 任务布置

班级：	实训小组：
任务背景	在前面的任务中，你已经创建了店铺、发布产品并进行了推广。现在你的店铺要进行一场直播推广
任务要求	请针对店铺产品进行直播策划，最终形成直播脚本
任务目标	（1）综合运用所学内容，确定直播流程每一个步骤的具体任务。 （2）根据产品特点和目标客户，确定主播特点和互动环节。 （3）在任务完成中，培养主动探究、勇于创新的精神

2. 任务实施

实施步骤	具体内容	人员分工

指引：
　　脚本的内容参考图4-30来编写，包括选品风格、定价策略、主播经验和能力、直播流程安排、直播前和直播中的营销推广活动等

　　说明：以小组为单位，每个小组选出一个组长，组长组织大家思考和讨论，在教师的辅助下，确定任务实施的步骤和具体做法，分工合作，填写此表。在此表的指引下，完成任务，最终结果以实训报告的形式呈现。完成任务后，每组委派一名组员进行口头汇报，与其他团队分享报告成果

3. 任务评价

被评价人员	
评价方式	教师评价、小组互评、组间互评

项目四 跨境电商产品推广与数据优化

续表

评价说明	评价内容分为学习表现和成果表现。 学习表现分数占总分的 40%，教师和学生评价各占该项分数的 50%。教师观察每一组成员的学习表现，做好记录，作为该项的评分依据。 学生互评取平均分。 成果表现分数占总分的 60%，教师评分占 70%，组间互评占 30%，其中组间互评取平均分
评分说明	每项评分满分为 10 分。 6 分及以下表示改善空间很大； 6~7 分表示基本合格； 7~8 分表示不错，但还有一定的改善空间； 8~9 分表示良好； 9~10 分表示优秀

总分（学习表现×40%+成果表现×60%）：

1. 学习表现

表现					分数
学习积极性与参与度					
刻苦钻研、勤于思考和实践					
具有勇于创新的职业素养					
小组互评					平均分：
教师评分					
该项分数=小组互评×50%+教师评分×50%					

2. 成果汇报表现

表现					分数
汇报时站姿端正，面向观众					
汇报时语速适当，声音洪亮					
直播选品和定价策略有助于提高销量					
直播前与直播中的促销活动有助于提高流量和转化率					
直播流程高效紧凑，突出重点					
汇报 PPT 重点突出，思路清晰					
汇报 PPT 字体大小合适，形象生动					
教师评分					
组间评分					平均分：
该项分数=教师评分×70%+组间互评×30%					
教师评语：					

六、相关知识点

（一）海外直播渠道的选择

海外直播渠道多种多样，包括第三方跨境电商平台、社交媒体平台、自建独立站平台、行业展会和合作商平台等，各有优缺点。

1. 第三方跨境电商平台

第三方跨境电商平台往往是商家的首选，首先平台有流量等各种措施的扶持，其次在平台上自营直播也会相对节省成本，最后，进入直播的往往是有需求的用户，因此容易做到精准推广。

2. 海外社交媒体

社交媒体拥有庞大的用户群，流量大，用户黏性高，一般适合有社交媒体运营经验的卖家、追求提升品牌知名度以及有广泛粉丝支持的品牌卖家。

3. 独立站

自建独立站平台一般是知名度较大的品牌卖家，可以依靠庞大的客户群体进行有针对性的推广，进一步提高粉丝黏性。

4. 展会和其他合作平台

行业展会和其他合作平台的直播相对较少，是海外直播进一步发展的方向。

5. 选择海外直播平台的考虑因素

选择海外直播平台时，首先要看企业的经验，如企业希望在用户数多的社交媒体上进行直播，除了要有直播经验外，还需要有丰富的社交媒体推广经验。其次要看平台对直播的支持力度。现在很多平台为了增加直播销售途径，通过流量倾斜等措施鼓励卖家进行直播，提供详细的操作指导。对于直播经验少的卖家，为了更快地从直播中获利，可以选择支持力度大的平台。再次是企业的品牌知名度。如果是知名品牌企业，自己建有销售网站，有足够多的粉丝数，则可以使用自建站来进行直播。最后是要看企业的推广目标，如果企业是希望提高销量，可以在第三方跨境电商平台上进行直播。但如果企业除了希望提高销量，还希望提高品牌知名度，那么粉丝黏性强的社交媒体也是一个好的选择，如图4-32所示。

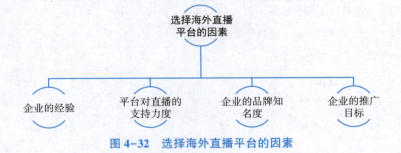

图 4-32　选择海外直播平台的因素

（二）直播选品

选品要严格，从品质、性价比、市场热度、客户需求等方面进行筛选，如图4-33所示。品质好是选择的第一要素，也是避免退货的关键。除了品质好以外，产品还要有较高的性价比，因为很多消费者进入直播间，都是冲着优惠的价格去的。另外，产品必须有市场热度，是当下的热销品或者网红产品，有较好的口碑。否则，主播再怎么推广，销量也不一定能上去。最后，产品还需要有巨大的需求。当客户有需求，而产品又有市场口碑时，直播卖货就不再难了。

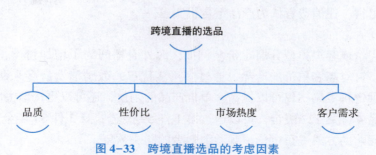

图 4-33 跨境直播选品的考虑因素

此外，大部分外贸企业在直播选品时，采用产品组合销售的形式，选取福利型产品、爆款型产品及利润型产品一起搭配销售，尽量通过福利型产品和爆款型产品吸引客户下单，同时通过利润型产品获取更多的回报，如图 4-34 所示。除了选品外，产品在直播间的上架顺序也很重要。为了吸引客户尽早进入直播间，停留更长的时间，同时营造直播间气氛，直播时往往先推出"爆款型产品+福利型产品"的组合，然后再推出"利润型产品+福利型产品"等组合，以吸引高客单价客户的下单。

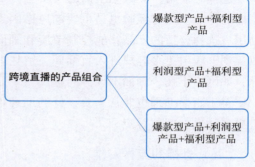

图 4-34 跨境直播的产品组合

最后，在选品时，还要根据不同国家和区域的节庆日节点、不同直播渠道的不同大促节点，选取适合不同场景的产品。

（三）直播产品定价

客户进入直播间，往往是希望通过直播买到更多优惠的产品。因此直播定价既要考虑成本，也要考虑客户的心理价位。同时为了更好地提高利润，店铺应该采取多种定价策略，避免售价过低而影响利润。

跨境电商直播常见的定价策略有以下 5 种。

1. 尾数定价

根据目标消费者的喜好，制定非整数价格，利用消费者求廉的心理，使其在心理上有一种便宜的感觉，从而激起消费者的购买欲望，促进产品销量。如 9.9、39.99、99 等。

2. 招徕定价

利用消费者对低价商品的兴趣，将少数几种商品的价格降到市价以下、甚至低于成本，靠低价品刺激大家来直播间购物消费，再把亏的钱，从高价单品中赚回来，如低价秒杀福利单品、无门槛优惠券等。

3. 折扣定价

通过直接或间接降低价格，以争取顾客，扩大销量。当海外直播采取此定价策略时，往往原来的定价较高，因此，可以通过大幅折扣吸引消费者。

4. 捆绑定价

将两种或两种以上相关产品，捆绑打包出售，并制定一个合理的价格，以达到整个产品组合的利润最大化。该定价策略适合价格高的直播产品，通过产品和福利型产品或者爆款型产品捆绑出售，让消费者认为产品组合很实惠。

5. 阶梯定价

对不同购买量或客户类型分层定价。例如，海外直播间为了增加粉丝，会给新用户特定优惠。此外，针对高客单价的产品，通过多买多优惠，鼓励消费者多采购，从而降低单件的成本。这种定价策略不仅可以提高客单价产品的销量，还可以更快地去库存。

例如，产品4件共127美金，可以通过第1件59美金，第2件39美金，第3件29美金，第4件0元购的方式进行定价，刺激消费者的购买欲望。

（四）主播等直播人员的选择

选择主播时，要考虑主播的气质与产品是否符合，是否能为店铺带来更多流量。另外，主播的专业知识和经验也是重要的考虑因素。优秀的主播应该熟知商品信息和卖点，能帮助用户选择合适的产品；能控制节奏和画面；能运用各种营销活动增强与客户的互动，发放福利，吸引更多客户进入直播间，留住客户；具备临危不乱的能力，能化解各种突发问题，如网络不畅、画面不佳等问题。

至于直播助理也非常重要。好的助理可以协助主播把控节奏、上链接、调整商品、制造更多话题、留住客户。

（五）直播的流程安排

直播过程可以分为4个阶段。

第一阶段是直播开始前的5到10分钟。这个阶段主要是主播自我介绍、品牌介绍、产品优惠信息的讲解，以吸引粉丝注意和新粉关注。

第二阶段是直播开始5~10分钟。这个阶段主要包括剧透今日主题，来宾，销售的主推和新品等。

第三阶段是产品讲解与推广。主播要专业地讲解产品亮点，通过各种福利活动等带动用户参与，并根据情况增加爆品的库存，营造商品热卖的氛围。后台的运营也应与主播紧密配合，控制直播节奏，例如在直播中增加商品链接、即时分享直播链接到社交媒体平台、发放直播间福利、运作直播间抢拍等营销活动。运营人员还要实时处理直播过程中可能遇到的各种突发状况，如直播网络不好、画面或声音异常、设备受到干扰、观众恶意留言等。为了尽可能避免直播中的意外情况，一般外贸企业在首次直播前都要逐条检查商品链接及直播内容是否符合规范要求，并进行试播，确保直播的顺利进行。

第四阶段是感谢粉丝参与和互动，并预报下次直播时间，争取粉丝二次购买。

（六）直播促销活动

直播促销活动可分为直播前和直播中，如图4-35所示。直播前主要是活动预热，目的是通过全方位的宣传和造势，吸引客户。福利活动可通过实时聊天工具，店铺首页推广、社交媒体推广等方式广而告之。直播中需要通过各种限时秒杀、抽奖、分享有礼、满减优惠等方式增加在线人数和客户的在线时长、提高转化率。

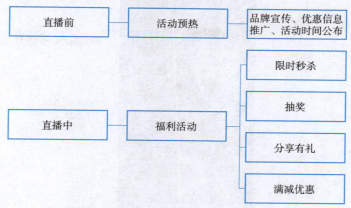

图 4-35 直播前和直播中的促销活动

（七）直播后复盘和二次营销

直播后的复盘，也是外贸实践中的重要工作流程，是提升技能和直播效果的方法。通过复盘整场直播，可以改进直播营销、优化直播流程，同时有效积累直播经验、沉淀直播技能。

随着获客成本越来越高，外贸企业越来越重视对直播沉淀的用户进行二次营销，分析并挖掘直播消费者需求，刺激产品销售。海外直播用户的二次营销可以通过以下途径进行：利用平台大数据，精准定位，针对性推广能满足用户个性化需求的产品；利用社交媒体平台，通过营销活动吸引直播用户加入企业账号社群，如邀请直播用户加入企业的 Facebook 小组，通过社群沉淀直播用户，可以小规模、重复多次推广，通过拼团、分享有礼等社群营销，留存并激发用户购买。

七、拓展知识

场地（直播间）是海外直播的三要素——人（主播）、货（产品）、场地（直播间）的关键要素之一，主要包含直播场景的布置和直播设备的配置。

（一）直播场景设计

直播场景的布置会给用户最直观的视觉冲击，从而影响用户的体验，最终影响用户的购买决策。直播场景的布置要与企业形象、产品风格、主播风格等一致，同时要符合目标市场的文化风俗习惯。

在直播场景的基础上，要合理布置直播屏幕的信息区，从而提升直播的吸引力。以 TikTok 直播信息区为例，直播屏幕大致分为上、中、下三个部分。一般来说，中间部分占一半，主要用于主播出镜向用户介绍产品；上下两个部分各占四分之一，上半部分是留白区，运营人员可根据直播需求决定是否放置内容，如品牌 Logo、产品贴图等；下半部分是前景操作台，此处用于放置销售产品、用户互动和箭头贴片等引导用户下单，促进流量转化，如图 4-36 所示。

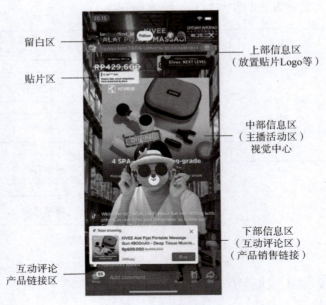

图 4-36 直播场景画面

（二）直播设备配置

直播设备的配置同样是直播场景布置重要的一步。常规的海外直播场景一般配置的直播设备如表 4-5 所示。

表 4-5 跨境直播基本设备清单

序号	设备参考图	设备名称	描述
1		手机	1. 前置摄像头像素要能保证直播画质 2. 系统运行速度最好与直播软件更好地兼容，确保直播时不卡顿
2		台式电脑	1. 直播时长较长，需要电脑长时间开机，主机散热性要好 2. 处理器 i5~i7 以确保直播顺畅 3. 内存建议≥16G 以提高运行速度 4. 分辨率较高的显示器，以确保画质清晰
3		镁光灯	可以使画面明亮、清晰

项目四　跨境电商产品推广与数据优化

续表

序号	设备参考图	设备名称	描述
4		射灯	显色性能好，可以更好地衬托室内环境
5		吸声棉	房间吸声棉的使用对电容麦等设备提升很大，可以防止回声等不良影响
6		背景布	优化直播间的整洁度，遮挡住直播间的凌乱
7		显示屏	对于一些近视或者演奏型主播，为了更好地看清屏幕上的字，可以将手机上的屏幕投影到显示屏。模式一般选VGA（部分为HDMI）
8		耳塞式耳机	可清晰听到直播间现场的音效，配上直播画面，能实时协调出主播的说话声音和直播间背景音乐的最佳音效
9		手机麦克风	屏蔽周围环境的杂音，同时收录主播说话声以及背景音乐
10		防喷罩	在开播时，如果出现气流喷到麦克风话筒上，录制的声音就会带有明显的爆音现象，而且会伴随有杂音，使用麦克风防喷罩可以有效避免这一问题的发生
11		声卡	内置声卡与外置声卡，可以提供直播间丰富音效，提升体验和互动感，台式电脑一般选用内置声卡，笔记本电脑一般选用外用声卡

续表

序号	设备参考图	设备名称	描述
12		悬臂式麦克风支架	安装后可以调整麦克风的位置和距离，较为便利
13		手机支架 三角支架	1. 防抖动 2. 稳定性强，高度、角度可灵活调节
14		调音台	可将话筒、伴奏、乐器等声音集合到调音台，由调音台统一控制和限噪
15		高清美颜摄像头	分辨率720~1080P，可将直播画质提升为高画质
16		一键调试美颜功能	适度美颜，提升观感

（三）AI 数字人直播

1. 数字人直播产生的背景

由于电商直播在国内市场趋于饱和，发展进入瓶颈期，而跨境电商直播在国外还是一片未完全开发的全新领域，根据 Foresight Research 统计，2022 年美国电商直播预计收入只有 110 亿美元，与庞大的中国直播电商市场相差甚远。因此，越来越多的跨境电商企业开始寻求新的流量增长，掀起一股跨境直播热。根据艾媒咨询数据显示，2023 年，中国跨境直播电商市场预计规模为 2 845.8 亿元，同比增长率高达 155%，2025 年市场规模将达到 8 287 亿元。

对很多跨境电商企业来说，跨境主播的语言能力是个很大的困扰。即便是英语，很多国内主播也无法与客户交流自如。优秀小语种的跨境主播更是稀缺人才。如果是聘请海外的主播，工作习惯和文化差异也会影响企业的效率。

对于许多跨境电商的中小企业来说，传统的品牌直播间需要高昂的运营成本，包括人力、设备、场地等在内，每月投入太大。因此，AI 数字人直播成了不错的选择。

2. AI 数字人直播的功能

目前,很多 AI 数字人直播软件都具备自动写外语直播脚本的功能,包括开头欢迎语、产品卖点、不同产品之间切换的过渡语、促销活动讲解、结束语等,极大地减轻了直播策划人员的工作。

AI 数字人直播软件一般支持数十种语言,可以帮助在不同市场运营的企业开展直播活动。

AI 数字人直播软件往往内置东南亚、欧美等地区多个 AI 数字人形象,如图 4-37 所示,覆盖多种文化风格造型,能够满足服饰、美妆、手机数码等行业的直播需求。

图 4-37 某品牌直播软件数字人

AI 数字人直播软件一般内置了多种场景模版,如图 4-38 所示,可以让策划人员在短短 10 分钟,完成一个专业跨境直播间的搭建,大大节省了时间和物料的成本。

图 4-38 某品牌直播软件场景

很多 AI 数字人直播软件都能提供与客户的互动功能。只要策划人员把相应的欢迎话术、高频问题预置到软件系统内，当用户在直播评论区的评论包括关键词时，即可触发智能互动。如评论区有用户问到"什么时候发货"，就会触发数字人主播的智能回复。

3. 如何正确使用 AI 数字人软件

对于直播策划人员来说，不要认为有了 AI 工具就可以不再积累直播策划的经验，可以不再提高相关技能。策划人员应该树立正确使用 AI 软件的态度，根据目标市场的特点，结合企业的直播推广目标和直播产品特点，利用数字人软件的功能，更好地搭建直播场景、设置互动、推广产品、提高效率。当使用数字人直播时，策划人员应全程监控，一旦客户的问题是数字人无法自动回复的，需要人工立即输入答案，避免因为缺少回复导致客户离开直播间。

总而言之，跨境直播策划人员应该在使用数字人的过程中不断积累经验，精益求精，优化软件使用的效果，探索更多 AI 带来的红利。

 拓展案例与点评

从0开始，理工科创业者
在亚马逊收获数百万女粉丝[①]

财务独立和收入增长使女性的消费需求逐步释放，坐实"消费主力军"之名，也催生了一个新名词——"她经济"。这种"她"可独立支配的购买力，让"她"们愈加重视高品质生活和科学健康管理，由此也带来了旺盛的女性消费需求。而在这个市场中，企业对女性健康用品的探索才真正起步。

某工程师背景的理工科创业者在做亚马逊之前的就职经历，让他对女性消费及女性健康的市场产生了极大兴趣。后来又遇到了曾在国内知名企业负责生态链云基础的合伙人，团队本着"互联网+女性健康"的想法开始了跨境电商创业之路。

这名企业家创业时也处于"准爸爸"阶段，发现传统产品无法覆盖自己作为用户的痛点，因此下决心要开发更贴合女性用户需求的优质产品。

该创业者表示在自己的数据调研中，女性消费占整体消费的70%以上，购买力很强。而且女性不论是在避孕、备孕，还是饮食、营养方面，都很适合从数据量化的角度进行分析。

用数字化专业团队背景洞悉消费者

日常运营时和许多卖家一样，该创业者也会遇到流量不足、转化率遭遇瓶颈的情况。对此他的策略是从数字的角度获取消费者的反馈并优化销售策略。"我们会从工程师思维出发，通过数据，调查用户对哪些关键词更感兴趣，当下的卖点是什么。连做品牌也是通过测试数据来决定品牌名字，等等，数据思维贯穿整套运营工作。"

该创业者发现女性用户在不同国家、不同场景的需求都不一样，而且由于各个国家文化不同，用户特点和消费习惯也有差异。他举了个例子，同样是一个体温计：美国用户基本上用于备孕，使用产品是高频且阶段性的，用户较为感性；在欧洲除了备孕目的外，有40%的用户用于避孕，需要长期每日使用，用户更加理性、自律。两种使用场景下的使用体验、传递信息、提示方式都需要作出调整。

自研产品需要持续改进，才能跟上消费者需求。该创业者表示一开始自然都是产品先行，消费者使用过了给出反馈，就可以加入软件把反馈数据利用起来，改进用户不满意的地方，认识并强化产品优势。

经过长时间的经营和行业洞察，该企业家就"她经济"女性健康用品领域分享了几点思考：

"她经济"现在是崛起的新力量

女性在消费力和品质上有高需求，同时健康意识也很强，在未来，企业可以通过优质产品为女性服务，既承担起企业社会责任，又能实现一定的商业价值。

软硬件结合是针对女性健康消费的又一趋势

围绕着女性用户，未来企业通过现代科技与产品结合、医疗健康和保险结合等方式，能找到更多的生意机会。

[①] 根据亚马逊卖家故事（https：//gs.amazon.cn/sellerstories/sellerstoriesxbca3）编辑。

对"她"的健康商业场景需更定制化

不同国家和地区在健康行为上存在差异,比如国内的女性多使用卫生巾,而在海外棉条是更受欢迎的产品。如果要切入某个市场,企业需要做更多定性和定量分析,甚至是对已积累用户进行访谈,找准不同消费需求去满足用户胜算更大。

以全球化思维总览"她"的需求

着眼单一消费市场总归是不长远的,而走向全球化除了始终围绕女性需求做产品,企业尤其是创业公司还要有选对路的锐利眼光。该企业也正是借助了亚马逊这样的全球化品牌,在物流、仓储、销售、回款率等方面得以更高效地开展跨境业务,并实现快速持续的成长。

案例点评:成功的创业需要对市场的深刻洞悉,这就需要对营销数据进行深入分析,挖掘不同市场的不同需求,产品不同的使用场景,根据现有产品的痛点不断地优化产品,根据不同市场定制化产品,找到产品与顾客契合的方向。

项目五

跨境电商店铺商机获取

对于跨境电商企业来说,仅仅是选择符合市场需求的产品并进行推广是远远不够的。要想获得更多的订单,还要运用平台的功能主动获取更多的商机。

B2B 店铺有些潜在商机来自客户的询盘,有些来自客户的直接咨询。而 B2C 店铺的潜在商机更多是来自客户的咨询。当客户发来询盘或者咨询时,跨境电商运营人员应该如何应对?首先是要分析客户的需求,然后根据询盘或咨询的内容,推荐合适的产品,进行回复并跟进,直到签订订单为止。在整个跟进过程中,运营人员还要提供周到的售前服务,设身处地为客户考虑,以便让客户消除顾虑,增加对产品的信心,获得更好的购物体验。

素养导学

素养点 1:通过对跨境电商售前咨询服务的讨论与分析,培养服务意识,树立顾客至上的观念。

素养点 2:实训任务的评价中融入团队合作、主动学习等职业素养的考核内容,培养爱岗敬业的精神。

素养点 3:拓展案例中强调外贸业务员爱岗敬业的精神和客户服务意识。

专创融合

拓展模块中融入在线客服 AI 工具的介绍,提升学生的人工智能素养,鼓励学生通过运用最新科学技术,创新跨境电商运营的方法和模式。

任务一　采购直达

一、任务导入

在 B2B 跨境电商平台阿里巴巴国际站，入驻的商家非常多，提供的产品也非常多，因此买家每次采购，都会花费大量的时间和精力对比产品和卖家。为了缩短买家寻找商品的时间，提高交易的效率，国际站提供给买家一个通过主动发布采购信息来获取报盘的工具——采购直达。通过采购直达，买家可以输入详尽的相关产品信息，当卖家看到这些信息后，可以进行回复，主动获取商机。因此，对于国际站的卖家来说，掌握回复采购直达信息的方法与技巧，有针对性地进行回复，是争取订单的关键。

二、学习目标

知识目标：概括采购直达的特点和优势；熟练掌握回复采购直达的方法和技巧。
能力目标：具备分析采购直达的信息，并根据买家需求进行报价的能力。
素质目标：在学习与实践中，培养独立完成任务、主动学习新知识，不断增值自己的职业素养。

三、学习任务

分析采购直达信息的内容，判断企业产品是否能满足要求。
根据采购信息的要求进行回复与报价。

四、完成过程

资料阅读一

采购直达是阿里巴巴国际站提供给买家输入采购信息，以寻找合适的卖家的工具，在阿里巴巴国际站首页展示，如图 5-1 和图 5-2 所示。供应商如果想看看有没有和自己产品相关的采购信息，可以在后台，单击"商机沟通""RFQ 市场"，如图 5-3 所示，进入搜索页面，如图 5-4 所示，然后在搜索框输入店铺相关的产品词，进行查找，就可以找到客户寻找店铺相关产品的咨询。

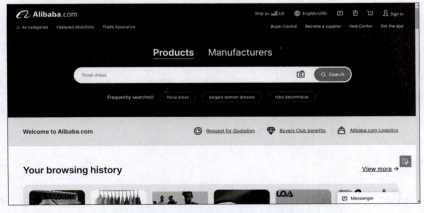

图 5-1　阿里巴巴国际站页面 RFQ 模块 1

项目五　跨境电商店铺商机获取

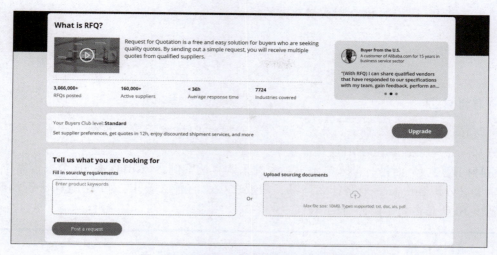

图 5-2　阿里巴巴国际站页面 RFQ 模块 2

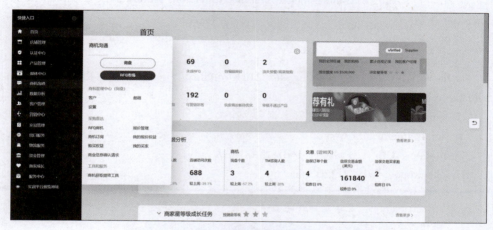

图 5-3　阿里巴巴国际站后台 RFQ 市场入口

图 5-4　阿里巴巴国际站后台 RFQ 询盘信息

· 209 ·

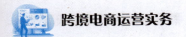

引导问题1：请归纳RFQ对买卖双方的意义。

资料阅读二

采购直达对卖方意义重大。卖家需要经常在后台RFQ市场寻找和企业产品高度匹配的采购信息，并选择高质量的RFQ优先报价。

引导问题2：下面是一个来自美国买家的采购直达案例，该RFQ有10个报价席位，现剩余7个。分析客户需要采购什么产品，需要多少，有什么要求，归纳RFQ分析的要点，并判断该RFQ是否属于高质量的RFQ。

RFQ 详情

产品名称：Single Motor Electric Height Adjustable Standing Desk laptop Table Computer desk

类目：Furniture

数量：1 000Piece/Pieces

详细描述：We are looking for High quality Single Motor Electric Height Adjustable Standing Desk

Design：modern

Material：metal and wood

Certificate：CE/ UL /ROHS /BIFMA/ SAA

Height range：770~1 220 mm

引导问题3：如果你是一家跨境店铺的运营人员，你在回复RFQ时，要如何打动顾客，以便获取订单？

学习资源

微课：采购直达	微课：采购直达——回复采购直达步骤	课件：采购直达	课件：采购直达——回复采购直达实训指南

五、学习评价

实训任务　回复采购直达信息

1. 任务布置

班级：	实训成员：
任务背景	企业在建立后，经过一段时间的运作，已经处于上升期，并在阿里巴巴国际站开始店铺运营
任务要求	根据上述学习资源中的采购直达回复步骤，在实训平台或真实店铺中根据回复采购直达信息
任务目标	（1）具备分析采购直达信息的能力。 （2）具备根据采购信息内容，结合企业供应情况，进行报价的能力。 （3）在任务完成中培养独立分析思考的职业素养

2. 任务实施

实施步骤	具体内容	人员分工
指引： 着重分析 RFQ 的数量和产品要求，并根据采购信息准备报价信息等		
说明：以个人为单位，在教师的辅助下，确定任务实施的步骤和具体做法，填写此表。在此表的指引下，最终完成后台操作		

3. 任务评价

被评价人员	
评价方式	教师评价
评价说明	评价内容分为学习表现和成果表现。 学习表现分数占总分的 40%，教师观察每一位成员的学习表现，做好记录，作为该项的评分依据。 成果表现分数占总分的 60%，由教师负责
评分说明	每项评分满分为 20 分。 10 分及以下表示改善空间很大； 12~13 分表示基本合格； 14~15 分表示不错，但还有一定的改善空间； 16~17 分表示良好； 18~20 分表示优秀
总分（学习表现×40%+成果表现×60%）：	

续表

1. 学习表现	
表现	分数
学习积极性	
具有独立探究、刻苦钻研的精神	
教师评分	
2. 成果表现	
表现	分数
报价产品符合询盘的要求	
企业简介有针对性地展示了企业的优势	
产品图片清晰，能展现卖点	
教师评分	
教师评语	

六、相关知识点

（一）RFQ 的分析

1. RFQ 的内容分析

直达采购的分析包括以下几个因素，如图 5-5 所示。

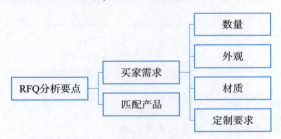

图 5-5　RFQ 内容分析的要点

首先是买家需求，比如想要什么样的产品，要多少数量，外观、材质的要求，有没有定制要求等。

其次是供应商自己的产品与买家需求是否匹配，该产品在买家所在地的市场需求、销售情况等，越匹配的产品，在买家所在国销路越好的产品，就越有可能引起买家的兴趣，最终达成交易。

2. RFQ 的质量分析

阿里巴巴国际站供应商要评估 RFQ 的质量，最直接的方法是通过平台的 RFQ 分类判断。如果是同一等级的商机，还可以根据采购的数量、采购信息发布的时间、买家标签、剩余的报价席位、客户所在的地区等判断，如图 5-6 所示。

（1）采购数量。

通常，采购的数量越大，成交金额越大，企业的利润也就越大，因此采购量大的信息往往会受到大部分企业的关注，竞争也激烈，报价要采取一定的策略，突出产品品质和价格优势。

（2）采购信息发布的时间。

发布时间在最近 12 小时内的采购信息，剩余的报价席位更多，企业报价后，获得回复的机会也越大。信息发布时间越长，买家收到其他报价，甚至下单给其他供应商的可能性就越大。

（3）买家的信息。

如果商家对于 RFQ 商机的质量或买家身份感知较弱，筛选商机过程中的时间和精力花费就会增加，效率也会降低。因此，供应商可以查看平台给每个 RFQ 买家的标签，以帮助供应商更快地判断买家采购的意愿，以及确定是否需要报价。这些标签包括历史订单额较高、买家互动能力强、RFQ 高效回复、RFQ 有成交、历史联系买家以及近期已报价。

（4）剩余的报价席位。

不同类型的 RFQ，报价席位数量不定，商家报价时如果还有剩余席位，则可以回复 RFQ。剩余的报价席位如果低于 5，那就意味着已经有 5 个以上的供应商报价，买家很可能已经从这 5 家企业中进行了筛选，并产生意向。

（5）客户所在的地区。

通常，欧美发达地区的购买力更强，订单的利润较大。非洲地区对价格比较敏感，企业为了获取订单有时不得不牺牲较大的利润。

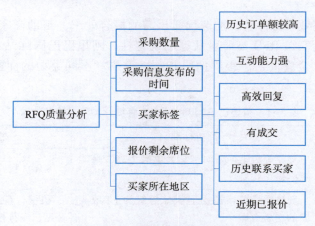

图 5-6　RFQ 质量分析要点

（二）RFQ 的回复

RFQ 回复是跨境电商运营人员一项非常重要的工作，需要从产品、图片、价格、服务、样品等方面进行认真回复，努力打动采购商。

1. 产品

RFQ 的回复应该清楚具体地展示推荐产品的优势、细节、参数、先进工艺、销量情况等，以便产品在激烈的竞争中脱颖而出。

2. 图片

产品的图片一定要清晰,同时要突出产品描述中的优势和卖点,让客户通过产品能初步产生好感和信心。

3. 价格

怎么设定价格才算合理呢?首先,要合理地设置阶梯式价格。其次,价格不可虚高,避免在明显的对比下直接被筛掉,但价格也不能过低,让对方产生低质量的印象。

4. 服务

供应商要站在客户的角度思考,为客户提供更多定制化的服务。当不同的供应商价格相差不大时,贴心周到的服务,设身处地地为客户提供性价比最高的产品,就是最终获得订单的关键。

5. 样品

主动提供样品是获取商机、获得后续继续联系的关键。为了更好地吸引客户,可以说明样品费用可在后续订单出货时退还。

6. 附件

为了更好地介绍企业、详细介绍产品,以及提供产品在买家所在国的销售参考方案,供应商可以在附件中加入上述相关内容,让买家充分了解企业和产品,增加对产品后续销售的信心。

七、拓展知识

(一)采购直达的相关平台规则

1. RFQ 商机的分类

为了提升买家高效寻源体验,加速优质供需的撮合效率,帮助商家更好地定向精准握手优质买家,提升商家在 RFQ 高质量获客的确定性,阿里巴巴国际站将 RFQ 商机分为四类:行业甄选商机、金牌商机、银牌商机和铜牌商机。不同类型的商家,标准差异较大,如表 5-1 所示。

表 5-1 阿里巴巴国际站 RFQ 商机分类和报价席位数

商机分类	商机标准	报价席位数
行业甄选商机	买家等级 L3 或 L4,且大单潜力高、采购意愿强	8 席,畅行权益最多 12 条
金牌商机	商机质量分≥70 分且买家等级为 L4 或买家的交易力强	机械、新能源及家装建材行业 8 席,畅行权益最多 12 条
银牌商机	商机质量分≥70 分且买家等级为 L2 或 L3	10 席,畅行权益最多 15 条
铜牌商机	符合严肃商机需求发布规则(如非中国注册买家、非中国 VPN/IP、非违规钓鱼等)	

2. 不同类型商机的报价席位上限

不同的商机类型,供应商可以报价的席位数各有差异,如果使用了畅行权益,报价席位可以有一定幅度的增加。

(1)行业甄选商机:报价席位仅 8 席,使用畅行权益最多报 12 条

(2) 机械、新能源及家装建材行业金牌商机：报价席位仅 8 席，使用畅行权益最多报 12 条。

(3) 其他商机：报价席位仅 10 席，使用畅行权益最多报 15 条。

上述畅行权益指的是对报价席位已满 10 条的 RFQ 继续报价的权益，一般由阿里巴巴国际站根据不同的 RFQ 服务分，每月赠送。

3. 国际站供应商可以报价的 RFQ 数量

国际站根据供应商类型的差别，以及每个供应商 RFQ 权益服务分的不同，给予不同的报价权益（每个月可以进行报价的 RFQ 数量）。服务分是以分值形式来衡量商家（公司维度）在 RFQ 市场里的报价数量、报价速度、报价质量、买家承接能力等综合表现的指标。商家表现越佳，分值越高。分值越高就能获得越多的权益，也能获得越优质的 RFQ 优先报价权，详细的权益奖励如表 5-2 所示。

表 5-2　RFQ 服务分权益奖励规则

商家类型	上月评定服务分	金牌商机权益	银牌商机权益	报价畅行数量
行业领袖	>80 分	无限制	有	60 条
	60~79 分	100 条		30 条
	<60 分	50 条		无
金品诚企	>80 分	无限制	有	10 条
	60~79 分	15 条		5 条
	<60 分	5 条		无
出口通	>80 分	（3 星以上）15 条	有	10 条
	60~79 分	（3 星以上）5 条	有	5 条
	<60 分	（3 星以上）3 条	无	无

任务二　客户询盘和咨询分析、回复及跟进

一、任务导入

在 B2B 跨境店铺的运营中，除了采购直达，还有采购商专门针对店铺某些产品的询盘。在阿里巴巴国际站中，这类询盘往往在产品页面，通过单击"Contact supplier"图标发出，如图 5-7 所示。这类询盘对卖家来说也是一个潜在的商机。

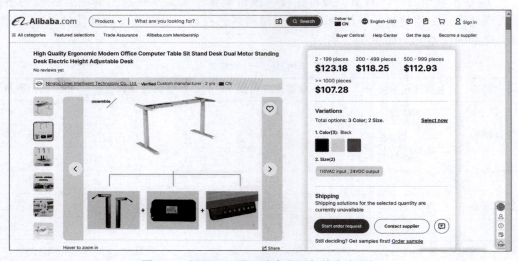

图 5-7　阿里巴巴国际站产品页邮件咨询图标

在 B2C 店铺，客户的实时咨询（Chat Now）也是一个潜在的商机，如图 5-8 所示。运营人员只要给予及时专业的回复，消除买家的各种顾虑，店铺就有可能获取新的订单。

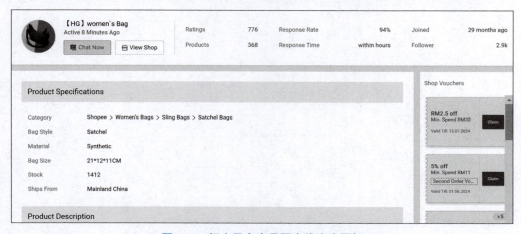

图 5-8　虾皮平台产品页在线咨询图标

二、学习目标

知识目标：区别不同类型询盘的特点；概括询盘回复和跟进的方法；理解售前咨询服

务的内容和技巧。

能力目标：能根据不同类型的询盘，进行有针对性的回复和跟进；能及时专业地回复客户售前咨询，根据客户要求推荐产品。

素质目标：在学习与实践中培养主动学习行业新知识，积极使用最新行业科技完成任务的职业素养。

三、学习任务

分析 B2B 店铺询盘的内容，判断询盘的类型。
根据不同类型询盘的特点，采取差异化的报盘策略。
报盘前进行客户的分析，报盘后有策略地进行跟进。
根据消费者的需求提供专业细致的回复。

四、完成过程

资料阅读一

询盘又称询价，是指买方或卖方为了购买或销售某项商品，向对方询问有关交易条件的表达。在国际贸易的实际业务中，一般由买方主动向卖方发出询盘，可以询问价格，也可以询问其他一项或几项交易条件。

询盘的分析首先是分析询盘类型，因为不同类型的询盘，外贸业务员所花的时间和关注度是不一样的，回复的侧重点也不一样；其次是了解顾客对产品的规格、品质、工艺和数量、交货时间、包装、付款方式、贸易术语等的要求。只有在充分分析顾客采购意图后，才能高效地回复。

引导问题 1：根据内容的不同，询盘可以分为有意采购、潜在客户、索要样品和搜集信息。请判断表 5-3 中的询盘属于什么类型？分别应该如何应对？

表 5-3 询盘类型和特点

询盘内容	目标产品	专业程度	询盘类型
问题比较详细	不太明确	较为专业	?
问题不太详细	明确	不太专业	?
问题详细，语言简洁	明确	专业	?
问题不太详细	不明显	专业	?

引导问题 2：分析了询盘类型，接下来就是根据询盘的内容，结合店铺产品进行报盘。报盘既要准备充分，积极应对，但也不要太有心理压力，可以先收集一些关于买家的信息，做一些准备。那么报盘前，跨境电商运营人员需要收集买家什么方面的信息呢？可以从什么途径了解这些信息？

资料阅读二

当回复了询盘后，下面就是对客户的跟进。根据是否签订合同，可以把客户分为已成交的客户、有回复但未成交客户，以及从未回复的客户。

引导问题 3：对于不同类型的客户，跨境电商运营人员应该如何跟进？跟进时主要和买家沟通什么内容？

资料阅读三

在 B2C 店铺中，运营人员会遇到各种各样的咨询。他们要重视每一个客户的咨询并耐心、专业地解答，争取获得订单。

引导问题 4：请阅读以下某 B2C 跨境母婴店铺卖家与客户的对话（见表 5-4），并分析客户的咨询关注点在哪里？卖家的回复哪些地方做得比较好？哪些地方做得不够？请通过思考和分析，归纳出回复客户咨询的要点。

表 5-4　某店铺客服与客户的对话

对话日期	2023 年 6 月 6 日	
咨询商品	新品 2~12 岁儿童泳装 防晒泳衣 女童连体泳装 公主连身温泉泳衣 学生卡通泳衣 幼童泳装	
对话人	对话内容	对话时间
客户	您好~请问这个还有吗？现货吗？	19:31
卖家自动回复	欢迎光临卖场。目前咨询量大，如不能及时回复请您谅解，请自助购物，我们会尽快发货，谢谢！关注店铺满 11-10，领券购买，满 199-20，满 500-30，谢谢。	19:31
客户	120 cm/27~28 kg，女孩 7 岁，穿什么尺寸比较好？谢谢你喔😊。	19:31
卖家	你好，泳衣还有。	20:08
客户	孩子肉肉的。	20:10
卖家	根据你输入的身高和体重，140 适合。	20:10
客户	肉肉的，怕会不会太紧？	20:11
客户	150 的话，大几公分①？	20:11
卖家	150 的适合体重在 30~35 kg。	20:13
客户	买了几家，有的 140 太小，有的 150 太大。	20:14
客户	我想知道衣服长宽大概几公分这尺寸，有尺寸表吗？	20:15
客户	胖蛮快的。	20:16

---

① 1 公分＝1 cm。

续表

卖家	150 和 140 约差 2 公分，尺码表在产品页有。	20:16
客户	十天能到货吗？	20:16
卖家	差不多可以。	20:17
客户	泳衣款式还有其他种吗？上衣有没有无袖的？	20:22
卖家	你好，没有无袖的款式。选择有袖是考虑到肩膀不会露出来不用晒到太阳。	20:36
客户	这款还有别款英文单词吗？我上网搜寻他的英文字。想说有没有别种，所以才问一下别款。	20:46
卖家	英文字都一样，就是还有蓝色款的。	20:48
客户	泳衣款式还有其他种吗？	20:49
卖家	暂时没其他款了，也谢谢你的反馈。	20:59
聊天已自动关闭。		
卖家	请问您挑到合适的了吗？明天会上新款。	22:31
对话日期	6月7日	
客户	还没，我在看有没有其他，谢谢你喔😊	08:56
卖家	好的，不客气😊。	09:17
聊天已自动关闭。		
客户	新款有泳衣了吗，谢谢你喔😊。	16:26
卖家	有了，还没上架，我等会上架完后发链接给你。	16:27
卖家	您好，您看看这几款是否合适，谢谢。	17:54
卖家发送了几款女童泳衣链接		
客户	她比较胖，我怕 14 太小，16 太大，你觉得呢？	18:01
客户	虽然她这个身高，可是体重😊😓	18:01
卖家	建议买大 1 码或者 2 吗，买大了，还是可以穿的，但买小了就真的穿不了。	18:03
卖家	买大了，就是感觉会长一点，其他没什么的。	18:03
客户	对啊。	18:04
此时，客户发来孩子的图片		
客户	肚子蛮大的哈哈哈。	18:06
卖家	这款本身有点偏小设计。	18:08
客户	18？感觉太大你觉得呢 120 cm/27~28 kg 女孩 7 岁	18:09
卖家	不对，我看错了，应该是 16 码。	18:09
卖家	18 码又太大了。	18:09
客户	嗯啊。	18:09

续表

客户	有游泳圈吗？可以一起付给我吗。	18:10
卖家	是游泳圈还是手臂圈。	18:10
客户	可以一起卖给我。	18:10
卖家	可以，稍等一下。	18:11
卖家发送了两款游泳圈的链接		
卖家	您好，看看这两款是否合适？	18:40
卖家	你好，还有这款。	20:48
客户	这泳衣还有吗？	21:15
卖家	你是说这个手臂圈图片的泳衣？	21:20
客户	嗯啊。	21:59
客户	有吗？	21:59
卖家	这个没有哦，其实你之前选的那款可以的，比手臂圈的好看。	22:05
此时客户下订单了，包括泳衣、泳圈、玩具等共7样商品。		
卖家	看到你的订单了，其实订单那款更好看的，谢谢😊。	22:56
客户	嗯啊，连身的，我也觉得好看。	23:56
客户	谢谢你喔😊。	23:56
客户	十天内能到吗？谢谢你喔😊。	23:57
卖家	基本上可以的。	23:57

学习资源

微课：跨境电商询盘分析、回复及跟进

课件：跨境电商询盘分析、回复及跟进

课件：跨境店铺客户售前咨询服务

五、学习评价

实训任务　跨境店铺 FAQ 问题编辑

1. 任务布置

班级：		实训小组：
任务背景		在前面的任务中，你已经开设了店铺，进行了产品的发布和推广。在跨境店铺运营中，很多时候由于时差问题，无法实时回复客户的咨询。店铺的常见做法是在实时聊天工具中提供常见问题的自动回复，以此提高回复的效率

项目五　跨境电商店铺商机获取

续表

任务要求	本任务中，根据前面任务中入驻的店铺和选择的品类，思考目标客户常见的问题，把这些问题翻译成英语，并对这些问题进行英语回复
任务目标	（1）根据店铺的目标市场，分析高频率的客户问题。 （2）编辑这些问题的自动回复。 （3）在任务完成中培养主动探究、精益求精的职业精神

2. 任务实施

FAQ	
Questions	Answers

指引：
（1）B2B 店铺的常见问题包括定制服务、企业优势、订购流程等。
（2）B2C 店铺的常见问题包括发货时间、预期运输时间、优惠等。

说明：以个人为单位，在教师的辅助下，填写此表

3. 任务评价

被评价人员	
评价方式	教师评价
评价说明	评价内容分为学习表现和成果表现。 学习表现分数占总分的 40%，教师观察每一位成员的学习表现，做好记录，作为该项的评分依据。 成果表现分数占总分的 60%，由教师负责
评分说明	每项评分满分为 20 分。 10 分及以下表示改善空间很大； 12~13 分表示基本合格； 14~15 分表示不错，但还有一定的改善空间； 16~17 分表示良好； 18~20 分表示优秀

总分（学习表现×40%+成果表现×60%）：

1. 学习表现

表现	分数
学习积极性与参与度	
具有主动学习，独立探究的精神	

续表

教师评分	
2. 成果表现	
表现	分数
准确概括客户可能会提出的问题	
礼貌、清晰、简洁地进行回复	
英文表达准确，无语法错误	
教师评分	
教师评语	

六、相关知识点

（一）跨境电商询盘和报盘

1. 询盘的类型

询盘可以分为有意采购、潜在客户、索要样品和搜集信息四种不同的类型。有意采购的询盘，咨询内容较为详细，包括交易细节，如折扣、贸易术语、发货时间、发货地点、各种服务等。潜在客户一般是指客户对产品感兴趣，将来有购买的可能，因此发邮件来咨询一些产品参数、企业服务、大致价格等内容。索要样品的询盘，一般有很明确的产品，但对其他的交易条件并不那么重视。搜集信息的询盘，一般来自同行，这类邮件不会有很明确的目标产品，但对交易信息，特别是价格很感兴趣，因为竞争者最希望了解的就是价格因素。

跨境电商运营人员在判断询盘类型时，可以根据上述原则来分析，如果一时无法判断，则可以通过多沟通进一步了解。在确定询盘类型后，采取不同的应对策略。有意采购和潜在客户的，应该给予高度关注，并给予专业细致的回复。其他两类的询盘可以不用花费太多的经历和时间。

不同类型询盘的特点及应对措施如表5-5所示。

表5-5 不同类型询盘的特点及应对措施

询盘内容	目标产品	专业程度	询盘类型	应对措施
问题比较详细	不太明确	较为专业	潜在客户	耐心跟进，专业回复，增强其信心
问题详细	明确	不太专业	索要样品	无须理会
问题详细，语言简洁	明确	专业	有意采购	高度关注，及时、专业回复，价格有竞争力
问题不太详细	不明显	专业	搜索信息	委婉拒绝

2. 询盘回复的准备工作

询盘的回复就是报盘。报盘前，运营人员一般要通过多种渠道，了解买家的情况，如企业信息、买家的职位、买家的个人工作经历、买家的兴趣爱好，以便更快与买家拉近距离。

除了熟悉买家情况外，还要结合产品优势准备报价。可以跟进买家的采购量，提前确定产品阶梯价格和折扣，避免在竞争中被淘汰。

3. 报盘的跟进概述

报盘的跟进是一项重要的工作，这直接关系到能否最终争取到订单。一般来说，有回复但没有成交的客户，应该花最多的时间和精力跟进。沟通中要明晰客户的各项需要，并通过专业的回答解决客户的问题。对于没有回复的客户，也要定期关怀，不能完全放弃，如图5-9所示。

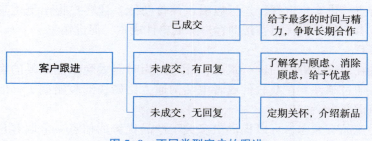

图5-9 不同类型客户的跟进

（二）跨境电商售前客服人员的职能与服务策略

1. 跨境电商售前客服人员的职能

跨境电商客服的工作内容主要包括三方面：售前咨询、售中跟进、售后服务和市场推广。售前咨询包括对产品的介绍和建议，帮助客户选择适合自己需求的产品；还要通过实时聊天工具进行营销推广，包括发布新产品信息、进行活动推广等。

2. 跨境电商售前客服人员的服务策略

售前客服人员需要做到及时、专业的回复，设身处地为客户考虑和及时跟进。

（1）及时回复。

对于没有时差的客户，应尽量给予实时的回复，比如有些企业要求客服在20秒内回复，因为过了20秒还不回复，客户会认为不受重视，认为店铺经营不规范等，就会失去一个潜在的成交机会。对于有时差的客户，如无法实时回复，须在24小时内回复，体现对咨询的重视。对于下班后才收到的咨询，可以在聊天区域注明店铺客服在线时间，并告诉客户相关优惠，鼓励客户直接下单。

（2）专业回复。

对于B2B店铺来说，要对产品进行详细介绍，如功能、性能、参数、外观设计等，并把自己产品与其他市场产品进行对比，突出优势；还要对外贸交易条件进行说明，如价格、发货期、贸易术语、样品寄送及费用、合同生效条件、支付方式等，尽可能通过沟通，让客户了解店铺的交易模式。对于新产品，可以提供市场调研和销售策略报告，提高客户对新产品销售的信心。最后，还要对工厂进行介绍，包括工厂历史、产品海外认证等，增加客户的信心。

对于B2C店铺来说，专业的回复包括产品详细介绍，如外观、功能、使用效果、客户好评、使用细节等。如发货期、跨境运输时长、退换货服务、是否有赠品、促销优惠等交易条件的说明。客服人员还要熟悉平台规则，避免出现平台明令禁止的词汇，如虾皮平台禁止在实时聊天工具上出现"取消"一词，目的是防止卖家为了逃避平台惩罚，要求客户取消订单，从而给客户带来不好的体验。

(3) 设身处地为客户考虑。

针对 B 端客户，客服人员可以提供多种运输方案，如当客户采购的货物接近一个集装箱时，可以建议客户多采购一点，把拼箱改为整箱，从而节省跨境单位产品的运费。对于客户要求的定制化产品，要和客户共同分析，共同确定最终方案，帮助客户改善设计、节省成本。还可以提供多种支付方式，给予客户便利，给老客户提供免费样品和赊账服务，争取长期合作关系。

针对 C 端的客户，客服人员可以为客户提供多种可参考的产品，并根据客户需要，说明各个产品的特点，供客户选择，还可以提供议价功能，让客户提出更优惠的价格，给予组合销售优惠或者多件销售优惠，帮助客户降低单件成本，促进销量。

(4) 跟进客户。

首先，尽量在对方上班时间进行跟进，针对因为时间太晚未能回复的客户，第二天上班马上跟进。可通过邮件、在线软件或者电话沟通，比如快到装船期了，但客户还没寄来信用证，那么就需要电话催促。

如果客户对产品有顾虑，可以提供更多关于产品优势的信息，争取客户的信任。如果客户对价格犹豫，可以客观对比店铺产品与竞争者的产品，分析产品综合优势，让客户最终增加信心。

(5) 总结经验。

为了更好地积累经验，客服人员在跟进后可以记录成交情况，并进行总结，提高自己的售前服务水平，为日后的售前推广积累更多经验。

七、拓展知识

（一）回复询盘（报盘）的英语信件案例

A quotation for Single Motor Electric Height Adjustable Standing Desk

Dear Mr. Smith,

Thank you for your inquiry. We are a professional manufacturer of office furniture with more than 15 years OEM and ODM experience. Our products are CE, UL, ROHS, and BIFMA certified. Our partners include major furniture retailers in Europe and the United States.

In reply, we are pleased to present you with a competitive quotation as follows.

Product No： 1403008
Product： Single Motor Electric Height Adjustable Standing Desk
Description：
Feature：Adjustable（height），Extendable
Mail packing：Y
Application：Home & Office
Material：Metal
Speed：more than 25mm/s
Voltage：100-240 VAC

Heavy duty: 120~180 kg

Height & width adjustable range: W (1 200~1 500 mm) and H (660~1 160 mm)

Load capacity: 1000N

Advantage: 39dB level (whisper quietest)

Unit Price: USD 90/Unit FOB Yantian, Shenzhen

Quantity: 1000 Units

Amount: USD 90000

Payment: T/T 50% in advance

Packing: 1 Unit/Carton

Means of transport: BY SEA

Shipment: Within 2 weeks of receiving the deposit

Port of Shipment: Yiantian, Shenzhen

Port of Destination: New York

Insurance: To be effected by the buyer

Sample: Sample fees are refunded when the order is shipped.

Theattachments include our company profile, the product market prospect and promotion strategy.

You can add my WhatsApp (+8613902029975) or contact us for any information.

Best regards,

Mary Chen
Sales manager
Sunshine Company

报盘写作要点:
　　回复信中首先感谢了客户的询盘,然后针对客户咨询的商品和贸易条件进行了详细的回答,包括产品的属性、证书、单价、最小订购量、交货期、运输方式、支付方式等,还可以在附件中提供公司简介、产品销售方案等。这样的回复可以让客户对产品有更深入的了解,同时也表明了供应商的专业性和服务态度,有助于建立信任和进一步的商务合作。

(二) 在线客服系统 AI 工具

　　客服是跨境店铺一个不可或缺的岗位。一些店铺面向的是欧美地区消费者,因为存在时差,因此不需要实时回复问题,因此客户可由运营人员兼任。但是在销售旺季时,由于咨询量较大,需要临时增加兼职客服人员。对于一些面向东南亚、日韩市场的店铺,往往需要专职的客服人员来对客户的问题进行实时解答,以便抓住商机。

　　对于跨境电商企业,无论是兼职还是专职客服人员,都是一笔较大的成本指出。因此在人工智能时代的今天,许多企业选择在线客服系统 AI 工具来完成客户服务的工作,降低运营的人力成本。

　　在线客服系统 AI 工具如 Salesmartly 主要扮演了客服的角色,并且比真正的客服功能更加强大，如支持多语言聊天，进行实时翻译，自动回复等，如图5-10和图5-11所示；拥有丰富的营销模板和Email模板，可通过多渠道群发消息和自动营销；可进行客户细分、管理和分析，帮助店铺搭建与客户沟通的桥梁，降低沟通成本。运营人员只需事先根据推广目标，做好相关的设置，即可通过AI工具提高客户管理水平。

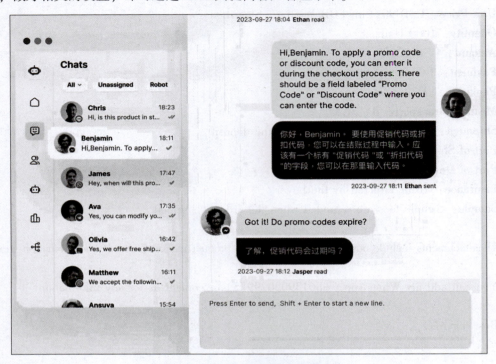

图5-10　在线客服AI工具翻译功能

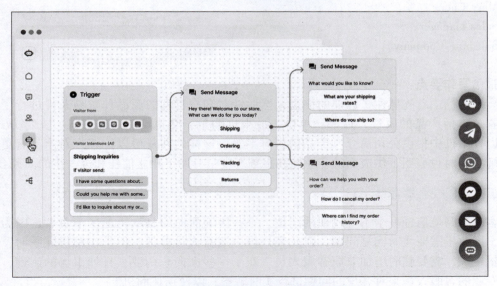

图5-11　在线客服AI工具自动回复功能

同时，运营人员也要清楚认识到AI工具只是辅助功能，关键是运营人员要掌握客户服务的内容、方法和技巧，才能更好地利用AI进行店铺运营。

 **拓展案例与点评**

询盘来了，我们应该如何应对？[①]

某企业家在敦煌网做交易已经将近15年的时间了，应该说是个不折不扣的"老鸟"了。这么多年里，他虽有艰辛，但更多的是收获。作为一个老卖家，他很荣幸地分享了自己的经验。

"我的店铺在线时长每天都保持在20个小时以上，公司有员工早晚班，所以对于询盘的回复速度还是比较及时，平均在3个小时左右，很少有超过12个小时的。我的手机还时刻关注着商户版的APP，个别棘手的订单如果我在家休息会用手机回站内信。在询盘回复率上我有个小心得：就是更积极地回复买家，哪怕是一句"你好，谢谢"这类的简单的问候语，我都会及时回复。让买家能够感受我们的服务品质，感受到对他的尊重。"

好的服务是另一个销售的开始。一个好的询盘回复可以大大提升订单交易的成功率，那么询盘来了，应该如何应对呢？

1. 询盘来了要及时回复

（1）根据时差重点回复。

除了要第一时间回复，还要根据时差重点回复。比如中国香港、中国台湾、日本、韩国、澳大利亚和我国内地时差小，应该马上回复，不放过每一个潜在的商机。印度的标准时间（新德里时间）比北京时间晚2.5个小时，建议在上午11点之前回复，这样刚好对方上班第一时间就能看到我们的邮件。

中东地区与北京的时差在4~6个小时，因此下午一点前回复，可以赶上对方在上午上班时就能收到回复邮件。

欧洲和我国的时差主要取决于具体的国家，以及该国当前是否为夏令时。夏令时期间，中国与欧洲的标准时差为6小时，冬令时期间，时差为7小时。其中，英国、葡萄牙、爱尔兰和冰岛比欧洲大陆标准时间晚一个小时，而芬兰和希腊则早一个小时。因此，欧洲地区总体来说，可在下午3点前回复，保证对方上班第一时间能看到邮件。

我国与北美地区、拉丁美洲地区时差在夏令时制时是12小时，即中国时间比美国时间快12小时。在非夏令时制时是13小时，即中国时间比美国时间快13小时。因此，对于这些地区客户的询盘，在下午下班之前回复，对方可以在当天上班时收到。

（2）不能回复或不能完整回复的情况。

对由于种种原因暂时不能回复的，应尽早给客户站内信告诉他可以什么时候回复他提出的问题，而不是置之不理。对于不能完整回复的，应把可以回复的问题先告诉客户，另外告诉一个确切的日期来回复剩余的问题。

2. 报价准备要充分

（1）分析客户来源。

① 从国家和地区的维度。

欧洲、美国：对质量要求比较严格，可以承受较高的价格，讨厌讨价还价。

印度、巴基斯坦：对质量基本无要求，只要价格优惠，就可能做成生意，基本每次联

[①] 根据敦煌网成功故事（https://seller.dhgate.com/story/c_41150.html）编辑。

系都要求降价,可以承受的价格低。

中东、拉美:对质量有一定要求,价格也比较挑剔,但可以承受比印、巴略高的价格。

② 从客户类型的维度。

看对方是一个进出口公司还是一家经营此产品的批发商、分销商或者零售商。不同类型的客户,采购的量是不一样的,盈利模式也不一样,因此企业的报价也略有不同。

(2) 深入了解自己的产品。

即使完全相同的东西,由于用途不同,价格也不同,用来焊轿车和铁壶的两块同样的焊铁价格可能差十几倍甚至几十倍。只有深入了解自己的产品才可以详细地为客户提供全面的产品介绍,让客户更加知道这个产品是不是正是自己需要的。

不熟悉产品是很多新手外贸业务员的痛点,因为不熟悉,在回复询盘时经常要咨询老员工,降低了回复效率。也因为经验不足,没有很好地针对客户的需求,给予个性化的报盘,因此错失了良机。

3. 差异化的报价

(1) 高价法。

适用于欧美的客户,新产品,或者是对方是一个门外汉,迫切想通过一次生意来了解这个行业或者产品。虽然第一次和门外汉做生意可以获取较高的利润,但是应该及时以冠冕堂皇的理由把价格降低到市场价格,否则一旦客户了解到自己让供应商骗了,生意就没办法继续了。

(2) 低价法。

适用于印、巴的客户,普通产品,或者是常年在中国国内采购的中国通。他们对产品价格非常熟悉,又比较在意。这样的客户只有用接近或者就是成本的价格来吸引他们的注意,然后在最后时刻以一些交货期、付款方式等理由,把价格提升到市场价格来,客户在你们那里耗费了那么多时间,而且价格也是可以接受的市场价格,自然会"委曲求全"的。

(3) 一般报价法。

即价格符合行业主流价格,利润区间与大部分同行相似的报价法,对所有客户都可以采用这种报价方法。

4. 报盘的要素不能缺

在正文部分,需要针对询盘进行报价,这包括品名、规格、包装、价格、价格条款、有效期、起定量/订单量、交货期、付款方式、单证要求(必要时可附上产品图片)。

5. 成功的客户跟进

(1) 耐心跟进,加强交流。

要成功地吸引客户下单,在报盘后,供应商应该耐心等待,因为客人一般不会马上给你下单,对完全陌生的公司,自然要通过较长时间的相互了解,了解你们公司的实力,产品质量,而这一切都是靠一个专业的业务员来完成的。客户之所以会给你下单,一定有他的原因。

除了耐心,供应商还要持之以恒地与客户进行交流。客户采购时,一般都非常谨慎,因为有可能他的一次失误,就给公司带来巨大的损失。因此耐心、专心地跟进客户,给与客户更多信心,也才能最终在众多竞争者中拿下订单。

(2) 跟进曾发过询盘的客户。

这一点非常关键!很多业务员往往觉得咨询过的客户信息多、成交少,或者没有成交,就失去了信心,并对收到的查询不再重视,这是非常不好的做法。

最后,建议两个跟踪客户的方法:一是定期发送新产品给客户,这一方式往往会有不可低估的效果,很多希望拓展产品品类,或者想更换供应商的客户,如果对新产品感兴趣,自然会发来咨询,踏出成交的第一步;二是节假日向客户发送问候和节日卡片,这样不仅能保持联系,增进感情,还能增加将来合作的可能性。

案例点评:从该外贸老卖家的经验可以看出,作为一名外贸业务员,应该具备扎实的产品知识和丰富的外贸经验,掌握报盘信件写作的方法与技巧,同时,还要爱岗敬业和树立客户服务意识。只有干一行、爱一行,才有不断学习、自我增值的动力。也只有爱岗敬业,才能在工作过程中无论遇到什么困难,依然积极地给客户提供耐心的解答和优良的服务,并最终在工作中获得认可与自我增值。

项目六

跨境电商订单管理与售后服务

跨境电商店铺获取订单后,要进行订单确认、备货、打包、发货、跟踪物流、处理跨境纠纷、提供售后服务、获取客户好评、进行跨境收款等售后管理工作。B2B 跨境店铺针对大批量的采购,还需要在发货前先签订订单,并在发货后准备相关国际商务单据,作为结算的依据。

对于运营人员来说,上述每一项工作都不能马虎,都必须认真对待,因为其中一项工作的失误,都会影响订单的履行,影响客户对店铺和产品的印象,导致回头客的减少、中差评出现,甚至客户的流失。

运营人员处理订单时必须树立爱岗敬业、求真务实的工作态度,认真负责地完成各项任务;在处理售后问题时要以客户为先,给予客户满意的答复,事后要总结经验,避免问题再次出现,提高店铺的整体运营效率。

素养导学

素养点1:通过对跨境电商售后服务的讨论与分析,培养认真负责、一丝不苟的工作态度,树立正确的职业观。

素养点2:实训任务的评价中融入主动学习、独立解决问题等职业能力的考核内容,强调爱岗敬业精神的培养。

素养点3:拓展案例融入创业型企业售后服务的成功案例,培养学生诚信经营、遵纪守法的职业观和优良的服务意识。

任务一　跨境电商订单处理

一、任务导入

跨境电商店铺在发布产品并进行推广、获取商机后，如果与买方协商一致，就能获得订单。在阿里巴巴国际站，买卖双方协商一致后，可以签订信用保障订单，因为信用保障订单为买卖双方提供更多的支持与服务。在B2C店铺中，卖方也要根据订单进行备货和发货操作。

跨境电商呈现小批量、多批次的特点，一般较少使用国际贸易传统的大额支付方式。跨境店铺现在常用的收款主要是通过第三方支付机构进行，因此跨境电商企业的负责人要清楚通过跨境第三方机构收取货款的流程、手续费、时效性等，更好地规划资金的运用。

二、学习目标

知识目标：概括阿里巴巴国际站信用保障服务的特点；总结跨境店铺订单发货的步骤和注意事项；理解第三方支付机构收款的流程。

能力目标：能拟定信用保障订单，并独立完成订单的处理和跟进工作。

素质目标：在学习和实训中，培养独立完成任务、独立解决问题、团队合作的职业素养。

三、学习任务

根据与客户协商的内容拟定信用保障订单。
归纳订单处理流程的步骤和注意事项。
归纳第三方支付机构的流程和优点。

四、完成过程

资料阅读一

阿里巴巴国际站是个批发型的跨境电商平台，交易涉及的金额较大，在信用保障服务出台前，跨境电子商务处于起步阶段，很多买家因为对跨境网上交易有顾虑而放弃签约。同时，与传统的T/T电汇支付方式相比，跨境交易往往要等到客户确认收货，平台才会把货款打入卖家账户，回款时间较长。因此卖家担心发货后资金回笼时间过长，造成资金周转困难，对签订合同也顾虑重重。

阿里巴巴国际站出于促进交易的考虑，提供了信用保障服务，消除买卖双方的后顾之忧。在信用保障服务下，阿里巴巴根据卖家在国际站上的行为以及真实的贸易数据等信息给予一定的信用保障额度，卖家和买家签订信用保障订单，卖家发货后，在额度范围内，可提前获得货款。

买家方面，平台为了保障买家的交易安全，承诺只要买家与卖家签订了信用保证订单，一旦买卖双方交易过程中在资金、交期或质量等方面出现问题，阿里巴巴将会在额度范围内根据合同约定，给予买家保障。

引导问题 1：查询有关信用保障服务的信息，结合上述资料，归纳信用保障服务除了帮助卖家周转资金外，还可以给卖方带来哪些价值？

资料阅读二

B2C 店铺的订单处理步骤和国内零售电商订单的处理步骤基本一致。基本上是先确认订单，然后根据订单的内容进行备货、验货和打包。打包完后，进行线上发货。所谓线上发货，就是卖家在后台打印订单的快递单据，并把单据贴到包裹上，同时在后台输入快递运输号码，便于买家进行查询。最后就是等待快递员上门收取包裹，或者自行把包裹送到运输公司的指定地址，后续由物流公司负责报关和运输。

引导问题 2：请结合你对跨境店铺运营的认识，通过讨论、思考和分析，归纳 B2C 订单的处理流程中的注意事项。

资料阅读三

在国际贸易中，传统的结算方式包括汇付、托收、信用证，适用于大额度的 B2B、海运出口的大批量交易。这些传统贸易的结算方式可以有效保障资金的安全，但也普遍存在到账时间长、手续烦琐、手续费高等缺点。

随着跨境电商外贸新业态兴起，小额度、高频率交易成为基础交易的重要特点，因此商家对汇款的时效性、费率提出更高要求，第三方跨境支付应运而生。跨境第三方支付是指具备一定实力和信誉保障的独立机构，通过与银联对接而促成国内卖家和国外买家进行交易的网络支付模式，其到账速度快、费率低等特点更加适配跨境电商行业的需求。卖家只要注册第三方支付机构的账号，并把跨境电商店铺与第三方平台交易账号绑定，即可通过第三方平台收取货款，并在提取到当地银行账户后进行资金使用。

第三方支付机构结算方式常用于 B2C 和中小额度的 B2B 交易，以 B2C 交易为例，第三方支付的总体交易流程分为六步，如图 6-1 所示。

图 6-1 跨境电商第三方支付流程

第一步，海外客户在电商平台上选购商品，决定购买。

第二步，客户选择将第三方支付机构作为交易中介，通过银行卡等将货款划到平台在境外的收款账户。

第三步，平台将客户已经付款的消息通知卖家。

第四步，商家收到通知后按照订单，在规定的时间内备货、发货。

第五步，买方收到货物，检验无误，确认收货后，货款从境外收款账户打款到卖家绑定的一个第三方支付机构的账户，交易完成。

第六步，卖家从第三方支付机构处提现时，货款转到卖家在国内银行的账户。

引导问题 3：请结合上述资料，归纳跨境第三方支付的优点。

学习资源

微课：签订信用保障订单　　微课：跨境电商订单处理　　微课：跨境支付与结算

课件：签订信用　　　　　课件：跨境电商　　　　　课件：跨境支付
保障订单　　　　　　　　订单处理　　　　　　　　与结算

五、学习评价

实训任务　跨境电商第三方机构调研

1. 任务布置

班级：	实训成员：
任务背景	作为一个创业团队，你们在开设店铺之初，需要选择一个跨境电商第三方支付机构账户，作为跨境货款收款的途径。不同跨境第三方支付机构提供的服务、收取的费用各有不同
任务要求	假设你入驻的平台提供派安盈、连连国际、Pingpong 等第三方支付机构，请比较这几个支付机构提供的服务和收取的费用，并根据企业的经营目标，选择其中一个第三方支付机构
任务目标	（1）能说明不同第三方支付机构的服务。 （2）能分析不同第三方支付机构的优势和不足。 （3）能根据店铺的运营目标选择合适的第三方支付机构

2. 任务实施

实施步骤	具体内容	人员分工

续表

说明：以小组为单位，每个小组选出一个组长，组长组织大家思考和讨论，在教师的辅助下，确定任务实施的步骤和具体做法，分工合作，填写此表。在此表的指引下，完成任务，最终结果以实训报告的形式呈现	

3. 任务评价

被评价人员	
评价方式	教师评价、小组互评
评价说明	评价内容分为学习表现和成果表现。 学习表现分数占总分的40%，教师观察每一位学生的学习表现，做好记录，作为该项的评分依据。 学生互评取平均分。 成果表现分数占总分的60%，由教师负责
评分说明	每项评分满分为20分。 10分及以下表示改善空间很大； 12~13分表示基本合格； 14~15分表示不错，但还有一定的改善空间； 16~17分表示良好； 18~20分表示优秀

总分（学习表现×40%+成果表现×60%）：

1. 学习表现

表现				分数
学习积极性与参与度				
具有认真负责、追求卓越的态度				
小组互评				平均分：
教师评分				
该项分数=小组互评×50%+教师评分×50%				

2. 成果表现

表现	分数
能具体说明不同第三方支付方式的服务	
能具体分析不同第三方支付方式的优点和不足	
能根据店铺运营的情况，选择合适的第三方支付机构	
教师评分	
教师评语：	

六、相关知识点

（一）信用保障服务

1. 信用保障服务的作用

对于卖方来说，信用保障服务有助于提前获得货款。即使货款的金额大于信用额度，卖家也可以提前获得部分资金，方便了资金周转。此外，卖家产品页面"Trade Assurance"的标志，也彰显卖家的信用，增加买家的信任。而随着卖家信用保障订单量的上升，信用额度的积累，店铺产品的排名也会有一定的提升，形成良性循环。

2. 信用保障服务的申请门槛

信用保障服务的开通不需要费用，但是要符合一定的条件。如：公司法人或实际控制人及关联公司无不良诚信记录；店铺累计违规扣分小于48分，严重侵权行为累计被投诉少于3次；无其他潜在风险等。只有满足上述几个条件，店铺才可以申请开通信用保障服务，如图6-2所示。

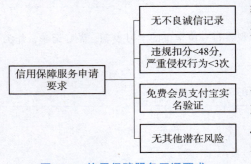

图6-2　信用保障服务开通要求

3. 信用保障服务的使用流程

信用保障服务的使用流程（见图6-3）分为以下几个步骤：

第一步：卖家起草信用保障订单。
第二步：买家付款。
第三步：卖家发货，在信保额度内，提前获得货款。
第四步：买家确认收货与评价。

图6-3　信用保障服务的使用流程

注意：如果卖家没有起草信保订单，买方是无法享受信保订单服务的，如果买家收货时出了问题，阿里巴巴也不会协助赔付，所以卖家在客户下单时可以告知客户，订单是信保订单，从而增加客户的信心。

（二）订单处理注意事项

1. B2C 订单处理

B2C 和小额度 B2B 产品的订单处理包括确认订单、备货、验货、打包、线上发货，跟踪物流信息，如图6-4所示。所谓线上发货，就是卖家在后台打印订单的快递单据，并把单据贴到包裹上，同时在后台输入快递运输号码，便于买家进行查询。然后就等待快递员上门收取包裹，或者自行把包裹送到运输公司的指定地址，后续由物流公司负责报关和运输。

图6-4　B2C 订单处理流程

（1）验货。

在处理订单的时候，验货是很重要的，是避免错件、少件的关键，也是避免产品出现质量问题和瑕疵，避免纠纷的关键。

（2）平台发货规则。

卖家要特别注意平台的相关规则，在平台规定发货期限内发货，如虾皮平台要求卖家在订单产生后2个工作日内发货，如果延迟了，就有可能遭受店铺扣分。也要密切跟踪货物的物流情况，比如货物丢失、货物被海关拦截等要及时向买家说明情况。同时，对于货到付款的订单，要跟踪客户的取货情况，货到目的地时提醒买家及时取货，以便能顺利收取货款。

（3）包装。

在跨境物流的开展工作里，包装是其末端的一个工作，很容易被忽视，但是考虑到跨境电商物流时间长、中转次数多，甚至需要变换多种交通工具，并且各国对于物流包装都有一些特殊的要求，因此对于跨境电商的包装必须严格要求。

① 符合目标市场的包装要求。

在国内寄送快递，如果没有产生损坏，一般客户对于包装的要求没有那么严格，但是在跨境电商实务工作中，就需要认真研读目标市场对于包装的要求。例如美国为了防止植物病虫害的传播，禁止使用稻草作为商品的包装材料，如果海关发现有使用稻草作为包装材料的，一律当场销毁，且卖家需要承担所有费用。又比如销售至欧洲的玩具，如果是塑料包装袋，必须要在塑料袋上打孔，不然当地认为将会给儿童带来窒息的风险，可能会面临整批商品退货、下架。因此建议在首次开展目标市场的订单运输前，在查询当地法规、咨询有经验的卖家后，再打包货物发货，避免出现法律风险。

② 运输标志需完整、明确、清晰。

国际运输标志又称唛头（Shipping Mark），它通常是由一个简单的几何图形和一些英文字母、数字及简单的文字组成，其作用在于使货物在装卸、运输、保管过程中容易被有关人员识别，以防错发、错运。国际运输标志需要至少有以下4项基本信息：收货人代号；发货人代号；目的港（地）名称；件数、批号等。比如亚马逊卖家发货至亚马逊仓库的货物运输唛头，需清晰地注明目的港和发货地，以及商品的订单编码、数量（Qty），只要唛头与线上订单一一对应，收货仓库收到货以后，扫码才可以顺利入仓，基本不需要再次联系。如果唛头不清晰或者有误，将严重影响正常的货物入仓工作。

③ 加入包装辅助材料。

跨境运输路途较长，一旦包装不良，很可能会导致运输过程中出现产品被挤压、损坏等情况，因此，卖家要根据产品的特点，加入气泡膜、泡沫等包装辅助材料。

2. B2B 订单处理

B2B产品的订单处理分为两类。大额的B2B处理，类似传统贸易。线上店铺只是进行产品的展示和交易，成交后，按传统贸易的方式进行发货，采取海运、铁路、公路等方式进行运输，采用T/T、信用证等方式进行国际支付。小额的B2B产品订单处理和B2C订单处理的步骤类似，都是进行备货、验货、发货等操作。

七、拓展知识

（一）跨境电商的支付与结算

1. 主要的跨境第三方支付机构介绍

跨境电商平台常用的第三方支付机构有贝宝（PayPal）、万里汇（World First）、派安盈

（Payoneer）、连连国际（LianLian Global）等。

贝宝是总部在美国加州的互联网支付服务商，亚马逊、ebay 等平台都通过贝宝进行跨境结算。派安盈成立于 2005 年，总部设在美国，大部分的跨境电商平台，如亚马逊、速卖通、虾皮、独立站等都支持派安盈收款。

除了国外的第三方支付机构，我国也有不少第三方支付机构服务于跨境电商卖家。如 Ping pong 和连连国际，累计服务数十万跨境电商卖家，支持多个电商平台，100 多个国家与地区，提现费率比国外的第三方支付机构低。

2. 跨境第三方支付机构提现的费用

第三方机构普遍支持多个币种的跨境收款，提现时会收取一定的提现手续费，在百分之零点几到百分之几之间，因此卖家核算成本时，要把这个费用也算进去。

此外，不同的第三方支付机构，提现时间、支付币种和增值服务也有所区别，如表 6-1 所示。

表 6-1 跨境第三方支付机构对比

对比项目	PayPal	万里汇	派安盈	连连国际	Pingpong
提现费率	0.5%封顶	0.3%封顶	1%~2%	0.7%	1%封顶
结算汇率	中国银行实时汇率	内部分级汇率	中国银行实时汇率	中国银行实时汇率	中国银行实时汇率
支持币种	美元、欧元、英镑、加元、日元、澳元等	美元、欧元、英镑、加元等主流货币及瑞士法郎、沙特里亚尔等小众货币	美元、英镑、欧元、澳元、加元、新加坡元、港币、日元、迪拉姆等	美元、日元、英镑、欧元、加元、澳元、香港元、印尼卢比、新加坡元、迪拉姆等	美元、英镑、欧元、日元、澳元、加元等
提现到国内银行所需时间	最快 4 小时	当天到账，最迟第二天	当天到账，最迟第二天	2 小时到账，最迟第二个工作日	实时到账，最迟第二天
是否支持多店铺操作	是	是	是	是	是
增值服务	跨境收款等	跨境收款、跨境付款、汇兑服务、融资服务等	跨境收款、外贸收款等	跨境收款、融资服务、退税服务等	跨境收款、退税服务、VAT 服务、外贸收款等

项目六　跨境电商订单管理与售后服务

任务二　跨境电商售后服务和评价管理

一、任务导入

售后服务是跨境电商服务中最重要的服务之一。完善的售后服务可以给顾客解决各种问题，提升客户购物体验，体现店铺周到的服务和负责任的态度，提高店铺的整体口碑，吸引更多的回头客。此外，产品售出后争取获得好评也是跨境店铺日常工作之一。好评不但能证明产品的质量过硬，还能说明商家的服务到位，顾客购物满意度高。

跨境电商运营人员应该具备良好的服务意识，在商品售出后提供满意的售后服务，争取好评，以便获得更多的店铺粉丝。

二、学习目标

知识目标：概括跨境电商售后服务的内容和存在问题；理解获得客户好评的方式方法。

能力目标：能运用各种手段，解决产品售后问题，提供优质的售后服务；运用各种方式，争取客户好评。

素质目标：在学习和实践中培养良好的沟通能力和独立分析、解决问题的能力。

三、学习任务

培养售后服务意识，能根据不同的售后问题，提出解决方案，提高顾客的满意度。

在教师的引导下，经过小组讨论和分析、制订获取好评的方案。

四、完成过程

资料阅读一

在店铺运营的过程中，不可避免地会出现各种各样的售后问题，这些问题大多数是由于卖家的原因造成的，也有些是因为买家的问题导致的，比如买家不会使用产品等。跨境店铺的运营人员一方面要清楚哪些是常见的问题，并提前做好回复的准备。另一方面，发生问题后要分析原因，并报告给企业相关人员，加以纠正，避免再出现同类问题。

引导问题1：根据你的对跨境网络购物的认识，说说产品售后问题主要有哪些？

引导问题2：如果你是店铺的售后客服人员，要如何应对各种售后问题？

资料阅读二

不同的跨境电商平台，买家评价的内容各有不同，一般会有以下方面：
（1）商品的评价，包括商品描述是否相符，外观、功能、安全性、舒适度是否满意等。

(2) 对物流服务的评价,如卖家的出货速度,物流整体配送服务是否满意等。
(3) 对客服人员的服务态度:如回复是否及时,问题是否得到解决等。

如果这些方面都能拿到 5 星好评,对店铺来说是非常有利的。好评中如果出现了客户的实物图片,能让更多潜在客户了解商品,作出采购的决定,从而提高商品的销量和排名。

引导问题 3: 跨境店铺在产品售出后如何获得更多好评?

学习资源

微课:跨境电商售后服务(1)　　微课:跨境电商售后服务(2)　　课件:跨境电商售后服务

五、学习评价

实训任务　跨境店铺售后纠纷处理

1. 任务布置

班级:	实训小组:
任务背景	在一次订单处理中,你们店铺由于疏忽,发了同一款产品不同颜色的产品,客户收到货物后要求退货退款。由于退货物流费用太高等原因,货物无法退回国内
任务要求	请说明你将如何提供售后服务,可以让企业减少损失,同时让客户满意;同时,分析这次事件的原因,提出避免类似事件发生的建议
任务目标	(1) 培养提供客户周到售后服务的能力。 (2) 在解决售后纠纷中,尽量平衡企业和客户的利益,尽量降低企业损失,同时令客户满意。 (3) 在任务完成中,培养爱岗敬业、勇于创新的职业素养

2. 任务实施

实施步骤	具体内容	人员分工
指引: (1) 以客户为中心,创新解决纠纷的方法。 (2) 提高客户满意度的同时兼顾企业的利益		

续表

说明：以小组为单位，每个小组选出一个组长，组长组织大家思考和讨论，在教师的辅助下，确定任务实施的步骤和具体做法，分工合作，填写此表。在此表的指引下，完成任务，结果以实训报告的形式呈现

3. 任务评价

被评价人员	
评价方式	教师评价、小组互评
评价说明	评价内容分为学习表现和成果表现。 学习表现分数占总分的 40%，教师和学生互评各占该项分数的 50%。 教师观察每一组成员的学习表现，做好记录，作为该项的评分依据。 学生互评取平均分。 成果表现分数占总分的 60%，由教师负责
评分说明	每项评分满分为 20 分。 10 分及以下表示改善空间很大； 12~13 分表示基本合格； 14~15 分表示不错，但还有一定的改善空间； 16~17 分表示良好； 18~20 分表示优秀

总分（学习表现×40%+成果表现×60%）：				
1. 学习表现				
表现				分数
学习积极性与参与度				
具有主动学习、勇于创新的精神				
小组互评				平均分：
教师评分				
该项分数＝小组互评×50%+教师评分×50%				
2. 成果表现				
表现				分数
清楚分析问题，总结到位				
有针对性地提出解决办法，沟通能力强				
能够兼顾企业和客户利益				
教师评分				
教师评语：				

六、相关知识点

（一）跨境电商店铺的售后问题和解决策略

1. B2C 店铺的售后问题

B2C 跨境电商店铺的售后问题主要包括货物本身质量的问题，如产品材质粗糙；商家疏忽造成的问题，如缺件；客服问题，如客服推荐了错误的产品；客户问题，如不会操作；物流问题，如运输延误，如图 6-5 所示。这些问题都会导致客户满意度下降，甚至要求退货退款。因此，跨境店铺要从生产到销售到订单处理全过程中加强管理，杜绝类似问题再次出现。

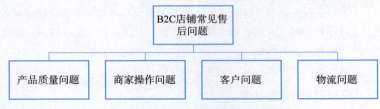

图 6-5　B2C 店铺常见售后问题

2. B2C 店铺售后问题的解决策略

针对上述问题，跨境电商企业可从产品原材料采购、生产过程、产品视觉营销、产品订单处理、跨境物流选择、订单跟进、客服人员培训等方面入手，以客户为中心，以服务为导向，努力在不损害企业利益的基础上提供优质的售后服务。

3. B2B 跨境电商店铺的售后问题和解决策略

B2B 店铺主要是做批发业务为主，交货量大，涉及的售后问题有交货延误、次品比例大、批量生产产品与样品不符等，如图 6-6 所示。针对这些问题，可以通过与客户沟通协商、加强生产环节管理、主动赔偿等方式解决。

图 6-6　B2B 店铺常见售后问题

（二）海外客户好评的获取

1. 跨境产品是否会获得好评的影响因素

跨境店铺的产品售出后，是否能获得好评，取决于以下几个方面：

（1）产品本身情况。

如果产品没有任何质量问题，也没有错件、缺件等情况，那么客户满意度就能大大提升。

（2）跨境物流配送。

如果跨境配送在正常时间内完成，也没有造成产品的损坏，那么客户对物流配送的服务应该会比较满意。

(3) 客户是否主动评价。

一些希望通过评价获取平台积分、用积分购买商品的客户，会在满意整个购物体验的情况下，积极给与评价。而另一些客户因为工作生活较忙，即使对购物是非常满意的，也鲜少主动评价。如何让第二类客户主动好评，以便提高产品口碑和店铺的整体评分，是跨境卖家需要努力完成的任务。

2. 获取客户的好评

跨境店铺运营人员可以通过评论奖励、真人测评等方式努力获取客户的好评。

(1) 评论奖励。

评论奖励是跨境店铺通过客户购物后返平台购物币的方式鼓励买家在店铺中留下高质量的商品评论的方法。店铺通过此方法可以吸引更多的买家下单，提高产品的搜索排名，进而提高店铺和产品的星级排名；还可以快速地增加新上架产品的评论数，有效帮助产品出单、提升产品流量。

在虾皮店铺中，评论奖励是一种营销工具，卖家把在后台购买的一定量的虾币，根据产品金额及店铺资金情况，给与符合评价要求的买家一定数量的虾币作为奖励，如图6-2所示，让买家在将来的购物中获得一定的金额减免，从而提高买家评价的积极性。

表6-2 虾皮平台部分国家评论奖励标准

站点	新加坡	马来西亚	泰国	印度尼西亚	菲律宾	越南
最低字数标准/字	50	50	100	50	100	50
最低图片标准/幅	1	1	1	1	1	1
最低视频标准/个	1	1	1	1	1	1

(2) 真人测评。

跨境真人测评是指店铺要求真实买家通过真实账号购买店铺产品，然后给产品留下优质评价、增加产品权重[①]的方法。

亚马逊真人测评是亚马逊店铺用来获取产品和店铺好评的重要方法。通过邀请真实的客户，如网红达人等对商品的质量、外观、服务态度、物流收货体验等方面进行好评，可以有效增加潜在客户信心，提高产品转化率，提高产品排名，增加产品访问量以及稀释差评影响。

七、拓展知识

(一) 售后人员应具备的职业能力

无论是B2C还是B2B产品的销售，都有各种各样的售后问题，要处理好这些售后问题，就要求跨境店铺的售后人员具备较高的职业能力和素质。

[①] 产品权重指跨境电商平台根据一系列算法计算出的产品在平台上的获取流量的能力，是决定产品在搜索结果中排名的关键因素之一。权重越大，产品排名越靠前，获取流量越多。产品权重受产品转化率、成交量、收藏数、评价分、访客量和点击率、退款数等因素影响。

1. 职业能力

（1）熟悉产品的功能和特点，这样才能在售后服务中更好地解答各种问题。

（2）熟悉平台的退换货规则，更好地协助客户退换货。

（3）熟悉跨境物流的流程，必要时提醒客户协助产品的通关。

（4）熟悉客服常用术语，客服人员要根据不同国家消费者的特点进行更好地沟通和交流，如英语国家消费者一般比较有礼貌，常常会用到"Thank you"这些词汇，客服在和客户沟通时也要注意礼貌用语。

（5）沟通协调能力，由于客服需要把客户反映的问题反馈到生产部门，因此与其他部门的沟通协调能力也是必须具备的。

2. 售后人员应具备的职业素质

除了要具备上述能力以外，客服人员还应该具备独立解决问题、主动承担责任、设身处地替客户着想、精益求精的精神。只有具备这些职业精神，才能更好地化解矛盾，让顾客体验到良好的店铺服务。

（二）跨境逆向物流

1. 跨境逆向物流的背景

随着跨境电子商务的快速发展，我国的跨境卖家在店铺订单增加的同时，也不可避免地面临退货增加的问题。在产品出现问题，供应商主动召回的情况下，也会产生大量产品需要退货处理的情况。

此外，一些卖家因为违反平台规定，遭到封铺，也造成大量货物储存在当地仓库而无法销售。例如，2021年亚马逊封号事件之后，很多跨境电商卖家的店铺被强制关闭，储存在平台仓库里的货物无法再次销售，很多货物只能被迫在当地销毁，或者退回国内，造成了巨大的经济损失。如图6-7所示是跨境逆向物流产生的原因。

如何妥善处理这些当地退货或者无法销售的存货，减少损失，是所有卖家迫切期待解决的问题。为了更好地服务需要处理跨境退货的卖家，跨境逆向物流应运而生。

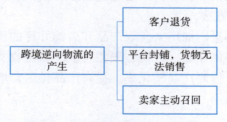

图6-7 跨境逆向物流产生的原因

2. 跨境逆向物流的定义

跨境逆向物流，是指针对国外客户退货，或者当地滞销产品，进行退货处理的物流服务，包括把货物运回当地专门处理退货的仓库，对退货商品进行检查，分类、储存、维修、进行二次销售，以及针对当地无法销售的货物，继续装柜发回国内，退回到货物国内的发货仓库的服务。

3. 采取逆向物流的考虑因素

当出现退货、滞销产品、召回产品或者被封铺而无法销售的产品时，买家需要考虑这些货物是在当地处理还是退回国内处理。

(1) 货物的价值。

一般来说如果是货值较低的产品，总货值还没有退回国内的运费高，那么逆向物流就没有意义了，这些货物可以在退款后，留给客户处置，或者由仓库销毁。

如果是高货值的产品，在客户申请退货后，如果是产品没有质量问题，在当地可以进行二次销售，则在当地继续销售可以减少逆向物流的各种费用。如果产品有质量问题，但经过当地第三方售后物流企业维修后可以再进行二次销售的，可以经过维修后再包装销售。如果产品在当地无法二次销售，卖家可以选择服务好的第三方逆向物流服务企业，把货物运回国内再作处理，如图6-8所示。

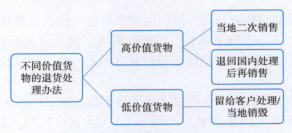

图6-8 不同价值货物的退货处理办法

(2) 平台的规则。

一些平台，如虾皮平台对于逆向物流有相关的规定，不由卖家选择，那么只能按照平台的规定执行。如果是可以由卖家自由选择处置方法的，则可以根据商品货值的大小，以及在当地是否二次销售，再决定是否要退回国内。

4. 跨境逆向物流的流程

不同平台，逆向物流的整个流程是不一样的。下面以亚马逊和虾皮平台为例，介绍逆向物流的流程。

(1) 亚马逊平台。

在亚马逊平台，如果是亚马逊FBA订单（Fulfilled By Amazon，货物从亚马逊官方海外仓发货的订单）被申请退货时，一般会退回FBA仓库。退回来的货物，如果没有破损，卖家可以联系亚马逊重新贴标签再次销售。如果已经损坏，亚马逊仓库会提示这个产品已经不可再销售，卖家有三种选择，一是可以通知亚马逊销毁，二是针对货值高的产品，可以找第三方海外仓公司运回国内，三是可以提供维修退货服务的当地第三方海外仓公司帮忙维修处理后再进行销售，如图6-9所示。

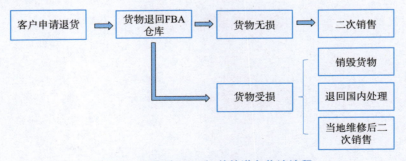

图6-9 亚马逊FBA订单的逆向物流流程

如果是FBM订单（Fulfilled By Merchant，货物直接从国内供应商仓库、卖家国内仓库或者卖家海外仓发货给国外顾客的订单）被申请退货时，卖家应该告知买家当地的海外仓的地址，以便快速地进行退换货处理。买家再根据货物的实际情况，决定是当地二次销售还是退回国内处理，如图 6-10 所示。

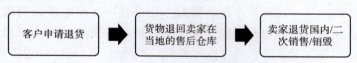

图 6-10　亚马逊 FBM 订单的逆向物流流程

（2）虾皮平台。

虾皮平台采取的是自建物流形式，即国内卖家只需要按规定把货物发到虾皮在国内的转运仓库，如东莞仓、义乌仓和泉州仓，后续的跨境运输、出口报关、目的国（目的地）进口报关、尾程运输均由虾皮合作物流企业进行。因此，当出现退货时，也是由虾皮自建物流进行处理。

以虾皮新加坡站点为例，买家在规定取货期内不取货或者因无人接收而派送失败的包裹，同时商品总值大于等于 27 新加坡元（约 143.5 元人民币）的，卖家需支付 8 美金每包裹的运费退回国内。如果是买家因为各种原因而退货退款的包裹，退货商品货值总和大于等于 27 新加坡元（约 143.5 元人民币）的包裹先由买家寄回新加坡当地指定退运集货点。经过仓库质检通过退款给买家后，卖家再支付 8USD 每包裹的运费退回国内；其他情况的退件不予退回。虾皮平台新加坡退货流程及费用如表 6-3 所示。

表 6-3　虾皮平台新加坡退货流程及费用

退货原因	退货货值	逆向流程	退回费用
买家未取货或派送失败	大于等于 27 新加坡元	退回卖家国内仓库	8 美金
	小于 27 新加坡元	不予退回	—
买家退货	大于等于 27 新加坡元	先退回当地集货点，再退回卖家国内仓库	8 美金
	小于 27 新加坡元	不予退回	—

 拓展案例与点评

如何更好地降低店铺的纠纷率①

一位创业者，在敦煌网开设店铺销售假发，经过两年的经营，从最初的迷茫无措一路走来，磕磕碰碰终于跨进了外贸圈的大门。在做外贸的两年里，他感受最深刻的就是注册店铺很容易，想把店铺做好却很难。

俗话说"福兮祸所伏，祸兮福所倚"任何事情没有绝对的好与坏。出单多售后问题随之出现。2015年10月份开始进入假发旺季，该创业者店铺的订单一天天多起来。然而，他在高兴之际并没想到忧患四伏。随着订单的增多，11月份、12月份纠纷也开始增多，处理完一个，另一个又来了。纠纷、差评，一个月的时间就把店铺的排名搞垮了。产品排名之前一直在搜索结果的前三页，纠纷率提高后，产品排名一下子下降到第六页、第八页，甚至有时候找不到产品。因为纠纷率太高，买家不良体验率太高，店铺从每月被评定为优秀商户也变成了标准商户，随之而来的就是店铺整体流量的减少。

懊恼痛恨自己苦心经营的店铺将要奄奄一息了，该创业者心情十分低落，经营了这么长时间的店铺，真正遇到问题，却束手无策。

最后找到敦煌网的客服问补救的办法，才知道如何更好地降低店铺的纠纷率和买家不良体验率：

（1）买家一旦提起纠纷，一定及时处理，尽可能地避免纠纷升级到平台。因此，该店铺决定要顾全大局，为了长远考虑，在遇到纠纷时，给客户一些赔偿，让客户撤除纠纷，避免纠纷上升到平台层面，降低平台对店铺的扣分。

（2）消除差评，客户评价后15天内，可以修改评价。因此，该店铺决定，在收到差评后，客服人员尽快跟客户沟通修改差评。如果真的过了15天，就与客户在站内信中留言，让其答应修改差评，这时再联系敦煌网客服，让客服帮助删除差评。只有消除了差评，才可以降低买家不良体验率。当然做店铺要付出一些赔偿的，例如发给客户有吸引力的优惠券，或者如果同一个客户下单，直接降低价格，消除客户心中的不平衡。

在使出浑身解数挽救奄奄一息店铺的同时，更重要的是怎样恢复店铺之前的出单量，只有出单，产品才能有排名，但是谈何容易。最后店铺决定还是从老客户入手，因为老客户相比新客户，对店铺更加信任。于是，店铺每个月设置优惠券，并主动发放给老客户，发放后给客户留站内信，一直坚持这样做。慢慢地，店铺开始复苏和出单了，曝光量也慢慢恢复，该创业者也慢慢看到了希望的曙光。

"虽然出单不如以前多，但是我相信会越做越好，超越以前不是梦。这两个月的教训希望新的一年不会再遇到。这次事件告诉我们产品质量是最重要的，要以诚信为本，我们要站在客户的角度考虑问题。不是你做得不好，而是你可以做得更好！"

案例点评：店铺纠纷、客户的不良体验，会增加店铺被平台扣分的概率。从这个案例中，可以看出跨境店铺要树立诚信经营的意识，严格把控产品质量，对客户负责，在产品发货、售后服务环节，从客户的角度考虑，降低退货和纠纷率，努力提升店铺的口碑。出现差评时，也应该通过各种手段，让买家删除差评，减少不良评价对店铺的影响。

---

① 根据敦煌网成功故事（https://seller.dhgate.com/story/c_39421.html）编辑。

参 考 文 献

[1] 李淑君等. 跨境电商运营基础［M］. 上海：上海浦江教育出版社，2020.
[2] 王淑翠. 跨境电商出口零售实务［M］. 北京：人民邮电出版社，2020.
[3] 柯丽敏，张彦红. 跨境电商运营从基础到实践［M］. 北京：电子工业出版社，2020.
[4] 稽美华. 跨境电子商务［M］. 北京：人民邮电出版社，2019.
[5] 肖旭. 跨境电商实务（第三版）［M］. 北京：中国人民大学出版社，2020.
[6] 钟雪梅. 跨境电商实务［M］. 北京：清华大学出版社，2017.
[7] 王方. 跨境电商操作实务［M］. 北京：人民大学出版社，2017.
[8] 杨泳波. 电子商务基础与实务（第3版）［M］. 北京：北京理工大学出版社，2023.
[9] 迈克尔·波特. 竞争战略［M］. 北京：华夏出版社，2005.
[10] 艾瑞咨询研究院. 中国跨境出口电商行业研究报告［EB/OL］. https://report.iresearch.cn/report_pdf.aspx? id＝4234. 2024-03-01.
[11] 网经社. 2021年度中国电子商务人才状况调查报告（PPT）［EB/OL］. http://www.100ec.cn/index.php/detail--6611176.html. 2022-05-09［2023-08-31］.
[12] 阿里巴巴国际站供应商帮助中心［EB/OL］. https://service.alibaba.com/page/home? spm＝a2700.product_home_l0.home_header.34.2ce267afb9CWWx&pageId＝121&language＝zh. 2024-02-01.
[13] 虾皮平台. 菲律宾市场概览［EB/OL］. https：//shopee.cn/onboard/97/952. 2024-03-01［2024-03-01］.
[14] 亚马逊平台. 亚马逊开店注册指导［EB/OL］. https://gs.amazon.cn/sell? ref＝as_cn_ags_hnav_sell_t2. 2024-05-01.
[15] 虾皮平台. 虾皮入驻流程［EB/OL］. https：//shopee.cn/onboard/98. 2024-05-01.